JN070511

|論文集|

社会保障の新たな展開と社会保障法

New Developments in Social Security
and Social Security Law

石橋敏郎
Ishibashi Toshiro

熊日出版

はじめに

　「青天の霹靂」とはまさにこういうことを言うのであろうか。2020（令和２）年１月、日本国内で新型コロナウイルス感染者が初めて確認されてから、瞬く間に感染が全国的に広がっていった。あわてた政府が、同年２月に、突然、全国の学校の臨時休校や大規模イベントの開催自粛要請を行ったことで、ようやく国民はその重大性に気づかされることになる。やがて、新型インフルエンザ等対策特別措置法の中に新型コロナが位置づけられることになると、その後は法的強制力をもった緊急事態宣言や「まん延防止等重点措置」が数回にわたって発出されることになり、それにより、企業・事業所に対して休業要請や時短営業要請が相次ぎ、経済活動全体が完全にマヒする事態に陥った。当然、中小企業では倒産・解雇・雇い止めなどが行われ、失業者も増加していった。コロナ禍の影響はとりわけ、高齢者・障害者世帯、非正規雇用労働者世帯、ひとり親世帯などもともと経済的基盤の弱い世帯に顕著に表れることになる。また、医療機関は、特別な設備と人的対応が必要なコロナ患者のための受け入れ態勢が整わずに、入院を断らざるを得なくなり、そのため自宅療養中に患者が死亡するケースも続出した。介護・福祉施設では、それまでの慢性的人手不足に加えて、コロナ禍による対応が追い打ちをかけることになり、その結果、職員は過重負担に押しつぶされそうになりながらなんとか働き続けてきた。

　こうした異常事態に対して政府はそれこそさまざまな緊急対応策を打ち出してきた。所得保障に限って言えば、全国民を対象にして１人一律10万円を支給する特別定額給付金、コロナ関連休業に対する雇用調整助成金の適用、中小企業・フリーランス・個人事業・農林漁業を対象とした持続化給付金、国民健康保険適用の被用者に対する傷病手当金の特別支給等である。こうした多種多様な対応策については、断片的・つぎはぎ的対応という批判はあるにしても、コロナ禍による被害に対する生活保障対策としてはそれなりの成果をあげてきたのではないかと思われる。予測していなかった緊急事態なので、変則的な運用は仕方がないところはあるにしても、問題は、それらの対応策の中に、本来の制度役割から逸脱しているのではないかと思われるものがいくつかあることである。例えば、雇用調整助成金が雇用保険の適用対象者ではない労働者（短時間勤務・シフト勤務労働者等）にも適用されたことや、最近では、出産育児一時金に後期高齢者医療制度の財源が使われようと

していることもそうであろう。また、児童手当の拡充、小中学校の給食費無料化、育休期間の所得保障10割実現など「異次元の少子化対策」（岸田文雄内閣）の費用については、社会保険料（特に医療保険料）を増額することで財源に充てたらどうかという案も出ている。もともと、社会保険制度は、同質の集団のなかで共通する生活危険を想定し、相互に保険料を負担することで構成員のリスクを分散しようとする相互扶助の仕組みとして登場してきたものである。少子高齢化に対処すべくこれからは「全世代型社会保障」を目指すといっても、集団外の者への適用は社会保険の趣旨からいってどうなのかという疑問も生じる。いまや、少子高齢化が極端に進み、社会保障財源がひっ迫しているのだから、財源に余裕があるところから持ち出せばよいではないかとか、あるいは、負担増に比較的抵抗感の少ない社会保険料を増額してその分で賄えばよいではないかということであれば、租税と社会保険料との区別はさほど意味を持たなくなる。

　さらに、コロナ禍対策として再浮上してきたベーシック・インカム論についてはなおさらのことである。すべての国民に無条件で一定金額を定期的に支払うというベーシック・インカムという考え方には、これまで社会保障給付の基本的要素とされてきた要保障性や生活事故という概念がまったく存在していないように見える。20世紀型の福祉国家像が通用しなくなっているのだから、21世紀という「新たな時代には新たな発想で」というのももちろんわからないわけではないが、恩師荒木誠之先生の言われた、「社会保障法学は、将来の流動的で不安定な社会情勢に対応するように変容していくことも大事であろうが、時代の潮流に流されてはいけない部分もあるのではないか」という言葉も気にかかる。

　本書では、社会保障の変容が明らかになってきたと思われる2005（平成17）年以降から、新型コロナウイルス感染症対策までの約20年間の足取りを追っている。すなわち、介護保険分野における予防重視型システムへの転換、地域包括ケアシステムの構築による「施設から在宅へ」という動き、社会福祉法人制度の改革、地域住民同士の助け合い・支え合いによる「地域共生社会」の構想とその推進といった新たな現象の紹介に始まり、最近のコロナ対策の数々、およびベーシック・インカム論まで、社会保障の変容というか新しい展開というか、ともかく最近の新たな改革のいくつかを拾い上げて取り扱ってみることにした。しかし、筆者にとっては、なにぶん定年退職後のことであり、基礎となるべき重要資料・必須文献の収集もままならないなかで

の研究とならざるを得なかった。そのため、単なる制度の変遷をたどっただけであり十分に深く掘り下げた検討になっていないこと、あるいは、内容的に重複した記述がかなりあることなどお詫びしなくてはならないことも多い。

　さてこれからは私的なことであるが、九州大学法学部助手として２年、熊本県立大学総合管理学部の前身である熊本女子大学生活科学部勤務から数えて34年、熊本大学教育学部勤務４年とちょうど40年間の教員生活を終えたのが2020（令和２）年春のことであった。1982（昭和57）年３月、九州大学助手から当時の熊本女子大学に赴任するときに、今は亡き恩師の九州大学法学部教授荒木誠之先生から、「石橋くん、若いうちは雑用を引き受けずに、ひたすら研究に打ち込みなさい。そうしないとすぐに年齢をとってしまうよ」と言われ、「はい、わかりました」とは言ったものの、その約束はまったく守られていなかった。思考回路が学問的ではなく、世俗的な話題について話すことの方が上手だったのか、もともとの性格が研究より教育・啓発活動の方に向いていたのか、とにかく在職してからは、全国あちこちから依頼のあった講演会をこなすことと、テレビ・新聞などの出演や各種啓発誌の執筆依頼に追いまくられてしまって、いつの間にか熊本県立大学の退職の日を迎えることになってしまった。さいわい再就職した熊本大学教育学部は、シニア教授という肩書であるが、学部内の職務はまったくなく講義だけを担当すればよかったので、そこからようやく時間的な余裕を持つことができるようになった。そこで、あまりにも遅すぎるスタートではあるが、荒木先生との約束の一端でも果たさなくては申し訳がないと思い、ここでいちやく研究に向けて奮起しようとしたのだが、これまた、これまでの不勉強に加えて、退職者には文献や資料収集について大きな制約があって、なかなか研究が前に進まない。

　それでも、なんとかいくつかの論文をまとめることができたのは、以下の二つのグループのおかげである。一つは、熊本県立大学総合管理学部の大学院で私の指導を受けた数名の院生諸君が、私の退職後も勉強会を開いてくれたことである。そこで、毎年テーマを決めて、数回の勉強会を開き、年１回は各地に出かけていって合宿を行い、そうしてまとめたものを総合管理学部の研究紀要「アドミニストレーション」に共同執筆というかたちで掲載してもらうことができた。私の引退後も根気よく勉強会に付き合ってくださった、紫牟田佳子さん（大牟田市役所）、角森輝美さん（福岡看護大学教授）、堀江知加さん（熊本県庁）にお礼を申し上げたい。もう一つは、熊本判例研究会

である。年に10回ほど、主に熊本大学法学部の研究会室をお借りして、熊本、福岡在住の先生方が集まって判例その他のテーマについて報告を行った。いつの間にか11月は石橋担当の「荒木理論研究会」という指定席を設けてもらい、荒木先生にこれまでの不勉強のお詫びをかねて、改めて社会保障法学の出発点となった「荒木理論」について報告することになった。本書のいくつかに「荒木理論」が登場するのはそのためである。研究会のメンバーである良永彌太郎熊本大学名誉教授、柳沢旭山口大学名誉教授、阿部和光久留米大学名誉教授、山田晋広島修道大学法学部教授、丸谷浩介九州大学大学院法学研究院教授、倉田賀世熊本大学法学部教授、西森利樹熊本県立大学総合管理学部准教授、河谷はるみ西南学院大学人間科学部教授にこの場を借りて感謝を申し上げたい。

　なお、本書に掲載されている各章の初出原稿は以下のとおりである。

第１部　日本における社会保障制度の変容
　第１章　保健・医療・福祉制度の変容
　　〔アドミニストレーション22巻第２号、熊本県立大学総合管理学会、
　　2016（平成28）年３月〕
　第２章　介護保険制度改革の最近の動向
　　〔アドミニストレーション25巻第１号、熊本県立大学総合管理学会、
　　2018（平成30）年11月〕
　第３章　社会保障の変容と荒木理論の現代的意義
　　〔アドミニストレーション25巻第２号、熊本県立大学総合管理学会、
　　2019（平成31）年３月〕
第２部　「我が事・丸ごと」地域共生社会
　第１章　「我が事・丸ごと」地域共生社会と社会保障法
　　〔アドミニストレーション26巻第２号、熊本県立大学総合管理学会、
　　2020（令和２）年３月〕
　第２章　地域包括ケアシステム、「我が事・丸ごと」地域共生社会、社会
　　　　　保障法学の学問的範囲
　　〔熊本大学教育学部紀要68号、2019（令和元）年12月〕
第３部　社会福祉法人、福祉事務所の改革
　第１章　社会福祉法人改革

　　ここで忘れてはいけないことがある。私の家族に感謝の言葉を申し述べて
おかなくてはならないことである。こうして40年間に及ぶ教育・研究の仕事
を無事に終えることができたのは、なんといってもここまで支えてくれた妻
千夏子と律、令菜の２人の娘のおかげである。娘から時々送られてくるメー
ルが励みになった。最大の愛と感謝の気持ちを贈りたい。ありがとう。
　　最後に、今回の出版は、前回の自叙伝『光る人材はどこにいても光る』
〔2020（令和２）年〕の刊行でお世話になった熊日出版の今坂功さんと満田
泰子さんにまたまた御足労をおかけすることになった。記してお礼を申し上
げる次第である。

　　2023（令和５）年８月16日

　　　　　　　　　　　　　　　　　　　　　　　　　　　石橋　敏郎

目　次

社会保障の新たな展開と社会保障法

日本における
社会保障制度の変容

第1章

保健・医療・福祉制度の変容

Ⅰ　はじめに

　1981（昭和56）年10月8日、当時の鈴木善幸内閣での衆議院行財政改革特別委員会において、当時の渡辺美智雄大蔵大臣が、「高齢化社会を迎えて社会保障給付と負担の見直しを図ることが必要であり、負担増をしないなら給付の単価を落とすことになる」と発言し、そこから本格的な社会保障の見直しがスタートすることになった。そして、今日まで35年が経過した。その後、少子高齢化の加速化とともに社会保障財政は急激に悪化していった。2014（平成26）年度には、社会保障給付費が115兆円にまで達している。いまや持続可能な社会保障制度の構築に向けて、負担増と給付の削減を柱とする社会保障制度の見直しがいよいよ正念場にさしかかってきたといってよい。

　財政が窮迫してきた場合、その解決策としては、大まかにいうと、①国民に一層の負担増を求める、②給付を効率化してできるだけ無駄を省く、③なるべく病気にならないように、あるいは、要介護状態にならないように健康づくりに力をいれるという三つの方策が考えられる。

①負担増に関しては、医療でいえば、財政基盤の弱い国民健康保険の保険料負担率は、健康保健組合健保の5.3％に対して9.9％と負担が重くなっている（2012〔平成24〕年度）。また、協会けんぽの保険料率は、2010（平成22）年度の9.3％から2012（平成24）年度は10.0％と大きく上昇している。介護保険の保険料は、制度がスタートした2000（平成12）年では全国平均で月額2911円であったものが、2014（平成26）年では4972円と約20％の負担増となっている。また、利用者の利用料は、これまで一律に1割自己負担であったものが、2015年（平成27）年8月より一定以上の所得者には2割の自己負担へと変更されている。

②給付の効率化については、例えば、2005（平成17）年の介護保険法改正で、市町村に地域包括支援センターを新しく設置して、そこで要支援者のケアプランの策定を行い、介護サービスの適正化・効率化を図ることになった

等である。

③予防重視型システムの転換については、同じく2005（平成17）年の介護保険法改正による「新予防給付」と地域支援事業の創設があげられる。新予防給付は、従来の要支援者と要介護者Ⅰを、要支援Ⅰと要支援Ⅱとに再編成して、筋力トレーニングや栄養指導、フットケアなどを導入して、要介護状態の悪化を防止しようとするものである。地域支援事業は、要支援・要介護状態になるおそれの高い者を選出して、市町村が責任者となって、運動機能の向上、口腔機能の向上、閉じこもり防止、認知症予防などの健康維持事業を実施するものである。

　しかし、最近の社会保障制度の改革は、上記のような直接的に財源確保を意識した改革だけでなく、これまでの社会保障の目的や理念そのものを変えていくような質的改革を含んでいるものも見受けられる。医療分野においては、患者の自己負担による保険外診療を認めようとする動き（混合診療の解禁）が進んでいる。これまでのわが国の医療は、いつでも、どこでも、誰でも一定水準の医療サービスが平等に受けられるという国民皆保険制度の上に成り立ってきた。混合診療が認められれば、自己負担でより高度の先進医療を受ける者と、これまでのような水準の医療を受ける者とが存在することになり、これは国民皆保険の趣旨に反するのではないかという意見がある。これに対して、患者の自己決定を尊重して、より高度の先進医療を迅速に受けさせることは望ましいことであるという意見もある。

　「地域における医療及び介護の総合的な確保を推進するための関係法律の整備等に関する法律」（医療介護総合確保推進法、2014〔平成26〕年6月）による介護保険法の改正では、2015（平成27）年4月より、特別養護老人ホームの新規入所者が、原則として、要介護3以上の中度・重度要介護者に限定されることになった。施設入所は中重度要介護者に限定して、軽度の要介護者は、地域包括ケアシステムを用いて地域で支えるという構想であろうが、肝心の地域包括ケアシステムの構築は一向に進んでいない。また、特養に入れなくなった軽度の要介護者が老人保健施設に流れていくことも予想される。老人保健施設は、本来の目的である在宅復帰を支援するための中間施設としての機能がしだいに薄れていき、いまや、そこで人生を終える「第二特養」としての役割が強くなってきた。また、2017（平成29）年度までに、これまで要支援者に対する全国一律の予防給付として実施されてきた訪問介護・通所介護が、市町村が取り組む地域支援事業に段階的に移行することに

　なった。こうなると、市町村の財政力の違いによって、地域支援事業の内容や給付水準に格差が出てくるのではないかという不安の声も聞く。

　生活保護の分野では、2014（平成26）年7月現在で、生活保護受給者が216万3716人にも達し、その年度の生活保護費額は3兆8431億円と膨大な予算額となっている。最近の特徴として、受給者の中には、長期失業者や母子家庭といった稼働能力を有する世帯も増えてきている。こうした稼働能力を有する生活保護受給者に対して、これまでのように一方的に生活保護給付を支給するのではなく、労働市場や地域コミュニティに包摂していくことが必要であるとする「社会的包摂」（social inclusion）の考え方が登場してきた。このような考え方に基づいて、2005（平成17）年度から、生活保護受給者のための就労自立支援プログラムが実施されている。また、2013（平成25）年12月には、生活困窮者自立支援法が制定され、2015（平成27）年4月から施行された。この法律には、生活保護に至る前の段階で就労自立を支援しようとする第二のセーフティネットとしての役割が期待されている半面、生活保護受給を抑制しようとする制度ではないかという批判も起きている。

　こうした最近の社会保障制度の改革は、社会保障財政の窮迫が背景にあるとしても、単なる財政的措置としての改革という説明だけでは理解を得ることは困難である。そこには、われわれがこれまで抱いてきた従来型の社会保障の考え方、理念、目的、そういったものそのものに対する変革を含んでいるといわなくてはならない。ひょっとすると、なかには生存権（憲法25条）を基礎とする社会保障の権利を揺るがすような改革が含まれているかもしれない。そこで、本章では、これを「社会保障制度の変容」と称して共通の考察視点として位置づけ、保健・医療・福祉の各分野にわたって、その変容をもたらした社会的背景、そのときの財政事情、改革に至る経緯、改革の内容、その問題点などについて検討し、今後の社会保障制度の望ましいあり方とその方向性を探ることにした。

II　利用者負担増

　1973（昭和48）年は「福祉元年」と呼ばれる。1954（昭和29）年12月から1973（昭和48）年11月までの約19年間にわたる高度経済成長の後押しを受けながら、社会保障制度の大幅な拡充と給付内容の改善が行われた年である。具体的には、70歳以上の高齢者の老人医療費が無料となったこと（老人医療

費無料化）、健康保険の被扶養者の給付率が従来の５割から７割に引き上げられたこと、医療費の自己負担分が一定限度を超えて高額になった場合に高額部分を払い戻す制度である高額療養費制度が導入されたこと、年金の給付水準の大幅な引き上げと賃金スライド制と物価スライド制が導入されたことなどである。しかし、その後は、日本経済が低成長期あるいは不況期に入ることになった。これと歩調を合わせるかのように、日本では少子高齢化が急速に進みはじめ、社会保障財政は年々悪化の一途をたどることになった。

　これを受けて1980（昭和55）年代に入ると、社会保障制度は、これまでの拡充・改善路線から「負担増、給付減」という形での見直し路線へと大変革を迫られることになる。その最初ともいうべき改革は、1982（昭和57）年制定の老人保健法であったろう。老人保健法は、老人医療費の抑制を図るべく、これまでの70歳以上高齢者の医療費無料化を廃止し、一部負担金として、外来各月400円、入院は２カ月を限度に１日300円を課すことになった。このときの一部負担金は、無料だと気軽に病院に行くという高齢者の心理が老人医療費を急激に増大させている原因であるという認識の下に、有料ならば受診を控えようかという気持ちになるという意味での「受診抑制策」としての性格をもつものであった。

　しかし、この金額では抑制の効果がほとんど出なかったために、その後、外来の一部負担金は、400円→800円→1200円→2000円と増額され、入院も、１日300円（２カ月限度）→500円（以後、限度なし）→710円→1000円→1200円と増額されていった。さらに、2001（平成13）年４月１日、改正老人保健法が施行され、75歳以上の高齢者の自己負担額は１割となった。この時点では、１割という一部負担金は、受診抑制策というより、11兆円にも及ぶ老人医療費の財源に対する高齢者自身の寄与という性格を帯びるようになった。もっとも、老人保健法は高齢患者の負担増だけでなく、従来の医療保険制度を見直すための「質的」改革も含まれていた。ひとつは、老人医療費を公平に負担するために、国、都道府県、市町村、各医療保険者（共済・政管健保・組合健保等）が、高齢者が多く加入している国保にそれぞれ拠出するようにしたことである。これまでの保険料は、自己の所属する保険団体に自己の保険事故（疾病）に備えて拠出するという明確な位置づけ（帰属保険者集団内での相互扶助）を与えられていたが、老人保健法の仕組みは、自己の保険料が他の保険団体の高齢者医療費に回されるという新しい事態を生じさせた。そこで、この場合の保険料を他の保険者集団の被保険者を救済す

るという趣旨で「連帯保険料」と呼ぶ場合もある。もうひとつは、疾病構造の変化により、生活習慣病（高血圧、肥満、糖尿病等）の予防のために、40歳からを対象とした保健事業を創設したことである。これによって、予防・治療・リハビリテーションの一貫した医療体制の確立が目指されることになった。

　その後も老人医療費の高騰は続き、ついに2008（平成20）年4月からは老人保健法は改正され、「高齢者の医療の確保に関する法律」（高齢者医療確保法）が施行されることになった。高齢者医療確保法のもとでは、65歳以上75歳未満の前期高齢者は3割の一部自己負担、70歳から74歳までの高齢者は2割の自己負担（現役並みの所得がある高齢者は3割）、75歳以上の後期高齢者は1割自己負担（現役並みの所得がある高齢者は3割）というように高齢者の自己負担も拡大していく。健康保険法も改正ごとに被保険者の保険料と一部自己負担が引き上げられていった。1984（昭和59）年改正では、それまでは無料であった被保険者本人に1割の自己負担が導入された。1994（平成6）年改正では、入院時の食事代が一定額以上は患者自己負担とされた。1997（平成9）年改正では、被保険者本人負担額は2割、2002（平成14）年にはそれが3割に引き上げられた。2006（平成18）年の医療制度改革によって、2008（平成20）年4月1日を期して、これまでの政管健保は、その運営をこれまでの国から全国健康保険協会という特別の法律によって設立される法人（公法人）に移されることになり（「協会けんぽ」）、保険料率は都道府県ごとに設けられた支部が1年単位で決定することとされた。こうして都道府県ごとに医療費の高低を反映させた保険料が設定される仕組みとされたため、都道府県で保険料率に格差がみられることになった（例えば、2012〔平成24〕年度の保険料率は、長野県では9.85％に対して佐賀県では10.16％）。

　協会けんぽに加入しているのは中小零細企業であり、もともと組織としての財政基盤が弱い上に不景気で経営状況が悪化したために、保険料率はほぼ毎年のように上がっていき、発足時の8.2％から2012（平成24）年には、平均で10.0％まで上昇している。健保組合の2012（平成24）年度保険料率8.3％と比してその格差は拡大する傾向にある。そのため、協会けんぽ側は現行の国庫補助割合を現行の16.4％から20.0％に引き上げるよう国に要望している。

　介護保険法も2000（平成12）年の施行期には、介護保険料が平均して3000円程度だったものが、3年おきの改定ごとに高くなり続け、現在では5000円近くになっている。2005（平成17）年の改正では、介護保険施設では、4人

程度の相部屋であっても部屋代を徴収することとし、また食事代も自己負担させることになった。

　医療と介護保険の分野だけでなく、障害者福祉の分野においても負担増という動きは一貫して続いてきている。しかし、こうした負担増は「足りないから国民に負担を増やしてもらう」という意味で、その負担が公平であるかどうか、負担額が過重すぎないかという議論は残されるものの、給付と負担のバランスを取るという意味ではわかりやすいものだったといえる。これらは、制度の「変容」という表現よりも、高齢化による財源確保のための「変化」と呼ぶべきものであろう。しかし、特別養護老人ホームの入所者を要介護中重度者に限定することにしたり、病院での入院期間を短くして、あとは地域における在宅ケア（地域包括ケアシステム）に期待するというような動きや、稼働能力を有する生活保護受給者には就労に向けて自立してもらおうという就労自立支援の考え方、あるいは、要支援者に対する介護予防給付のうち通所介護と訪問介護を市町村の地域支援事業に移行させるという地方分権の更なる推進といった近年の展開は、単なる財政的対策ではなく、保健・医療・福祉サービスの在り方あるいはサービスの質に対する基本的考え方の転換を伴っているように思われる。このような現象を本章では「変容」という言葉で表している。医療における混合診療の解禁の動きもこれに属するものであろう。

Ⅲ　病院・施設から在宅へ、自立支援、地方分権

1　病院・施設から在宅へ

　「社会保障・税の一体改革大綱」（2012〔平成24〕年2月17日閣議決定）では、医療サービス提供体制の制度改革の方向性として、①病院・病床機能の分化・強化 ②在宅医療の推進 ③医師確保対策があげられており、あわせて地域包括ケアシステムの構築が掲げられている。2012（平成24）年8月22日、「社会保障制度改革推進法」（法64号）が制定され、それに基づいて、社会保障制度改革国民会議が設置され、その報告書が2013（平成25）年8月6日に出されている。その報告書には以下のような文章がある。

　「『医療から介護へ』、『病院・施設から地域・在宅へ』という流れを本気で進めようとすれば、医療の見直しと介護の見直しは、文字通り一体となって行わなければならない。高度急性期から在宅介護までの一連の流れにおいて、

川上に位置する病床の機能分化という政策の展開は、退院患者の受け入れ体制の整備という川下の政策と同時に行われるべきものであり、また、川下に位置する在宅ケアの普及という政策の展開は、急性憎悪時に必須となる短期的な入院病床の確保という川上の政策と同時に行われるべきものである」。

　ここでは、病院の機能分化を進めることで、医療は、急性期のしかも短期間の治療に重点をおくこととし、早期退院の後は、高齢者はできるだけ、介護保険の担当する在宅ケアへと移行させていくという方向が志向されている。別の言葉でいうと「病院完結型」の医療から「地域完結型」の医療への転換を図るということである。その後、これからの社会保障制度の改革の全体像とその進め方に関する基本法として、「持続可能な社会保障制度の確立を図るための改革の推進に関する法律」（2013〔平成25〕年12月13日、法112号、いわゆる「プログラム法」）が制定された。この法律では、第2条1項で、政府に対して「社会保障制度改革を推進するとともに、個人がその自助努力を喚起される仕組み…」を作ることができるように環境の整備等を行う努力義務を課しており、同2項では「住民相互の助け合いの重要性を認識し、…」とあり、全体にわたって住民の自助・自立のための環境整備という視点が強調されている。第4条4項では、「政府は、医療従事者、医療施設等の確保及び有効活用を図り、効率的かつ質の高い医療提供体制を構築するとともに、今後の高齢化の進展に対応して地域包括ケアシステム（地域の実情に応じて、高齢者が可能な限り、住み慣れた地域でその有する能力に応じ自立した日常生活を営むことができるよう、医療、介護、介護予防…、住まい及び自立した日常生活の支援が包括的に確保される体制をいう）を構築することを通じ、…」とあり、病院から在宅への移行をスムーズに行うために、地域包括ケアシステムの構築が必須の条件であることを規定している。

　介護保険制度改革については、「政府は、個人の選択を尊重しつつ、介護予防等の自助努力が喚起される仕組みの検討等を行い、個人の主体的な介護予防等への取組を奨励するものとする」（5条1項）として、地域包括ケアシステムの構築に向けて、要支援者のための地域支援事業の見直し（同5条2項1号）と、要支援者への支援内容の見直し（同2号）を図ることが記されている。こうした政策を具体化した立法が「地域における医療及び介護の総合的な確保を推進するための関係法律の整備等に関する法律」（「医療介護総合確保推進法」、2014〔平成26〕年6月25日、法83号）である。

　医療介護総合確保推進法の主な内容は以下のとおりである。

①地域における効率的かつ効果的な医療供給体制を確保するために、医療機関は都道府県知事に病床の医療機能（高度急性期、急性期、回復期、慢性期）等を報告し、都道府県はその報告をもとに、地域の医療提供体制の将来あるべき姿を描き、それを地域医療構想（ビジョン）として医療計画に盛り込むこと。

②都道府県の医療計画、介護保険事業計画に記載されている医療・介護の事業（例えば、病床の機能分化・連携、在宅医療・介護の推進等）を実施するために、消費税増収分を活用して新たに都道府県に基金を設立する。

③地域包括ケアシステムを構築するために、在宅医療と介護を連携させるとともに、現在全国一律に行われている予防給付のうち訪問介護と通所介護を市町村が実施する地域支援事業に移行させ、市町村の実情にあわせて、市町村で創意工夫しながら実施してもらうことにする。

④特別養護老人ホームについては、在宅での生活が困難な中重度（要介護3以上）の要介護者を入所させる施設へと機能変換する。

医療法で定められている病床区分は、精神病床、感染症病床、結核病床、療養病床、一般病床（医療法7条）である。医療・介護総合確保推進法により、医療機関は都道府県知事に対する病床の医療機能（高度急性期、急性期、回復期、慢性期）等を報告させる制度が設けられたことにより、これまで第二次医療圏ごとに基準病床が決定されていた一般病床は、今後は高度急性期、急性期、回復期、慢性期という区分ごとに病床数が定められ、医師や看護師の人員基準もこの四つの区分ごとに決められる可能性がある。そのねらいは、病床数の削減と在院日数の短縮を図ることにより医療費を削減し、短期間で退院させられた患者を地域包括ケアシステムで面倒をみていこうとすることである。だが、病床の削減ばかりが先行して、その受け皿となる地域包括ケアシステムのほうはいまだにその整備は遅々として進んでいない現状である[1]。病床規制と入院期間短縮により、病院から地域へと強引に移行させられた患者が、地域包括ケアシステムの構築が進んでいないために、もし在宅で十分なケアが受けられないとすれば、病床規制と入院期間短縮に対する批判が再燃することになろう。特に、退院後もほとんどの高齢者が何らかの医療的ケアが必要なのであるから、在宅医療を担う医師の確保を含めて医療との連携が実現するかどうかが地域包括ケアシステム成功の鍵のひとつとなるであろう。

2　自立支援

　最近の社会保障制度改革のキーワードのひとつは「自立支援」という言葉である。例えば、生活保護法の第1条は「最低限度の生活を保障するとともに、その自立を助長することを目的とする」と規定しているほか、介護保険法が「その有する能力に応じ自立した日常生活を営むことができるよう、…」（第1条）介護サービスを提供するとか、あるいは障害者総合支援法が、市町村は、「障害者が自ら選択した場所に居住し、又は障害者若しくは障害児が自立した日常生活を営むことができるよう、…」必要な自立支援給付を総合的かつ計画的に行うなどと規定している。

　自立とはどのような状態をいうのか、あるいは自立に向けてどのような支援が必要かという議論については、自立概念をめぐって、視点の違いというか、目標とするレベルの違いがあり、いくつかの「自立」分類がなされている。例えば、社会保障審議会福祉部会「生活保護制度の在り方に関する専門委員会」報告書（2004〔平成16〕年12月15日）では、自立支援の内容として、安定的な就労を得てできれば自己の収入だけで生活を維持できるようにするための「就労自立支援」のみならず、就労が困難な者あるいは就労が不可能な被保護者であっても、できる限りその有する能力に応じて、自分で自分の健康・生活管理を行うとか、身の回りのことは自分でできるようになるとかなどのように、日常生活において自立した生活を送るための「日常生活自立支援」、あるいは日常生活は独力でできるとしても、社会的なつながりがなく、引きこもり状態を続けているのであれば、とても「健康で文化的な生活」とはいえないので、近所付き合いとか社会的参加を回復・維持するなど社会生活におけるつながりを支援するための「社会生活自立支援」の三つが提示されている。その他、要保障者のニーズや自立支援のやり方からの分析も可能であろう。まず、最低生活を営むことができない者に対する生活保護給付や失業中の生活保障である雇用保険給付などの金銭的給付による自立支援があげられる。そのほか、疾病によって生じる生活能力・労働能力の一時的な喪失を回復させるための医療給付、障害者・要介護高齢者がその有する能力に応じて自立した生活を送れるように支援するための福祉・介護サービス給付などである[2]。

　自立支援が主張されるようになった背景には、社会的包摂（social inclusion）の考え方がある。社会的包摂とは、国民一人一人を社会の構成員として地域や労働市場に取り込むことをいう。これまでのように貧困者に対

しては生活保護費という金銭給付だけを与えておけばよいという考え方ではなく、生活保護受給者のうち稼働能力のある者は、職業訓練等のサービスを提供することによって労働市場に復帰してもらうとか、稼働能力がない高齢の生活保護受給者の場合には、社会から孤立しないように、地域での活動やボランティア等で社会参加できるように支援していくことが大事であるという思想である。例えば、厚生労働省社会・援護局「社会的な援護を要する人々に対する社会福祉の在り方に関する検討会」報告書（2000〔平成12〕年12月8日）では、従来の社会福祉は主たる対象を「貧困」としてきたが、現代社会においては、心身の障害・不安（社会的ストレス、アルコール依存等）、社会的排除や摩擦（路上死、外国人の排除等）、社会的孤立や孤独（孤独死、自殺、虐待等）といった問題が重複しており、「全ての人々を孤独や孤立、排除や摩擦から援護し、健康で文化的な生活の実現につなげるよう、社会の構成員として包み支え合う（ソーシャル・インクルージョン）のための社会福祉を模索する必要がある。…（そのためには）、金銭やサービスの供給だけでなく、情報提供、問題の発見把握、相談体制を重視し、社会的なつながりを確立していく必要があろう」と述べられている。

　社会保障審議会福祉部会「生活保護制度の在り方に関する専門委員会」報告書（2004〔平成16〕年12月15日）では、生活保護制度の在り方を、「最低生活保障を行うだけでなく、生活困窮者の自立・就労を支援する観点から見直すこと、つまり、被保護世帯が安定した生活を再建し、地域社会への参加や労働市場への『再挑戦』を可能とするための『バネ』としての働きを持たせることが特に重要である…」という視点から検討を加えている。

　また、上記「社会的な援護を要する人々に対する社会福祉の在り方に関する検討会」報告書は、生活保護受給者および生活困窮者の自立支援を「地域づくり」の視点から捉えていることも特徴的である。「生活困窮者が孤立化し、自分に価値を見出せないでいる限り、主体的な参加へ向かうことは難しい。一人一人が社会とのつながりを強め周囲から承認されているという実感を得ることができることは、自立に向けて足を踏み出すための条件である。新たな生活支援体系は、地域社会の住民をはじめとする様々な人々と資源を束ね、孤立している人々が地域の一員として尊ばれ、多様なつながりを再生・創造できることを目指す。そのつながりこそ人々の主体的な参加を可能にし、その基盤となる」という文章は、地域とのつながりの再生が生活保護受給者・生活困窮者に対する自立支援の基本的視点であることを明示したもの

である。こうした、「社会的包摂」思想を、社会保障給付のなかに取り込んでくること自体（これも一種の「変容」とみるべきであろうか）についてはもちろん是認できよう。

　問題は、就労支援が半ば強制的に行われたり、不安定な非正規雇用であっても何が何でもいったんは就労してもらうようなやり方で実施される場合とか、あるいは、最低生活を保障する最後のセーフティネットたる生活保護給付が就労への取り組み状況によって影響を受けるような事態に立ち至ったときである。前記「生活保護制度の在り方に関する専門委員会」報告書では、生活保護受給者のうち稼働能力を有する者が、自立支援に向けての積極的取り組みをせず、文書による指導・指示をしても「なお取組に全く改善が見られず、稼働能力の活用等、保護の要件を満たしていないと判断される場合等については、保護の変更、停止又は廃止も考慮する」とされている。ここでは、社会保障給付たる生活保護給付の受給が、就労自立に向けての取り組み姿勢と絡めて考えられている点で、大きな「変容」とよべる現象であろう。

　就労自立支援においては、受給者の生活環境、身体的・精神的状況、家族関係、地域とのかかわり、職業に対する希望等、個々の受給者の状態に応じた就労自立支援プログラムが作成され、途中で受給者の意向を聞いて修正・変更がなされ、無理のない形と手順で、就労へと向かわせるような根気強い取り組みがなされなくてはならないのであり、いやしくも受給者の意思を無視したような就労支援は慎まなくてはならない。また、低賃金でもとにかく就労させるというようなやり方では、結局、生活が安定せず、再び生活保護受給へと舞い戻ってくるという結果にならざるをえない。

　アメリカ合衆国では、1987年、就労支援計画の効果についての四つの報告書が提出されている。この四つの報告書は、共通して、母子家庭の母親が就労自立支援プログラム計画に参加して、就労に至った場合であっても、結局は低賃金労働に従事していること、そのため上質の保育所を利用することができないこと、大部分が健康保険のない職場で就労しており、病気になった場合は医療費が支払えないことなどさまざまなマイナス要因があり、最終的には安定した経済的自立に至っていないと述べている[3]。生活保護受給者の就労自立支援は、医療サービス、保育所などの福祉サービスの充実、仕事の機会の創設、最低賃金の上昇といった幅広い福祉政策との抱き合わせのなかで実施されなくては効果があがらないことも報告されている。

3　地方分権
（1）地域密着型サービス

　地方分権については、介護保険法がその先端を走っているといわれている。介護保険における地方分権は、都道府県というよりは、むしろ市町村に実施主体としての裁量権を与える方向で推移してきた。まず、介護保険法の2005（平成17）年改正で、市町村の判断で設置・運営できる「地域密着型サービス」が設けられたことをあげなくてはならない。社会保障審議会介護保険部会「介護保険制度の見直しに関する意見」（2004〔平成16〕年7月30日）では、「地方分権の推進—市町村の『保険者機能』の強化」という項目が設けられ、「今後市町村が保険者としてより主体性を発揮した運営を行っていくためには、サービスの量や質について保険者としての関与を強めていくことが必要である。サービス体系についても、地域の独自性や創意工夫が生かせるような方向で見直しを進め、財政面だけでなくサービス面も含めた地方分権の徹底を図っていくことが重要となる」と述べられている。これを受けて具体的方策として「地域密着型サービスの創設」が提言されている。現行制度の介護サービスは全国共通のサービスとして位置づけられているので、基準や報酬が全国一律であり、サービス内容も画一的となっており、地域の特性に即したものになっていないという批判があった。そこで地域の特性に応じて、多様で柔軟な形態のサービス提供が可能となるようなサービス体系として登場したのが「地域密着型サービス」である。

　地域密着型サービスは、その利用が市町村圏域内にとどまるような小規模のサービスであり、市町村長が事業者の指定・指導監督を行うとともに、介護保険事業計画に定めたサービス整備量を超える場合には市町村長はその指定を拒否できる権限を持つものとされた。また、サービスに関する基準や報酬の決定についても、定型的ではなく地域の特性に十分配慮した対応を行うものとされている。この提言を受けて、2005（平成17）年の介護保険法改正で「地域密着型サービス」が新たに創設されることになった。地域密着型サービスとしては、小規模多機能居宅介護（通いを中心としながらも、短期間の宿泊も可能とする施設）、定期巡回・随時対応型訪問介護看護、地域密着型介護老人福祉施設（定員30人未満の特別養護老人ホーム）を含めて9種類のサービスがある。いずれも、市町村長が指定し、原則としてその市町村の住民のみが利用できることになっている。また、地域の実情に応じた指定基準、介護報酬が決定できるようになっている。

　しかし、地域密着型サービスについては、市町村ごとの整備格差や種類別の極端な格差が指摘されている。2009（平成21）年4月1日現在での調査ではあるが、夜間対応型訪問介護、地域密着型特定施設入居者生活介護、地域密着型老人福祉施設については、未設置の市町村が50％程度あり、特に町村部にあってはほとんど設置が進んでいない実状が報告されている。種類ごとでは、認知症対応型共同生活介護（グループホーム）の設置率が一番高く、逆に夜間対応型訪問介護は未実施の市町村が95.2％あり、ほとんど実施されていない状況にある[4]。その原因として、地域密着型サービスの種類によっては介護報酬が低いものがあり、収益の上がらないものには事業者が参入してこないという経営上の事情もあるようである。

（2）サービス基準の条例化

　次の地方分権推進の動きは「地域の自主性及び自立性を高めるための改革の推進を図るための関係法律の整備に関する法律」（第1次一括法、2011〔平成23〕年法37号）による2011（平成23）年介護保険法の改正であろう。これまでは施設サービスも在宅サービスも、人員基準及び設備・運営基準、利用定員・入所定員に関する基準については厚生労働省令で定められていた。それを都道府県条例（地域密着型については市町村条例）で定めることにしたのである。ただし、極端に低いサービス基準が条例で設定されるようなことがないように、それぞれの項目ごとに厚生労働省令との関係で、「従うべき基準」「標準」「参酌」の三つの基準が適用されることになった。

　「従うべき基準」とは条例の内容を直接に拘束するもの、「標準」とはよるべき基準であり、合理的理由がある範囲内で異なる内容の条例が可能なもの、「参酌」とは異なる内容の条例が可能なものである。例えば、在宅サービスについては、従業者の員数、居室・病室の床面積、適切な処遇・安全の確保・秘密の保持については「従うべき基準」、利用定員については「標準」（小規模多機能型居宅介護、認知症対応型通所介護事業の利用定員は「従うべき基準」）、その他の事項については「参酌」基準とされた（74条1項・2項・3項、78条の4第1項・2項・3項など）。指定介護老人福祉施設については、従業者の員数、居室・病室の床面積、適切な処遇・安全の確保・秘密の保持については「従うべき基準」とされ、その他の事項は「参酌」基準となっている（88条3項）。入所定員については、特別養護老人ホームは「従うべき基準」、養護老人ホームは「標準」と改正された（老福法17条2項）。

　市町村の実情に応じて、地域に合った介護・福祉サービスが提供できるように、サービス基準を条例化したのであろうが、条例の定め方しだいでは不安材料もある。例えば、福祉事務所に配置される「現業を行う所員」（ケースワーカー）の数は、社会福祉事業法（1951〔昭和26〕年、法45号）では、福祉事務所の「所員の定数は、条例で定める。但し、現業を行う所員の数は、各事務所につき、それぞれ左の各号に掲げる数以上でなければならない。…二　市の設置する事務所にあっては、被保護世帯の数が二百四十以下であるときは、三とし、被保護世帯が八十を増すごとに、これに一を加えた数…」（社会福祉事業法15条）と規定されていた。つまり法律で一定数以上のケースワーカーの配置が義務付けられていたのである。

　しかし、現行の社会福祉法では、「所員の定数は、条例で定める。ただし、現業を行う所員の数は、各事務所につき、それぞれ次の各号に掲げる数を標準として定めるものとする」（社会福祉法16条）となったために、財政事情によって、福祉事務所設置自治体の職員数やケースワーカーの配置数が減らされたところが多く、それまで80ケースに１人の割合で配置されていたケースワーカーが、１人で120ケース以上を担当しなければならなくなっている自治体がある。ケースワーカーからは、過重な負担と蓄積する疲労に対する不満や、１人１人に接する時間が足りずに十分なケースワークができないという不安の声が上がってきている。条例による介護・福祉サービスの基準の設定しだいで同様の事態が起きてこないか、危惧されるところであろう。

（3）地域支援事業

　「地域における医療及び介護の総合的な確保を推進するための関係法律の整備等に関する法律」（医療介護総合確保推進法、2014〔平成26〕年６月、法64号）は、「効率的かつ質の高い医療供給体制を構築するとともに、地域包括ケアシステムを構築することを通じ、地域における医療及び介護の総合的な確保を推進するため、…」、介護保険法を含む19の関係法律を改正することを目的とした法律である。地方分権に関しては、これまで要支援者に対して全国一律で行われていた予防給付のうち、訪問介護と通所介護の二つを分離させて、2017（平成29）年度までに市町村が実施する地域支援事業に段階的に移行させることが一番の大きな改革であろう。これにより、市町村の実情にあわせた多様なサービスの提供ができるようにしたいとの趣旨である。

　社会保障審議会介護保険部会「介護保険制度の見直しに関する意見」（2010

〔平成22〕年11月30日〕では、「単身・高齢者のみの世帯など地域で孤立する
おそれのある高齢者にとっては、介護保険サービスのみならず、配食や見守
りといった生活支援サービスが必要である。これらのサービスと介護保険
サービスを組み合わせれば自宅で生活を継続することが可能となる」という
提言を受けて、介護保険サービスに加えて、配食、見守り、ゴミ出し、洗濯
物の取り入れなどといった日常生活支援サービスを組み合わせて利用できる
新しい「介護予防・日常生活支援総合事業」（新しい総合事業）がスタート
することになった。

　日常生活支援サービスは、社会福祉法人、NPO、民間企業、協同組合、
ボランティアなどの地域の多様な主体を活用して実施されることになる。そ
こには、高齢者が、サービスの受け手ではなく、これからはボランティアと
して日常生活支援サービスの提供者なることへの期待もこめられている。そ
れは同時に、これまでの介護予防サービスが、高齢者の心身機能の維持・改
善という機能維持・回復訓練を中心としてきたことに対する反省として、高
齢者が自ら生きがいをもって地域でそれぞれの役割を果たせるように、「地
域活動への参加」という視点を導入しようとした試みでもある。高齢者が、
地域で社会参加や社会的役割を果たすことで、生きがいを持つことができ、
それが介護予防につながるという考え方である。

　生活支援サービスには、地域サロンの開催、見守り・安否確認、外出支援、
買い物・調理・掃除などの家事支援等が考えられるし、高齢者の社会参加と
しては、一般就労、起業、趣味活動、健康づくり活動、地域活動、ボラン
ティア活動などがあろう。こうした多様な生活支援サービスが効果的に実施
され、支援を必要とする高齢者が安心してサービスが受けられるように、ボ
ランティア等の生活支援の担い手の養成・発掘等の地域資源の開発やネット
ワーク化などの業務を担当する「生活支援サービスコーディネーター」が新
たに配置される予定になっている[5]。

　また、新しい総合事業の実施にあたっては、サービスの内容、人員配置基
準、職員の資格、利用料、事業所に支払われる報酬単価等についても、市町
村の裁量で決定できることとされ、これによって市町村への権限移譲がまた
一歩進められることになった。例えば、市町村が、新しい総合事業を事業者
へ委託した場合の費用の単価については、サービスの内容に応じて市町村が
設定することになる。

　予防給付のうち訪問介護と通所介護を市町村の行う地域支援事業に移行さ

せ、日常生活支援サービスと組み合わせた新しい「介護予防・日常生活支援総合事業」（新しい総合事業）に再編成した目的は、市町村が地域の実情に応じて、住民の多様な主体による柔軟な取り組みが実現することで、効果的かつ効率的な介護予防サービスの提供ができるようになるということにある。確かに、都市部と山村部では提供される介護予防サービスの量と提供の仕方については同様でないことは理解できる。しかし、介護保険財政が年々悪化し、財源の確保に苦しんでいる市町村の実情を住民はみんな知っているので、「地域の実情にあわせて」という用語は、財政の厳しい市町村は財政事情に応じて少ないサービスの提供であってよいというふうに聞こえるのではないかと思われる。新しい総合事業の内容、人員配置基準、配置される職員の資格、利用者が支払う利用料、この事業を実施する事業所に支払われる報酬単価等がすべて市町村の判断で決められるとなると、そこにも、市町村の財政の影響が出てくるのではないかという不安はもっともなことであろう[6]。

　市町村による地域格差は、2005（平成17）年の介護保険法改正で導入された地域密着型サービスにおいてもすでに指摘されてきたことであった。一定の財源確保、人員配置や報酬単価、それにより確保される一定水準のサービスが保障されたうえで、それより高水準のより充実した内容のサービスを提供しようとすることは、それは市町村の介護サービス行政に対する考え方や姿勢の差であって是認されうることである。しかし、市町村の取り組み方によっては、一定水準のサービスさえ確保できなくなるような事態は避けなくてはならない。地域支援事業の内容、サービス水準に極端な格差が出ることがないように、ナショナル・ミニマムとしての財源確保と設備・人員基準設定については、国が当然にして責任をもってなさねばならないことであろう。

　さらに、生活困窮者自立支援法の就労自立給付金を除くすべての事業、および、生活保護法の被保護者就労支援事業は、社会福祉協議会、NPO 法人、社会福祉法人等への委託が可能になっている。市町村への権限移譲からさらに進んで、民間団体にその実施を任せようとするところまで来ている。生活困窮者自立支援事業を民間に委託すれば、委託された民間団体の規模や人的資源、力量によって、サービスの量と質について、それ以上の格差が出ることが懸念されている。ここでも、一定水準のサービスの確保のための方策が国と地方公共団体に求められている。

Ⅳ　おわりに

　「変容」という言葉を国語辞典で引くと、「姿・形を変えること」とある。この意味でとらえるならば、社会保障制度の「変容」というときには、社会保障の財源が足りないので、医療保険であれば、健康保険本人の自己負担金が1割から3割に引き上げられたとか、介護保険料が当初の3000円台から現在では5000円近くになろうとしているというような単なる国民の負担増現象のみを指してそう呼んでいるとは思えない。こうした現象に対しては、消費税を5％から8％に、最終的には10％に引き上げて、社会保障財源に充てるというような財政政策で対応できる問題であるからである（もちろん、何％がいいのか、どの分野にどれだけ充当するのかの問題はある）。そうではなくて、「変容」は、社会保障制度のこれまでの基本的な考え方や理念、仕組み、給付の性質等が大きく変わったときに使われる言葉であろう。

　例えば、2016（平成28）年4月1日から実施される患者申出療養制度は、困難な病気と闘う患者からの申出を起点として、国内未承認医薬品等の使用や国内承認済みの医薬品等の適応外使用などを迅速に保険外併用療養として使用できる仕組みを創設することであり、これによって患者の治療の選択肢を拡大することを目的としている。この制度は、患者からの申出を受けて臨床研究中核病院が安全性・有効性のエビデンスをつけて実施計画を作成し、その計画の内容を国が審査し、安全性・有効性を審査したうえで実施されるものである。厚労省は、国において安全性・有効性等を確認するし、これまでの保険外併用療養費制度の中に位置づけるものであるため、いわゆる「混合診療」を無制限に解禁するものではなく、国民皆保険の堅持を前提とするものであると説明している。

　これまで、歯科治療で金合金の使用を患者が選択したときは、保険診療部分については「療養の給付」として認め、それ以外を自己負担とするとか（厚生省保健局長通知）、厚生労働大臣が定める「選定療養」や「評価療養」を受けた場合には、保険診療との併用を認め保険外併用療養費を支給するという形で、国の一定の管理下のもとでごく一部の医療行為に限定して混合診療が認められてきた。しかし、今回の患者申出療養制度は、患者の意思（自己決定）を最優先項目とし、これを最大限尊重することで審査期間を大幅に短縮し、しかも実施医療機関を限定しないというやり方をとっている点で、これまでの保険外併用療養費制度とはかなり違った性質のものと見なくては

ならない。混合診療を認める根拠は、患者がたとえ高額な自己負担であって
も、最新医療や新薬による治療を受けたいというのであれば、患者の意思を
尊重し、それが可能になるように、患者自らが医療を自由に選択できる環境
づくりを進めるべきであるというところにある。そこには、患者と医療機関
との間の契約によって保険外医療を認めようという方向性が見受けられる。

　これまでは、社会保障給付については、国が国の責任において、要保障者
に対して生存権（憲法25条）に基づく生活保障給付として支給するものであ
るという理解が一般的であった。ところが、最近、社会保障給付を提供者と
受給者との間の「契約」概念でとらえようとする動きがみられるようになっ
てきた。これまで、「契約」が介入する余地がないと思われてきた生活保護
の分野でさえも、例えばアメリカ合衆国では、すでに1980年代から母子家庭
に対する扶助（AFDC）に「契約」概念がもちこまれようとしていた。すな
わち、稼働能力を有する生活保護受給者には、行政機関が提供する就労自立
支援プログラムに参加して、自立に向けて努力する義務が、他方、行政機関
には、受給者が自立できるような機会を提供する義務と生活保護給付を支給
する義務とが課せられるというように、双方に義務を課すところの「契約」
が当事者間に締結されたと考えるのである。したがって、受給者が就労に向
けての努力を怠った場合は、その反対給付としての生活保護給付は停止ない
し廃止されるということになる。「契約」という言葉は使われてはいないが、
社会保障審議会福祉部会「生活保護制度の在り方に関する専門委員会」報告
書（2004〔平成16〕年12月15日）でも、同様の内容のことが書かれている。

　「契約」概念導入の理由については、給付の内容・性質に応じて異なって
こよう。例えば、患者申出療養制度の場合は、国内未使用医薬品であっても
それによる治療を受けたいという患者の意思（自己決定）を尊重しようとい
うことであったり、あるいは、医療費が高騰しているのだから、所得の高い
者が自己負担で高額な医療を受けてもらえればそれだけ財源に寄与できると
いう考えもあるかもしれない。生活保護制度の場合は、稼働能力のある者は
「能力に応じて勤労に励み、…生活の維持、向上に努めなければならない」
（生活保護法60条）義務があるのだから、受給者が勤労の義務を果たすべく
努力することを条件に生活保護給付を支給すべきであるとか、そういった理
由になるかもしれない。そうなると、日本でも、アメリカのように、社会保
障給付の支給に関して、受給者にも一定の義務を課すような「契約」概念が
登場してくることが予想される。社会保障のなかに「自律」や「選択」と

いった要素を重要な規範として持ち込んで、社会保障を受給者が生き方を自由に選択できるための条件整備として理解していこうとする学説は、一面ではこのような「契約」概念の余地を残したものと理解すべきであろうか。

　市町村への権限移譲を中核とする地方分権については、最新の改革では、2014（平成26）年の介護保険法改正により、保険給付として行われていた要支援者に対する訪問介護と通所介護事業を、市町村が運営する地域支援事業へと移行させるとともに、これに見守り、配食、買い物支援などの日常生活支援サービスを組み合わせた新しい「介護予防・日常生活支援総合事業」（新しい総合事業）に再編成したことであろう。移行の理由は、要支援者に対する介護予防給付については、市町村が地域の実情に応じて、住民の多様な主体による柔軟な取り組みにより、効果的かつ効率的にサービスの提供ができるようにすることである。介護保険法が制定された当初も、市町村が介護保険の実施主体（保険者）とされた理由が「市町村が地域の実情に応じて…」取り組めるからだということであった。そのため、市町村が独自に取り組める市町村特別給付の規定が盛り込まれ（62条）、その例として、おむつ支給、移送サービス、寝具乾燥サービス、配食サービス、訪問理容美容サービスなどがあげられていた。しかし、実際にはおむつ支給が大半であり、それらを含めて市町村特別給付を実施している市町村は、厚生労働省の調査では、2011（平成23）年度ではわずか135保険者（8.5％）であり、保険給付費全体に占める割合は0.02％（2012〔平成24〕年度）にすぎないことがわかっている。しかも、この比率は、介護保険制度実施直後の2001（平成13）年度からほとんど変わっていない。介護保険財源の苦しい市町村にとっては「特別給付」どころではないのである。

　これと同じように、新しい「介護予防・日常生活支援総合事業」がどこまで「地域の実情に応じた」事業を展開できるのか、やはり期待と不安とが同時によぎる。確かに、今回の新しい「介護予防・日常生活支援総合事業」は、ボランティア、NPO、民間企業、社会福祉法人、協同組合等の地域の全資源を巻き込んで実施される事業であるので、その点では、地域の実情を反映したものになりやすいのかもしれない。しかし、他方で、ボランティアをはじめとして、その担い手不足は慢性的に続いているし、サービスによっては一定の資格保有者が従事しなければならない場合もあろうから、その有資格者の確保も困難なのではないかという声も聞かれる。ましてや、新しい「介護予防・日常生活支援総合事業」には、将来約5〜6％程度と予想される給

付見込み額の伸びを、約3～4％程度に抑えるという枠がはめられている以上、設備や人員の縮減は避けられないのではないか、そうなれば、それによるサービスの質の低下という事態も起こるのではないかという不安がつきまとう。「地域の実情に合わせて…」とは、それなりの質の低いサービスがその地域の住民に提供されることを許容する用語であってはならない。地域間格差も程度問題ではあるが、ある一定限度を超えたような格差は介護保険法の趣旨に反するものとなろう。

　最近の社会保障制度の「変容」は、そのすべてが、背景に社会保障財源の窮乏化があることは間違いない。したがって、低所得者に配慮した形での国民全体への負担増の要請については、その程度の問題こそあれ、多くの国民もそれは引き受けざるをえないという意識は持っているのではないか。しかし、所得の多寡に応じて医療・介護サービスの提供がなされるようになるとか、住んでいる地域によってサービスに格差がみられるということについては、国民は簡単に納得するわけにはいかないであろう。

　社会保障制度を取り巻く経済的・社会的・文化的環境が大きく変わってきた現在、社会保障制度が「変容」をとげながら、現代社会に適応してきた事実は認めなくてはならないし、従来のような機械的・画一的なやり方では適応できないことも誰しも理解できる。ただ、「変容」の内容が問題である。国民は、いつでも、どこでも、誰でも、高い水準の保健・医療・福祉サービスが受けられるというこれまでの「国民皆保険」の理念を維持した上での時代の流れに対応した部分的「修正」かどうか、われわれは、これからも絶えず慎重に見極めていく必要があろう。

【注】

1 ）例えば、定期巡回・随時対応型訪問介護の事業者数は、2014（平成26）年 7 月末現在で全国に約510カ所しかなく、それも大都市に偏って開設されており、青森、宮城、栃木、徳島県では実施事業者は 0 であるとの報告がなされている。坂口昌宏「介護保険における地方分権と市町村の役割」石橋敏郎他「介護保険制度の新たな展開（下）」アドミニストレーション第21巻第2号（2015〔平成27〕年 3 月）36頁。

2 ）菊池馨実「自立支援と社会保障」菊池馨実編著『自立支援と社会保障—主体性を尊重する福祉、医療、所得保障を求めて』（日本加除出版、2008〔平成20〕年 5 月）358-360頁。

3 ）石橋敏郎「アメリカにおける公的扶助制度の最近の動向について—公的扶助受給者に対する就労奨励政策の展開」社会保障法第 6 号（1991年 5 月）137頁。

4 ）畠山輝雄「改正介護保険制度移行後の介護保険サービスの実態に関する調査」日本大学文理学部地理学科「介護保険制度化における地域福祉の検証プロジェクト」（2010年 3 月） 4 頁。
https://www.wam.go.jp/content/wamnet/pcpub/resources/e439735f-0818-4f95-abdf-46cd637a4dc7/index_cover.pdf

5 ）石橋敏郎「介護保険制度改革における2014年改正の意味」石橋敏郎他著「介護保険制度の新たな展開—2014年改正を中心として（上）（下）」（下）第Ⅸ章、アドミニストレーション第21巻第 1 号（2014年11月）、第 2 号（2015年 3 月）44頁以下。

6 ）日本弁護士連合会「『地域における医療及び介護の総合的な確保を推進するための関係法律の整備等に関する法律案』における介護保険体制に関する意見書」（2014〔平成26〕年 4 月11日）では、要支援者に対する訪問介護・通所介護の地域支援事業への移行は「提供するサービス内容や価格は市町村の裁量で決めるとされており、市町村間の格差が生まれることが懸念される。市町村事業は、市町村の財政状況や介護のための人員の確保の困難性などの基盤整備の状況から、地域差が生じる可能性が懸念される」とある。賃金と社会保障 No.1611（2014年 6 月上旬号）45頁。

第 2 章

介護保険制度改革の最近の動向

I　はじめに

　2018（平成30）年 5 月21日、経済財政諮問会議において、政府による社会保障給付費の将来推計が公表された。それによると、今から22年後の2040年度には、社会保障費は今年度（2018〔平成30〕年度は約121兆円）の約1.5倍にあたる190兆円が必要であるとのことである。他方で、社会保障費の増加を上回る勢いで、高齢化が進んでいる。厚生労働省の発表によれば、2016（平成28）年の日本人の平均寿命は、女性87.14歳（世界 2 位）、男性80.98歳（世界 2 位）といずれも過去最高を更新したことがわかっている。当然のごとく、介護を必要とする高齢者も増加している。47都道府県の介護保険事業支援計画を基にした推計では、65歳以上の高齢者のうち介護が必要となる高齢者は、2025年度には現在より約141万人増え、約770万人（現在の1.22倍）に上ることが明らかとなった。国民医療費は、2015（平成27）年度は、42.3兆円だったものが、2025年には、1.4倍の57.8兆円に増加するものと予想される。このうち、65歳以上の高齢者の医療費は、23.5兆円（2015〔平成27〕年度）の約1.5倍にあたる34.7兆円にも達すると見込まれており、この数値は国民医療費の 6 割を占めるまでに至っている。こうなると、当然のごとく、現行の社会保障制度を将来にわたって維持すべく、国民にいっそうの負担増を求めるとともに、これにあわせて各種社会保障給付の廃止・削減・変更を行うという厳しい財政削減政策が打ち出されてくることになる。

　負担増の例はあげればきりがない。熊本県の場合、2018（平成30）年度の国民健康保険料の標準保険料は、加入者 1 人当たり年平均額では 8 万8090円となり、2016（平成28）年度に比べると3746円の増である。熊本市の介護保険料は、2000（平成12）年度制度発足当初の2911円から、現在（2018〔平成30〕年度）の5700円、2019年には6760円、さらに2025年度には9102円まで上昇するものと予想されている。介護保険利用者の一部自己負担は、制度発足時は一律 1 割負担であったものが、2015（平成27）年には一定所得以上（単

－32－

身で280万円、夫婦で346万円）の高齢者は２割自己負担、2018（平成30）年
８月からは高額所得者（年収465万円以上の世帯）については３割の自己負
担となった。

　医療費抑制策の一環として、2016（平成28）年４月からは、地域のかかり
つけ医の紹介状なしに病床500床以上の大病院（大学病院、公立病院、日赤
病院等。2018〔平成30〕年４月からは400床以上）を受診した場合、患者は
5000円以上の追加料金を初診料に加えて支払わなければならないことになっ
た。また、医療介護総合確保推進法（2014〔平成26〕年６月）により、病院
や診療所に対しての病床機能報告制度の創設、都道府県による地域医療構想
の策定を通じて、病院の病床数を全国で10％程度削減する政策が進められて
いる[1]。

　これらをみると、「かかりつけ医」の強化、「病院から地域（地域包括ケア
システム）へ」という医療費抑制策としての明確な動きが着々と進められて
きていることがわかる。さらにこれを進めて、2018（平成30）年度の医療・
介護診療報酬同時改定では、終焉の場所をこれまでの病院から介護・福祉施
設あるいは自宅へと誘導すべく、病院以外での看取りに対する優遇措置や加
算が設けられることになった。

　最近の報道をみると、2018（平成30）年に財務省がまとめた社会保障改革
案では、①現在は全国一律になっている診療報酬を都道府県別に設定する、
②現行の１カ月単位の初診料を受診のたびに一定の窓口負担とする、③後期
高齢者の医療費自己負担を現行の１割から２割にする、④現在、市町村の地
域支援事業へと移行された要支援者の訪問介護・通所介護を要介護１、２の
高齢者まで広げる、⑤現在、10割保険負担となっているケアプラン作成に自
己負担制を導入する、⑥訪問介護の生活援助（掃除・洗濯・調理など）は原
則自己負担とするなどの大幅な負担増政策が打ち出されてきている[2]。

　しかし、他方では、医療・介護に従事する職員の不足はますます深刻に
なってきている。厚生労働省は、2025年には、介護職員が全国で33万7000人
程度不足するおそれがあるとの推計を公表している[3]。これに対して、厚労
省は医療・介護ロボットの普及や情報通信技術（ICT）の活用を推進しよう
としているが、人材不足の問題はこのような部分的・断片的政策によって直
ちにカバーできるような簡単なものではない。

　もちろん、高齢者介護関係で改善された点もいくつかある。例えば、財産
管理のみならず、意思決定支援・身上監護も重視する等の内容を盛り込んだ

「成年後見制度の利用の促進に関する法律」（2016〔平成28〕年、法29号）が制定されたこと、障害者が65歳以上になってもこれまでの障害者福祉サービスが引き続き受けられるような新たな「共生型サービス」が新設されたことなどがそれである。こうしたいくつかの改善点はみられるものの、しかしながら、ここ数年の高齢者医療・介護・福祉の見直しはやはり負担増・給付抑制という財源対策の色彩が強いものになっていると言わざるを得ない。制度の将来像や保持しなければならない基本的理念というものを明示しないまま、ほつれかかった部分を単に負担増によってつくろうようなその場しのぎの対応策では、なかなか国民の理解は得られないであろう。そこでこの章では、高齢者介護政策に関する最近の改革の動向について、その改革に至った背景、評価すべき点と問題点、残された課題、将来の展望ないしは方向性等さまざまな視点から、それぞれの項目ごとに批判的意見も踏まえながら、若干の検討を加えてみたいと考える。

Ⅱ　予防重視型・要介護度悪化防止型システムへの転換

　介護保険制度分野における財源対策として行われる保険料の引き上げ、一部自己負担増に関しては、国民に一番身近な出来事であり、その意味では誰もが関心を抱く問題であろう。しかし、政治的関心事としてはともかく、学問的あるいは理論的には負担増は取り扱いにくい問題の一つであるといえる。もちろん、どこまでが国民一般あるいは高齢者にとって負担限度額といえるのか、あるいは、その負担は低所得者を含めて「公平性」を保っているといえるものであるのかといった議論はできるかもしれない。しかし、この種の議論には、極めて政策的・技術的な要素がいくつも含まれており、誰もが納得できるような形で、しかも理論的にスッキリするような明解な回答を出すことが難しいという側面をもっているからである。

　そこで、本章では、経費削減・財源節約・負担増、すなわち制度の持続可能性の確保というわが国の社会保障政策の基本的な考え方を背景にしながらも、介護保険制度における負担増・給付切り下げといういわば直接的な財源対策についてではなく、間接的な財源対策とでもいうべき以下の三つの施策について検討することにしたい。具体的には、①予防重視型システムへの転換、②地域包括ケアシステムの推進、③市町村事業への移行（地方分権）あるいは地域住民同士で支え合う「地域共生社会」の実現という三つの施策に

ついてである。

　予防重視型・要介護度悪化防止型システムへの転換は、介護保険法の2005（平成17）年改正によって打ち出された考え方である。2000（平成12）年4月にスタートした介護保険制度は、当初は、制度に対する理解がいまだ十分にいきわたっていなかったことや、高齢者や家族が制度を利用することに対して抵抗感をもっていたこともあって、利用者が予想していたほどには伸びず、その結果、初年度こそ介護保険財政はどの市町村でも黒字財政となっていた。しかし、その後、制度の周知が普及していくにつれ利用者が増え続けていったこと、それと同時に要介護高齢者数自体も増加していき、3年後の介護保険料改定期には赤字財政に転落する市町村がかなりの数に達していた。熊本県の場合でも、2004（平成16）年度には、68団体のうち32%にあたる16団体が赤字になっており、その総額は3億2020万円にも達していたことが報告されている。

　財源が足りない場合の対策としては、大まかにいって次の三つの方法が考えられる。①保険料、利用料（一部自己負担）を増やす。被保険者年齢を引き下げて、例えば20歳以上から保険料を負担させるようにする、②給付の無駄がないか点検する。給付対象者を限定する。一定のサービスを給付の対象から除外する。利用回数・日数を制限する、③なるべく要支援・要介護状態にならないように日頃からの健康維持に努める。あるいは、現状の要支援・要介護状態をできるだけ維持し、その状態が悪化しないように努める（予防重視型システムへの転換）。

　①については、2005（平成17）年改正法により、在宅で生活する高齢者と施設利用者との負担の公平性を図るという観点から、それまで保険給付によって賄われていた介護保険施設の居住費用（部屋代）と食費が全額自己負担となった（低所得者のための補足給付あり）ことがあげられる。この点について、いまだ結論に至っていないのが、財源確保の観点からの被保険者の範囲を現在の40歳以上から20歳以上に引き下げるという議論である。介護保険制度の創設を審議した老人保健福祉審議会の最終報告（「介護保険制度の創設について」1996〔平成8〕年4月）において、被保険者の範囲については、65歳以上、40歳以上、20歳以上の3論併記がなされて以後、ほぼ5年ごとに行われてきた介護保険改正時には常に議題に上ってきた。しかし、被保険者を仮に20歳以上とした場合に、受給権者を65歳以上（老人性疾患の場合は40歳以上）に限定すると、65歳以下の者は受給権がないにもかかわらず保

険料負担だけが課されることになり、そうした世代が一気に拡大する現象を
もたらすことになる。このような考え方が社会保険制度として適当であるか
という反対論がいまも残っている[4]。

　②のうち、給付の無駄をなくすという観点からは、2005（平成17）年改正
法によって新しく創設された「地域包括支援センター」もその役割の一端を
担って登場してきたといってよい。要支援者に対する予防給付のケアマネジ
メントが市町村を責任主体とする地域包括支援センターに任されることに
なったのには、それなりの理由がある。ケアプランを作成する介護支援専門
員（ケアマネジャー）は、居宅介護支援事業所に勤務し、そのケアプランを
もとに別組織である指定居宅介護サービス事業所のホームヘルパーが実際の
居宅サービスを提供することになっている。しかし、両者は9割以上が同一
の事業者による併設施設となっているのが現実であり、そうなると、ケアマ
ネジャーのなかには自らの事業所のサービスを優先的に配置したり、サービ
ス量を水増しする者もいるかもしれないという懸念があった。そこで、一番
利用者の多い要支援者に対するケアプラン作成を市町村に行わせることに
なったのである。財源を支出する側の市町村がケアプランを作成すれば、財
源が厳しい現実を知っているので、無駄なサービス提供は極力控えるであろ
うと予想されるからである。しかし、この業務は民間事業者に委託すること
もできるようになっているので、委託された場合は、同じような水増しの懸
念がぬぐえないのではないかという指摘がなされている。

　③について、2005（平成17）年改正で一番注目された政策は、「予防重視
型システムへの転換」という考え方である。具体的には新予防給付の導入と
市町村が行う健康増進事業である地域支援事業の創設がこれにあたる。新予
防給付とは、従来の要支援者と要介護1を再編成して、要支援1と要支援2
に分け、そこに属する高齢者には筋力トレーニング、栄養指導、フットケア
等を実施して要支援状態を維持し、要介護状態に転落することを防止しよう
とするものである。地域支援事業とは、65歳以上のすべての高齢者を対象と
した介護予防一般高齢者施策と、要支援や要介護状態になる可能性の高い虚
弱高齢者を対象にした介護予防特定高齢者施策をいい、なるべく要支援・要
介護状態にならないように各種予防サービスの提供を行う事業をいう[5]。

　その後、2014（平成26）年改正時には、介護予防の考え方に新しい要素が
加えられることになった。すなわち、これまでは、介護予防とは健康体操を
するとかリハビリをするといった、いわば個人個人の医学的な面からの身体

的機能維持・回復訓練を指すものと思われてきたが、これからは高齢者の社会的活動参加および生きがい対策といった、いわば精神的な健康面を含めて介護予防とするという新しい考え方である。つまり、高齢者が地域のなかに生きがいや役割を持っていきいきとした生活ができるような居場所づくりや出番づくりを行うこと、あるいは、高齢者にはサービスの受け手としてだけでなく、地域での生活支援サービスの提供者たる担い手としての役割を果たしてもらうこと、そうしたことを支援しながら心身共に健康ではつらつとした生き方をしてもらいたいという発想に立っている[6]。これは、やがて、これからの高齢者政策は、行政だけに頼るのではなく、住民同士で助け合う仕組みをつくり、できる限り地域住民同士で高齢者を支えていく「地域共生社会」の実現という方向につながっていく。

　介護予防の重要性とその意義については疑いをはさむ者は誰もいない。問題は、介護予防に真剣に取り組まないとか、あるいは熱心ではないとみられる場合、その個人や事業者、市町村に対して、何らかの制裁的措置みたいなものがとれるかどうかということである。例えば、筋力トレーニング等に積極的に取り組まなかったために要介護状態が悪化したような場合、それは当人の非であるとして、サービスを停止したり制限することができるであろうか。

　ドイツの介護保険法6条「もし、被保険者が、予防とリハビリテーションの措置に参加し協力しなければ、被保険者の受給の権利は保障されない」[7]というような明文の規定のないわが国では、予防に消極的であるという理由で給付を制限することはできないであろう。それでは、予防に積極的に取り組まなかった事業者に対してはどうであろうか。この場合、健康な高齢者を要支援・要介護状態にならないようにするという意味よりも、現状の要支援・要介護状態を悪化させないようにするという意味で、事業者側に悪化防止について何らかの責任を問うことができるかどうかという問題になるであろう。

　これについては、2018（平成30）年、医療介護報酬同時改定にあたり導入された要支援・要介護状態改善事業所への成功報酬加算制度のことが気にかかる。例えば、通所介護（デイサービス）では、日常生活に必要な動作の維持・改善の度合いが一定の水準を超えた場合、その事業所に対する報酬を引き上げることとし、反対に自立支援に消極的な事業者には報酬を引き下げるというものである[8]。確かに、要介護度が上がっていけばそれに応じて介護

　サービス費が高くなる（事業所の収入が増える）という現在の介護保険制度の仕組みの中では、事業所が熱心にリハビリ等に取り組んだ結果、当人の要介護状態が改善することになれば、逆に事業所への収入は減ってしまうという矛盾を抱えているのは事実である。そのため、各事業所は自立支援（要介護度改善）に後ろ向きになりがちで、インセンティブが働かないという批判が介護保険制度創設当時からあがっていた。

　これをふまえて、2006（平成18）年度改定では、介護予防通所介護等において事業所評価加算が導入され、2012（平成24）年度改定では、介護老人保健施設の在宅復帰・在宅療養支援機能加算が導入され、2015（平成27）年度改定では、訪問リハビリテーション等において社会参加支援加算[9]が導入されるなど、事業所の努力に対するアウトカム評価が順次導入されてきている。2018（平成30）年度の介護報酬改定に関する審議では、「通所介護への心身機能の維持に係るアウトカム評価の導入」と称して、通所介護事業所において、自立支援・重度化防止の観点から、一定期間内に当該事業所を利用した者のうち、ADL（日常生活動作）の維持または改善の度合いが一定の水準を超えた場合には、報酬を高くすることで評価するという方針が打ち出されている[10]。自立にむけて利用者と協力してリハビリに努めた事業所とそうでない事業所とで何らかの差異を設けるべきだという主張は一般的には理解できよう。しかし、どのような基準で改善を評価し、どのような方法でどの程度の差異を設けるかについてはやはり慎重な議論がなされなくてはならないであろう。

　社会保障審議会介護給付分科会でも、介護報酬に改善加算を設けることに対して、次のような課題が指摘されていた。①どのような評価項目で改善したとか悪化したとかを判断するのか、判断基準があいまいになりがちであること、②高齢者の身体的・精神的状態は、悪化や改善を繰り返すことが多く、評価時点で内容が変わってくること、③状態の改善・悪化は本人や家族の取り組み姿勢にも影響されるので、事業所だけが努力しても思うような効果は上げられない場合があること、④高齢者はさまざまなサービスを組み合わせて利用しているので、その中のどのサービスが一番効果的であったのかを特定することが難しいこと等である[11]。

　また、こうなると事業所側での選別が起こる、つまり状態が改善しそうないわば軽度の利用者だけを選別して取り込もうとする危険もあるのではないかとの意見も出されていた。その他にも、要介護状態改善に対してメリット

を与えることについて、「特養において利用者の意に反して栄養剤を投与し、リハビリを重ね、歩行器で歩かせることを強いるような」事態が危惧されるとか[12]、「要介護度の改善…を評価尺度としたインセンティブあるいはディスインセンティブ措置は、要介護状態を悪とする偏見を助長する」「高齢者の意志に基づかない身体的自立に偏重した自立支援は、介護保険法の目的である高齢者の『尊厳の保持』に反する」[13]とかの反対意見も表明されている。

　そうした反対意見を受けながらも、2018（平成30）年度の介護報酬改定において、通所介護事業所のアウトカム評価と加算の程度は、おおよそ以下のような要件のもとで実施されることになった。①評価対象期間（１月から12月までの１年間）に連続して６カ月以上通所介護を利用した要介護者について、総数が20名以上であること、②要介護度が３、４、５である利用者が15％以上含まれること、③利用対象期間の最初の月と６カ月目で事業者の機能訓練指導員が Barthel Index[14] を測定し、その結果が報告されている者が90％以上であること、④６カ月後の Barthel Index 数値から最初の Barthel Index 数値を引いた数値（ADL 利得＝改善度数値）が上位85％の者につき、各々の ADL 利得が「０より大きければ１」「０より小さければ－１」「０ならば０」として合計したものが０以上であること。これらを満たした事業所については ADL 維持等加算として月３単位が加算されることになった。

　これをみると、アウトカム評価は個人単位ではなく、20名以上の集団についての評価であること、改善加算は３単位とそれほど高くはないように思われる。また、今回の改定では報酬減額についての基準は示されていないようである。しかし、実際にこの基準でアウトカム評価をした場合にどのような数値が出て、どれくらいの事業所が加算に該当することになるのか、それが事業所ないし職員のインセンティブにどの程度の影響を与えるのか等については不明なままであり、今後の実施状況を見て判断する以外にはない。

　介護保険制度は、措置から契約へと移行することにより、利用者の選択権・自己決定権を尊重したサービス提供を行うことを旨として制定されたものである。すなわち、「保険給付は、被保険者の心身の状況、その置かれている環境等に応じて、被保険者の選択に基づき、適切な保健医療サービス及び福祉サービスが…提供されるよう配慮して行わなければならない」（介保法２条３項）と規定されている。したがって、利用者の意思を無視した自立支援は介護保険法の趣旨に反することは言うまでもない。

　そもそも自立支援という概念は、支援する者と支援される相手方とがあっ

ての話であり、相手方である利用者の理解と協力なしには実現できない性格のものである。それを、状態改善という結果だけで判断しようとすると利用者の意思を無視した自立支援が行われたりするのではないかというような批判を受けることになる。要介護度改善に真剣に取り組んだ事業所とそこで働く職員の努力に報いるという考え方は理解できるとしても、その方法として、介護保険制度のなかで全国一律に一定の基準で評価して、それに基づいて報酬に増減を加える仕組みを作ることは、その実施にはかなりの無理が伴うといわざるを得ない。

　要支援・要介護高齢者の ADL 向上・低下は当該高齢者のもつ疾患の種類とその状態、体質、本人の意思、これまでの生活歴、家族関係、周りの人の協力等により大きく異なる場合が多く、事業所や職員の努力の範囲を超えている部分もある。まして、熱心に取り組まなかった事業所には報酬を減額するという一種の制裁措置ともいえるものを含んでいる場合はなおさらである[15]。むしろ、事業所のインセンティブの向上を図るという目的のためには、地方自治体ごとの表彰制度や優良事業所の認証制度といったやり方の方がなじみやすいように思われる[16]。

Ⅲ　市町村への権限移譲、地域共生社会の実現

　介護保険制度を創設する際の論点の一つは保険者を誰にするかということであった。1995（平成7）年2月から始まった老人保健福祉審議会では、「利用者のニーズに直接応えられる必要があり、そのためには地域で総合的にサービスを提供できるような…市町村の役割を重視する」（第5回会合、4月17日）といったように保険者を住民に一番身近な存在である市町村とするという意見があった。その一方で、当事者である市町村は、サービス供給の責任主体になることには理解を示していたが、財政責任は国が負うべきであるということを強く主張していた。それは、市町村には国民健康保険の赤字を抱えて毎年多額の費用を一般会計予算から繰り出しているという事情があり、その上、介護保険まで引き受ければ、赤字は一層増大するのではないかという危機感を市町村がもっていたからである（「第二国保問題」）。

　結局、これまでの老人保健福祉事業が市町村を中心に実施されてきたことや、1990年代から強力に推進されてきた地方分権の動きもあり、最終的には市町村を保険者とする地域保険方式とすることが決定された[17]。すなわち、

保険者を市町村とすることにより、「地域の実情等に応じた保険給付を行うとともに、地域ごとのサービス内容・水準に応じた保険料とする」（1996〔平成8〕年2月15日老人保健福祉審議会、厚生省提出資料）という基本的な考え方で介護保険制度はスタートしたのである。この際に、市町村の介護保険財政に対する不安を和らげるために、都道府県に財政安定化基金を設置し、保険給付費の増大や、保険料収納率の低下からくる財政困窮に対処するために、一時的な資金貸付の仕組み等が導入されたのではあるが、後述するように、要支援・要介護高齢者の増加による保険料の高騰と、介護保険事業から市町村の地域支援事業へと移行する事業が増えることによって、市町村はその運営に苦慮することになった。

　地方分権の観点からいえば市町村への権限移譲は望ましいことかもしれないが、しかし市町村からみれば、財政的裏付けが十分でないままに、単に事務量だけが増大したにすぎないと映るような制度改革では、市町村にしわ寄せがくるのは目に見えている。特に、この動きは2005（平成17）年の介護保険法改正から始まったと言ってよいであろう。2005（平成17）年改正による市町村の権限強化・事業範囲の拡大の例としては、地域密着型サービスの創設と地域支援事業があげられよう。

（1）地域密着型サービス

　地域密着型サービスとは、高齢者がたとえ要支援・要介護状態になったとしても、できる限り住み慣れた自宅や地域で自立した生活を送ることができるように、市町村の判断で実施できる介護サービスのことである。したがって、利用者は原則当該市町村在住の住民ということになる。具体的には、当初、夜間対応型訪問介護、小規模多機能型居宅介護、認知症対応型共同生活介護（グループホーム）、地域密着型介護老人福祉施設入所者介護（利用定員29人以下の小規模特養、以下「地域密着型特養」と呼ぶ）など6種類でスタートしたが、後に24時間対応の定期巡回・随時対応型訪問介護看護、複合型サービス、地域密着型通所介護（利用定員18人以下の小規模通所介護）が加わり、現在は9種類となっている。

　地域密着型サービスは、都道府県知事への届出と、必要な場合は知事の助言・指導という規定はあるが、原則として市町村長が事業所の指定や指導・監督の責任を負っており、市町村ごとの判断で事業が展開できるし、地域の実情に応じて弾力的な指定基準の設定、報酬の決定が可能となっている（介

保法78条の４、42条の２）[18]。こういう意味では地方分権（地域主権）の先進事例であるともいえようか。ただし、市町村長の判断で例えば地域密着型特養を設置するとか、あるいは介護報酬を独自に設定することができるが、当然、その費用の一部は住民の介護保険料に上積みされることになる。市町村に設置・運営権限を与える代わりにその費用の負担も当該市町村の住民で負ってくださいというという趣旨の地方分権だと理解することができる。

　地域密着型サービスの基準については、「地域の自主性及び自立性を高めるための改革の推進を図るための関係法律の整備に関する法律」（地域主権一括法、2011〔平成23〕年法37号）により、地域密着型サービスの人員・設備・運営に関する基準については、これまで厚生労働省令によって定められていたものが、市町村条例で定めるものと変更されることになった。ただし、最低限度のサービス水準を維持するために、厚生労働省令に拘束される内容のものを「従うべき基準」、合理的理由がある場合には条例で別の内容を規定することができるものを「標準」、異なる内容の条例が可能のものを「参酌」という三つの基準が設けられ、これに従って条例化されることになった。例えば、職員の数、居室の床面積、処遇、安全確保などの重要事項については厚生労働省令に「従うべき基準」とされたために、これらに関しては市町村が独自の基準を定めることはできないことになっている（介保法78条の４第３項）。

　こうすることによって、最低限度のサービスの質を確保するというナショナル・ミニマムの要請を満たそうとする趣旨である。しかし、多くの重要な事項がこのように「従うべき基準」とされたのでは、市町村が地域の実情に応じて独自のサービスを提供するということができなくなり、地方分権が徹底されているとはいえないとして、地域密着型サービスについては、職員数、居室面積、定員なども含めて市町村の裁量に任せるべきだという意見もある[19]。地方分権による市町村の裁量権拡大と国のナショナル・ミニマム保障責任との兼ね合いが問題となるところである。

（２）地域支援事業

　地域支援事業とは、2005（平成17）年介護保険法改正により創設されたもので、「被保険者が要介護状態等となることを予防するとともに、要介護状態等になった場合においても、可能な限り、地域において自立した日常生活を営むことができるよう支援」（介保法115条の45）することを目的として、

介護保険給付費の３％程度を使って実施される市町村の事業のことである。対象者は、自立高齢者（一次予防事業対象者）、要介護状態に移行しやすいハイリスク高齢者（二次予防事業対象者）および要支援１、２の高齢者である。内容は、介護予防事業、包括的支援事業（介護予防ケアマネジメント事業、総合・相談支援事業、権利擁護事業、包括的・継続的マネジメント事業）、任意事業（家族介護教室の開催、介護給付等費用適正化事業など）の三つの事業から構成されていた。このうち、包括的支援事業は、市町村が新たに設置する地域包括支援センターが運営することになった。

　地域包括支援センターは市町村直轄が原則であるが、社会福祉法人等への委託も可能になっているので、都市部では委託されている場合がほとんどである。地域包括支援センターは、社会福祉士、保健師、主任介護支援専門員（主任ケアマネジャー）の三者体制が基本であるが、しかし、三者の人材を確保することが難しく、実際にはそれに準ずる資格保有者や研修修了者をもって充てているところが大半である。また、地域包括支援センターの仕事量が増大する一方で、人員の配置には市町村ごとに大きな開きがあり、現実には数少ない職員で、増え続ける業務を無理をしながらなんとか職務をこなしているという実態がある。人材不足はここでも深刻である。

　2011（平成23）年改正では、市町村の判断により、要支援者・介護予防事業対象者向けの介護予防・日常生活支援のためのサービスを総合的に実施できる制度（「介護予防・日常生活支援総合事業」、例えば、介護予防のほか配食、見守りサービス等）が創設され、市町村・地域包括支援センターが、利用者の状態や意向に応じて、従来の予防給付で対応するのか、今回の総合事業を利用するのかを判断することとされた。さらに、2014（平成26）年改正では、要支援者に対する介護予防訪問事業と介護予防通所介護を市町村の地域支援事業に移行させることや、高齢者の社会参加や住民同士の支え合い（互助）を強調する形で、市町村による地域支援事業は再編成されることになった（「新しい介護予防・日常生活支援総合事業」。市町村には2017〔平成29〕年度までの実施を求めている）。こうした新しい地域支援事業の創設とその後の展開は、現在、国が緊急の課題として取り組んでいる「地域包括ケアシステム」の構築に向けての動きの一環として理解されるべきものである。

　新しい介護予防・日常生活支援総合事業は、おおよそ以下のような内容になっている。

　①互助の強調。地域包括ケアシステムの実現のためには、公助（租税によ

　　る政策、自治体が行うサービス）、共助（介護保険・医療保険など国民
　　の相互扶助）、互助（ボランティアなど地域住民相互の助け合い）、自助
　　（住民自身や家族による対応）の四つの要素が重要であること。

②高齢者の生活支援には、これからは、ボランティア、NPO、民間企業、
　協同組合等、地域の多様な主体がサービス提供を行えるような仕組みが
　必要であること。

③高齢者の介護予防は、これまでどちらかといえば運動や体操などの医学
　的面から考えられがちであったが、これからは高齢者の社会参加や生き
　がいといった精神面・社会面からのアプローチが必要であり、高齢者に
　社会的役割を持って地域で活動してもらうことを求める。こうすること
　によって、高齢者がサービスを受ける側ではなく、サービスを提供する
　側に回ってもらうことになる。

　つまり、地域に在住する高齢者の生活支援、具体的には、見守り、安否確
認、外出支援、買い物・調理・掃除などの家事支援といったサービスについ
ては、元気な高齢者も含めて、地域住民によるボランティア、NPO、社会
福祉法人、民間企業といった地域住民同士の支え合いによって実現していこ
うという考え方である。それを手助けするために、新たに生活支援コーディ
ネーター（地域支え合い推進員）を配置することにしている。これは、介護
保険給付の問題というより、地域での助け合い・支え合い組織をつくろうと
する「地域づくり」の話である。

　これに基づき、訪問介護、通所介護も、住民の自主活動としてできるよう
に基準が大幅に緩和されることになった。例えば、訪問介護サービスは、訪
問介護員（ホームヘルパー）による身体介護・生活援助のほかに、訪問型
サービスA、B、C、Dが設けられ、家事などの生活援助を行う訪問型サー
ビスAでは、人員等を緩和した基準（ホームヘルパーの資格取得を緩和）[20]
によって実施できるようになり、Bでは個人情報の保護等の最低限度必要な
基準を設けた上で住民の自主活動として生活援助が行えるように変更された。
通所型サービスも同様であり（A、B、Cの3種が新設）、例えば、Bでは、
住民主体による体操・運動等の活動をする自主的な通いの場が通所型サービ
スBに指定されている。体操教室のようなものを通所型と呼ぶには抵抗を
感じる人もいるだろうし、そもそもこうした専門性がかなり希薄化されたよ
うな住民によるサービスが介護保険サービスとしての質を保障できるのかと
いった疑問がわくことも至極当然であるかもしれない。

　ともかく、要支援1、2の高齢者向けの訪問介護と通所介護が介護保険給付から外されて、市町村の地域支援事業に移行することによって新しい地域支援事業（新しい介護予防・日常生活支援総合事業）がスタートした。これが実施されて1年以上が経過したが、実際には、市町村がこの事業の運営に苦慮している様子が浮き彫りになっている。共同通信が実施した調査によると、回答した1575自治体のうち約半数の45％がその運営に「苦慮している」と答えている。その理由としては、最も多かったのが「新たな担い手の確保が難しい」（49.5％）であり、これに続いて「運営のノウハウがない」（20.7％）、「移行させたことに無理がある」（12.6％）などがあげられている[21]。

　新しい地域支援事業は、介護事業所だけでなく、住民団体などもサービスを提供できるようになっているが、人員配置基準を緩和する反面、報酬が低く抑えられていることもあって、この事業を実施あるいは手伝おうという住民が集まらないというのが一番の悩みになっているようである。その結果、住民主体型の訪問介護・通所介護は7％と実施率が極めて低くなっている。また、利用者やその家族からは、地域格差がますます拡大するのではないかとの不安も広がっている。これまで介護保険による要支援者への訪問介護・通所介護を引き受けてきた事業所が、新地域支援事業になってその採算性の低さを理由に撤退し、今後は、報酬が比較的高い中重度要介護者へのサービス提供に力を入れるという事態も起きているという（71市区町村）。このほか、「度重なる制度改正で業務量が飽和状態に近かったところに、総合事業が加わり、既に処理可能な業務量を逸脱している」「地域資源が少なく、多様なサービスを提供することは非常に困難」「軽度者が専門的な支援から遠のく地域が出るのではないか」など市町村の悲鳴にも似た声が聞こえてくる。

　2017（平成29）年5月26日、「地域包括ケアシステムの強化のための介護保険法等の一部を改正する法律」（法52号）が成立した。この法律は、名称に「地域包括ケアシステムの強化」という文言が入っていることでもわかるように、高齢者の自立支援と要介護状態の重度化防止、地域共生社会の実現を図るとともに、制度の持続可能性を確保することを目的としたものである。この法律によって、社会福祉法が改正され、地域住民等は、地域共生社会の実現に向け、福祉サービスを必要とする地域住民およびその世帯が抱えるさまざまな分野にわたる地域生活課題を把握し、その解決に資する支援が包括的に提供される体制を整備するように努めるという条項が追加されることになった[22]。また、こうした地域福祉・地域づくりを推進できるよう、市町村

は地域福祉計画を策定するように努めるとともに、地域福祉計画には福祉の各分野における共通事項を定めて、福祉計画の上位計画として位置づけることにしている。

「地域共生社会」とは、子ども、高齢者・障害者などすべての住民が地域、暮らし、生きがいを共につくり、高め合うことができる社会と説明されている。これを実現するために、地域共生社会の実現を地域住民が「我が事」として主体的に取り組む仕組みをつくるとともに、市町村においては、地域づくりの取り組みの支援と公的福祉サービスへのつなぎを含めた「丸ごと」の総合相談支援の体制を進めることが期待されている。「我が事」とは、自分や家族が暮らしたい地域を考えるという主体的・積極的な取り組みの広がり、地域で困っている課題を共に解決したいという気持ちで活動する住民の増加等を意味するものであり、「丸ごと」とは、介護、子育て、障害、病気等を含め、住まい、就労、家計、孤立等くらしと仕事の生活全体を地域住民と行政とで協働して丸ごと支える仕組みをつくろうとするものである。

具体的には、福祉のほか、医療、保健、雇用・就労、司法、産業、教育、家計、権利擁護、多文化共生等多岐にわたる連携体制と包括的な相談支援体制の構築があげられている。これをみると、新「地域支援事業」の時よりも、いっそう住民の主体的な地域活動参加や地域での支え合いの重要性が強調されているように感じられるが、しかし、上述したように市町村が抱いている財源不足と人材確保に関する不安は依然として拭い去られていない。そのため、今回の改正で、都道府県は、市町村の新しい総合事業に対して支援に努めるものとされ、これに対して市町村は必要な連絡調整ができることになり、また、関係者には事業に協力するように努めるという条項が新たに追加されることになった。だが、どのような形で、どの程度の支援が行われるのかについては未知数のままであるし、これによって、市町村が安定的に新しい地域支援事業に取り組んでいけるのか、それだけの財源と人材確保が保障されるのかについては、やはり不安材料の方が多いと言わなくてはならない。

Ⅳ　おわりに

　介護保険受給者の増加に伴って、介護費用の抑制が急務の課題となっている。それは介護保険制度の持続可能性の問題と直結しているからである。ここ数年の介護保険改革では財源対策としての制度改革の色彩がいっそう濃厚になってきている。2018（平成30）年８月からは、現役並みの所得を有する高齢者（単身では年収340万円、夫婦では463万円）の３割自己負担が実施されることになった。負担増となるのは利用者全体の３％弱に当たる約12万人と推計されている。２割負担になったときもそうであったが、負担増をきっかけにサービスを中止または減らす利用者が出てくることが懸念される。予防重視・重度化防止もその理念そのものに反対できる人はいない。また、予防・重度化防止にインセンティブを与えて、これに努力した個人や事業所に何らかの努力賞を与えようとすることも理解できなくはない。問題はそのやり方である。

　例えば、医療保険の分野では、一部の健保組合や市町村がやっているように、予防に熱心に取り組む加入者にヘルスケアポイントを与え、そのポイントが貯まったら健康グッズと交換できるなどの試みが行われているが[23]、同様の試みが介護保険サービス受給者に行われることになっても何ら問題はない。また、重度化防止に努力した事業所を表彰することもありえよう。しかし、それを超えて、例えば要介護度を悪化させたのは本人または事業所の責任だとして、本人の自己負担を増額するとか、事業所の報酬を減額するというような政策が取られたとしたら、これには疑問を提示せざるを得ない。状態の悪化は本人や事業所の責任ではない場合も多いからである。

　地域のことをよく知っているのは市町村だから、市町村が地域の実情にあわせて、それぞれが工夫して「我が町らしい」介護サービスを実施するという建前は理屈の上では成り立っているが、現実にはうまく機能していない。財政が豊かなごくわずかの市は除いて、大部分の市町村は財政面で困難を抱えたまま苦労して介護保険制度を運営している実態があるからである。介護保険費用をさらに抑制する目的で、低い報酬単価を設定しておきながら、「報酬は少ないのですが、その代わりに従事者の資格を緩和しますので、市町村でなんとか人材を確保して、やり方を工夫しながら新しい地域支援事業をつつがなく実施してください」というのでは、市町村がその運営に苦慮することは誰の目から見ても明らかであろう。また、緩和された有資格者もし

くは無資格者によるサービス提供ではサービスの質の低下が懸念される。

　「地域共生社会の実現」もしかりである。社会保障財源に限りがあるので、これからは住民相互の助け合いの精神やそれを実現するための組織が重要なことは誰しも理解できることであるが、こうした住民組織に多くを頼るような介護保険サービスでは、長続きはしないこともまたわかりきっている。地域住民の高齢化により人材不足が深刻化し、自治会等の地域活動さえままならない地域の実情をみるかぎり、住民同士の支え合いの組織には限界があるからである。まして、ボランティア等の人材を確保できない山間地ではなおさらのことであろう。国や地方自治体による人材の確保と財源的な措置があってこそ、住民同士の支え合いも生きてくる。単なる介護費用の抑制策としてではなく、たとえ重度であっても住み慣れた地域で暮らしたいという高齢者の願いが叶えられるような十分な財政的な裏付けと確実な人材確保戦略が提示されることが先決であって、その上での地域包括ケアシステムの実現であってほしい。まずもって国がそれを行ってから、地域住民にもそれぞれの立場での活躍と協力を求めるという構図を描くのであれば多くの国民の理解を得られようが、その逆の構図であれば、地域包括ケアシステムについては不安のみがつのるという住民の気持ちは無理からぬところであろうと思われる。

【注】

1）ちなみに、全国の病院が５年後の2023（令和５）年に予定しているベッド削減数は現状の3.5％にとどまり、病床削減が予定通り進んでいない実態が報告されている（熊本日日新聞2018〔平成30〕年５月１日）。

2）2018（平成30）年６月５日の経済財政諮問会議に出された「骨太方針」では、これに加えて、70歳以上であっても現役世代並みの所得がある高齢者（夫婦で年収520万円以上）は３割自己負担とする方針などが盛り込まれている（熊本日日新聞2018〔平成30〕年６月６日）。

3）厚生労働省が出した2025（令和７）年の介護職員確保見込み割合（充足率）をみると、最も悪い福島県・千葉県では74.1％、上位の山梨県96.6％、佐賀県95.7％（熊本県は94.1％）と地域差が大きいことが報告されている（熊本日日新聞2018〔平成30〕年６月22日）。

4）介護保険制度史研究会編著『介護保険制度史—基本構想から法施行まで』（社会保険研究所、2016〔平成28〕年５月）176頁。被保険者年齢を20歳に引き下げる議論は、介護保険法2011（平成23）年改正の基礎となった社会保障審議会介護保険部会「介護保険制度の見直しに関する意見」（2010〔平成22〕年11月30日）でも、賛否両論併記となっており、いまだに決着がついていない問題である。

5）石橋敏郎『社会保障法における自立支援と地方分権—生活保護と介護保険における制度変容の検証』（法律文化社、2016〔平成28〕年２月）173頁。

6）社会保障審議会介護保険部会（第51回）2013（平成25）年10月30日、資料「予防給付の見直しと地域支援事業の充実について」。

7）豊田謙二『質を保障する時代の公共性—ドイツの環境政策と福祉政策』（ナカニシヤ出版、2004〔平成16〕年）191頁。

8）熊本日日新聞2017（平成29）年８月24日。厚労省としては、積極的に改善に取り組む事業所とそうでない事業所とで報酬支払いにメリハリをつけたいという考えであることが報じられている。

9）社会参加支援加算とは、リハビリをしたことにより、日常生活動作（ADL）や手段的日常生活動作（IADL：日常生活動作以外に買い物、調理、お金の管理、交通手段の活用など社会生活を送る上で欠かすことのできない手段）が向上することにより、家庭内での家事や社会への参加ができるようになり、他のサービスへと移行した場合に算定される加算のことである。

10）今回の通所介護サービスにおける要介護状態改善評価に限らず、すでに2006（平成18）年度に介護予防通所介護等において事業所評価加算が導入され、2012（平成24）年度改定では介護老人保健施設の在宅復帰・在宅療養支援機能加算、2015（平成27）年度改定では、訪問リハビリ等において社会参加支援加算が導入されるなど、事業所の実績評価（アウトカム評価）が順次導入されてきている。

11）社会保障審議会介護給付費分科会 第145回、2017（平成29）年８月23日、資料１「介護サービスの質の評価・自立支援に向けた事業者へのインセンティブ」、同「参考資料」。

12) 全国老人福祉施設協議会「いわゆる『自立支援介護』について（意見）」2016（平成28）年12月5日。

13) 日本社会福祉士会「高齢者の自立支援・重度化防止に向けた取組の推進に対する声明」2017（平成29）年4月7日。

14) Barthel Index とは、ADL の評価にあたり、食事、車いすからベッドへの移動、整容、トイレ動作、入浴、歩行、階段昇降、着替え、排便コントロール、排尿コントロールの計10項目を5点刻みで点数化し、その合計点を100点満点として評価するものである。

15) 同様のインセンティブ政策は医療保険の分野ではすでに行われている。予防・健康づくりに熱心に取り組む医療保険者に対するインセンティブをより重視するため、後期高齢者支援金の加算・減算制度につき、2018〔平成30〕年度から、特定健診・保健指導実施率のみによる評価を見直し、後発医薬品の使用割合等を追加し、複数の指標により総合的に評価する仕組みを作るとの提案がなされている。「医療保険制度改革骨子」社会保障制度改革推進本部決定（2015〔平成27〕年1月13日）、保険者による健診・保健指導等に関する検討会第26回「後期高齢者支援金の加算・減算制度の見直し・平成30年度〜35年度の検討状況」（2016〔平成28〕年12月19日）

16) 例えば、神奈川県川崎市では、2016（平成28）年度から要介護度や ADL の改善があったときは、市長による表彰や、認証シールの交付が行われているという。社会保障審議会介護給付費分科会第145回、2017（平成29）年8月23日、資料1「介護サービスの質の評価・自立支援に向けた事業者へのインセンティブ（参考資料）」。

17) 増田雅暢『逐条解説・介護保険法』（法研、2014〔平成26〕年4月）70-71頁。

18) 介保法78条の4第5項は、「市町村は、第3項に規定にかかわらず、同項第1号から第4号までに掲げる事項については、厚生労働省令で定める範囲内で、当該市町村における指定密着型サービスに従事する従業者に関する基準及び指定密着型サービスの事業の設備及び運営に関する基準を定めることができる」と規定されており、これを受けて施行規則131条の12では、市町村は、厚生労働大臣が定める地域密着型サービス基準のうち、利用定員及び登録定員に関する基準、事業所又は従業者の経験及び研修に関する基準、従業者の夜勤に関する基準並びに運営に関する基準を下回らない範囲内で、従業者に関する基準及び設備・運営に関する基準を定めることができるようになっている。これを見ると、78条の4第3項に規定する「従うべき基準」、「標準」にかかわらず、市町村は従業者・設備・運営に関する基準を定めることができるようになっている。ただし、「厚生労働省令が定める基準を下回らない範囲内で」、被保険者、学識経験者等で構成される地域密着型サービス運営委員会の意見を聞くことという条件が付けられている。

19) 「市町村が独自に実施する地域密着型サービスの施設系サービスでは、『従うべき基準』でなく、『標準』ないし『参酌』基準とすれば、市町村の独自な取り組みがより一層期待されるようにも考えられよう」小西啓文「介護保険法にみる地方分権改革推進の功罪」社会保障法第27号（2012〔平成24〕年）34頁。

20) 例えば、訪問介護を担う人材も、これまでの訪問介護員初任者研修（130時間以上）の半分以下（59時間）の研修時間で「生活援助従事者研修」が終了したことにする等

の大幅な基準緩和がなされる。

21) 熊本日日新聞2017（平成29）年8月19日。ちなみに、熊本県内45市町村のうち34市町村が回答しているが、50.0％の自治体が「運営に苦慮している」と答えている。

22) 改正された社会福祉法4条には新たに以下のような内容の第2項が加わった。「地域住民等は、地域福祉の推進に当たっては、福祉サービスを必要とする地域住民及びその世帯が抱える福祉、介護、介護予防、保健医療、住まい、就労及び教育に関する課題、福祉サービスを必要とする地域住民の地域社会からの孤立その他の福祉サービスを必要とする地域住民が日常生活を営み、あらゆる分野の活動に参加する機会が確保される上での各般の課題（地域生活課題）を把握し、地域生活課題の解決に資する支援を行う関係機関との連携等によりその解決を図るよう特に留意するものとする」。

23) 原田啓一郎「健康づくり・介護予防と社会保障—予防重視型システムのあり方を考える」増田幸弘・三輪まどか・根岸忠編著『変わる社会福祉の論点』（信山社、2018〔平成30〕年6月）212-123頁。

第3章

社会保障の変容と荒木理論の現代的意義

I　はじめに

　社会保障法の分野に荒木誠之教授の理論（以下「荒木理論」）が登場してからはや半世紀以上が経過しようとしている[1]。当時は高度経済成長の追い風を受けて、給付水準としてはいまだ十分とは言えないまでも主要な社会保障給付がすべての国民に行き渡り、現在の社会保障制度の原型が創られようとしていた。すなわち、国民健康保険法の全面改正による強制加入制度の実現（1958〔昭和33〕年）と国民年金法の制定（1959〔昭和34〕年）による国民皆保険・皆年金制度の創設がそれである。社会福祉法の分野では、精神薄弱者福祉法（知的障害者福祉法）（1960〔昭和35〕年）、老人福祉法（1963〔昭和38〕年）、母子福祉法（1964〔昭和39〕年）が制定されて福祉六法体制が一応整えられた。それまで一部の雇用労働者を対象とした部分的な労働者保険のみが存在していた時代とは違って、国民のすべてに恩恵が及ぶとなると社会保障制度に対する国民的関心も当然に高まってくる。それと同時に一連の社会保障制度をどのように評価して、どう統一的に理解したら良いのか、それに関する学問的興味も増してくるのは当然のことであった。

　こうした時期に、一見雑多に存在するようにみえる社会保障関係の法制度を、その成立の背景、当時の社会的・経済的状況、制度の目的・趣旨等の多角的視点から分析し、生存権理念のもとにそれを理論的に整序し、一定の理念と法体系をもった「社会保障法学」という独自の学問分野を打ち立てたのが荒木理論である。その後のわが国の社会保障法学は、荒木理論を中心に展開されてきた。それを受け入れるかあるいは批判するかの違いこそあれ、社会保障法学は、根本的には荒木理論を基礎にして、それを補充するか、修正するか、克服するかの努力を払い続けながら今日まで発展してきたといっても過言ではない。そういう意味では荒木理論は、わが国の社会保障法学の礎であり、その後の発展の出発点であったといえる。

　しかし、荒木理論が登場した時代と比べてみると、この50年間にわれわれ

を取り巻く社会的・経済的・文化的な環境は驚くほどの変化をとげてきた。また、学問的にも、荒木理論に対する挑戦ともいうべき新たな社会保障法学基礎理論が登場してきている。本論文では、荒木理論が形成された時期にはおそらく予想もしなかったであろう事態がいくつも発生して、社会的・経済的に激しく変貌をとげたこの現代社会において、半世紀前に創られた荒木理論は、社会保障の転換点に来た今もなお何らかの意義を有しているのかどうか、有しているとすればどのような意味においてそう言えるのか、あるいは、もはや現代社会にはその意義を見出すことは難しいことなのかどうか、そういった点に関して、新しい社会保障法基礎理論の登場と最近の社会保障制度改革の動きのいくつかを取り上げながら若干の検討をしてみようとするものである[2]。

II　荒木理論の概要

　「荒木理論」の最大の目的は「社会保障法」という独自の学問分野を成立させることにあった。そのため、荒木理論は以下の二つがその中心をなす。①労働者保険を社会保障法の中に取り込んでくる際に用いられた「生活主体」あるいは「生活人」という法的概念を提示したこと（法主体論）、②社会保険、公的扶助といった従来の制度別体系論に対して、社会保険の技術を採用するかどうかはその国の立法選択の問題であって、給付の性格を明らかにできないとして、新たに「要保障性（ニーズ）の構造と程度」を基本にした給付別体系論を打ち立てたこと（法体系論）の二つである。しかし、ここでは、新たに展開されてきた社会保障法基礎理論（社会保障の定義、体系、労働法との関係等）との比較検討、および、最近の社会保障制度改革の動きに対する荒木理論からの考察という視点で論じる関係上、③社会保障法の定義と当事者関係、④社会保障法と労働法との関係（異同性）に関する考え方、および、⑤荒木理論の確立にいたる研究のスタンスやアプローチの仕方（考察方法）の3点も加えて「荒木理論」と呼ぶことにしたい。

1　法主体論としての「生活主体」、「生活人」

　石井照久教授は、「社会保障法」という学問分野の成立には懐疑的であり、その理由のひとつとして、雇用労働者と非雇用労働者（農林漁業従事者、自営業者等）という違った性質を持つ階層が一緒に含まれており、統一的理解

が難しいことをあげていた[3]。これに対して、荒木教授は、雇用労働者と非雇用労働者は、生活手段こそ違ってはいるが、ともに常に生活を脅かされる危険にさらされている実在の人間として共通の性格を有すること、すなわち「生活主体」という概念でもって統合されることが可能であり、両者はともに「社会保障法」の中に取り込まれてくることを明らかにしている。「生活主体」という概念に対して、当初は、階級的視点が欠如しているという批判がなされたが[4]、現在ではそのような批判をなす者はまずいない。むしろ問題となるとすれば、「生活主体」という概念は、市民法から労働法へという歴史的発展過程に逆行するのではないかという批判かもしれない。すなわち、市民法は、それまでの身分制度を打破して抽象的な「人」を法主体としてとらえ、抽象的人間相互の自由・対等な関係としての市民社会を作り上げた。荒木理論の「生活主体」はそれと同じものではないかという疑問である。この点について、荒木氏は、市民法から労働法へ、さらに社会保障法へという歴史的流れからいって、旧来の市民法のいう抽象的法主体概念への回帰はありえず、社会保障法の「人」という法主体は、社会法が直視してきた弱者としての法的人間像を含んだ概念であることをはっきりと述べている[5]。

　むしろ、最近では、「生活主体」に対して、新たな視点からの批判的考察が盛んになってきている。つまり、荒木理論が登場してきた1960年、70年代とは違って、いまでは国民生活が相当程度豊かになり、また、社会保障が、当時生活モデルとして想定していた「正規雇用・長期雇用に就いている夫と専業主婦」という典型的モデルとは異なった雇用形態、社会・家族状況が新たに出現したことに対して、従来の法的人間像を再検討してみようとする試みがそれである。

　こうした現代社会の変貌を背景にして、社会保障法の分野では、これまでのように給付を受ける対象としての国民ではなく、主体性をもって自らの生を開拓していく積極的な人間像[6]、労働法の分野でいえば、従来の従属労働論を脱して、主体性と自発性のある人間としての労働者像[7]という新たな法的人間像が提示されている。そこでは、憲法13条の「個人の尊厳」をもとに、個人の自律の支援、労働者の自己決定権の尊重が強調され、社会保障法や労働法はそれを実現するための条件整備の役割を担うものであるという位置づけがなされている。

　近年、日本の生活保護法の領域でさえも、アメリカのように社会保障給付の受給関係を、これまでの支給者（行政）と受給者という縦の関係ではなく、

両者を対等な交渉権を有する当事者関係にあるものと位置づけて、「契約」関係で見ていこうとする傾向が強くなってきているのではないかと感じるときがある。契約関係であるから、形式的には申請者・受給者の自己決定権が尊重されることは言うまでもない。給付を受ける客体としての人間像ではなく、自ら生を切り開く主体的人間像として再構成するということはこのような対等関係を想定しているのであろうか。いずれにせよ、このような新たな社会保障法基礎理論が登場しようとしているときに、例えば失業者あるいは生活保護受給者は、抽象的人格者たる「人」ではなく、あくまでも生活危険に遭遇しやすい社会的弱者としての生活人たる「人」であるという荒木理論の考え方を再確認しておくことは重要であろうかと思われる[8]。

2　社会保障の給付別法体系論

　戦後まもなく、社会保障制度審議会の「社会保障制度に関する勧告」（1950〔昭和25〕年）が出されて以降、日本の社会保障制度は、社会保険、公的扶助、社会福祉、公衆衛生という四つの柱から成るという制度別体系論が主流であった。これに対して、荒木氏は、社会保険方式を採用するかどうかはその国の立法選択の問題であり、このような保障方法に着目した体系では社会保障給付の性格を明らかにすることはできないとして、給付内容の分析（「要保障性の構造と程度」）をもとに給付別体系論を立てるべきであると主張した。すなわち、金銭的給付を目的としたところの所得保障給付と、身体的・精神的生活障害に対して医療・介護・福祉サービスといった非金銭的給付を提供する生活障害保障給付の二大給付を柱にした体系がそれである。

　所得保障給付は、さらに、その日の生活さえ維持できないような生活困難に対処するための緊急性・絶対性をもった生活不能給付（生活保護がこれにあたる）と、このままでは将来生活困難に陥るであろう状態に対処するための生活危険給付（年金、雇用保険などがこれに当たる）とに分かれる。ここには生活危険給付を充実させることによって生活不能給付が適用される余地を少なくしていくことが望ましいという政策目標が込められている。

　また、生活不能給付は、「生存そのものが阻害されている状態であるから、生活危険事故と異なり、その要保障性の点で、緊急性、絶対的必要性をもっている。すなわち、生活不能が認められるかぎり、迅速かつ無条件で、最低限度の生活保障を行うことが必要とされる」[9]という記述からすると、緊急的・絶対的生活保障給付たる生活保護給付が、就労に向けての自立支援給付

的な色彩を持ちはじめている現行の生活保護政策については、荒木理論から
は批判的な目で見られることになろうか。

　荒木理論における最も際立った特徴であり、現行制度への評価、あるいは
将来の社会保障政策の有り様に指針としての影響を与えるであろうと思われ
るのは、所得保障給付との対比で語られることの多い生活障害保障給付の方
であろう。生活障害保障給付は、負傷、疾病、障害、要介護など心身の機能
の喪失または不完全な状態に対して、その機能（労働能力あるいは生活能
力）の回復・維持をめざすための給付であるから、その保障方法としては所
得保障給付ではなく、医療・リハビリテーションサービス、施設・在宅サー
ビスといった非金銭的給付（現物給付）の形をとることになる。現物給付と
なれば、当然のごとく病院・施設・事業所といった物的設備と、医師・看護
師・リハビリ関係者・施設職員・在宅職員等といった人的配置が必須の要件
となってくる。逆にいうと、人的・物的条件が整わなければ生活障害保障給
付は存在し得ないことになる。そうすると、生活障害保障給付は、その概念
の中に、人的・物的設備等のサービス供給体制の整備・充実を要請する契機
を含んでいるものと理解することができる。もっというと、生活障害保障給
付のめざす目的の実現という点から見て、現行の医療・介護・福祉に関する
供給体制は十分であるのかどうか、その批判的検討の出発点を提供してくれ
る概念ともいえよう。さらには、現在の介護・福祉関係職員の労働条件の低
位性、その結果としての人手不足といった問題にまで視野が及ぶことになろ
う。なぜなら、福祉・介護サービスを提供する職員の資質・能力、あるいは、
その勤務にかかる労働条件が、サービスの質を大きく左右することになるか
らである[10]。また、生活障害保障給付の目的は労働能力あるいは生活能力の
回復にあるので、そのためには傷病が治癒しただけでは足りず、その後の専
門的なリハビリテーションまでを含めたサービスが当事者に提供されてはじ
めてその目的が達成されることになる。従来の治療中心だったわが国の社会
保険医療制度に対して、予防・治療・リハビリテーションの一貫した包括的
医療体制の必要性を呼びかけることができるのも生活障害保障給付の特徴で
あろう[11]。

　また、医療機関の偏在（地域差）[12]、健康保険と国民健康保険の給付格差、
現行医療給付が社会保険法、生活保護法、社会福祉各法に分断されて規定さ
れていることと、それぞれの給付内容に格差があることに対して、医療の機
会均等・給付の平等を常に主張してきたのも、生活障害保障給付の性格がそ

の基本になっている。つまり、その当事者が何を求めているか（要保障性）を基準にして、純粋にニーズだけに着目して給付内容別の体系を立てるとすれば、当然にして、制度が社会保険であろうと公的扶助であろうと、あるいはどのような職業であろうとも、あるいはどの地域に住んでいようとも、同一のニーズには同一の給付が平等に与えられなければならないという考え方を基本にすることになるからである。社会保険、公的扶助という保障方法を基準にした法体系では、同様な給付がそれぞれ別の制度に分断されていることには関心が払われることはないし、もちろん同一の給付であっても制度ごとにあるいは地域別に水準の格差があったとしても、その給付が制度としてはどちらの体系に属するかの話であって、同一ニーズ＝同一給付というような発想は当然には出てこないことになろう。

3　社会保障法の定義と当事者関係

　荒木氏は、社会保障法を「社会保障とは、国が、生存権の主体である国民に対して、その生活を保障することを直接の目的として、社会的給付を行う法関係である」と定義している。この定義は、社会保障法の目的を示すと同時に、社会保障法に含まれる法領域の範囲を確定するという意味も持っている。もちろん独自の法領域を確立するといっても、それに関係する法領域は他にも多数存在することは事実である。しかし、そうした他の法領域との関連を意識しながらも、やはり社会保障法の核となる法領域は一応確定しなければならないであろう[13]。これに対して、社会保障法の目的を中心に受給者の「自律の支援」のための条件整備とか、「自立と社会参加の機会」を保障するための制度といった定義が新しく登場してきている（菊池馨実氏の表現を借りれば「開かれた」定義）。

　最近の論文で、菊池馨実氏は、社会保障法とは「憲法25条を直接的な根拠とし、国民等による主体的な生の追求を可能にするための前提条件の整備を目的として行われる給付やその前提となる負担等を規律する」法であると定義している[14]。

　この定義には二つの課題がある。ひとつは、荒木氏の定義にある「生活の保障」という用語からは、まずもって所得保障による生活保障（年金・失業保険・生活保護）が社会保障法に含まれることは容易に理解できるが、菊池氏の「主体的な生の追求を可能にするための前提条件」という用語からは、例えば各種社会福祉サービスや成年後見制度といったような「自律」を直接

支援する各種の制度が真っ先に連想されてしまうことである[15]。第二に、従来から社会保障法の範囲と考えられてきた医療・年金・生活保護といった領域に加えて、新たに雇用、教育、住宅、交通・通信、成年後見等といったそれこそ人間が生きていくうえで必要なサービスを含む幅広い法分野が、社会保障法のなかに雑多に取り込まれてくる結果になることである。人間の自律や自立に向けた行動の支援は、一法律分野だけに収まるものではないので、当然に多くの関連法領域が関係してくることになるだろうから、政策論としてならばそれでよいかもしれない。しかし、やはり社会保障法学としてこれを学問的に考察する場合は、その守備範囲としての領域は一定範囲に限定しておく必要があるのではないかと思われる[16]。

　次に問題となるのは、社会保障法の当事者は誰かということである。荒木氏の定義では、社会保障法は、国と国民との間に成立する法関係であることが明記されている。これに対して故倉田聡教授は、国家対国民という二極面からの構図では、その中間にある「社会」の存在（例えば、健康保険組合、共済組合、協会けんぽ等）が見過ごされてしまっているとして批判する。確かに、こうした中間団体も社会保障給付の給付内容、支給決定、支給手続き等において決められた範囲で一定の役割を果たしていることは事実である。しかし、それは国が制定した各種法令の枠組みの中で行われているという前提での議論であって、国のコントロールなしにそれこそ広い裁量のもとに自由に行えるわけではない。国の最終的責任は依然として残っていると言わざるを得ないであろう。

　荒木氏もこの点について、「社会変動が進むにつれて、国家の主導的役割が後退し、これに代わって地方公共団体や民間組織の法制度における役割が強められてきた。地方分権化と民間活力の導入が最近の潮流となった。社会法における国家の主導的役割が後退したといっても、それは国の生活保障責任が軽減されることを意味するものではない。憲法25条の規定する国の国民に対する生存権保障の義務は、保障の方式や態様がどのように変化しようと、基本的に変わることはありえない」[17]と述べている。この著述からみれば、例えば、2006（平成18）年健康保険法改正により保険者が従来の政府管掌健康保険から公法人たる全国健康保険協会（いわゆる協会けんぽ）に変更されたことが、国の責任放棄だと言っているわけではないことは明らかであろう。保険者、被保険者、給付要件、給付内容、手続き、財源、争訟方法、組織といった医療保険制度の重要な枠組みが国の責任で法定されている以上、国の

生活保障責任は果たされていると考えなくてはならないからである[18]。

　加えて重要なのは、社会保障給付関係の一方当事者である国家の役割についての荒木氏の理解である。「全体社会の権力的組織体としての国家」「社会そのものの代表者たる国家」といった表現を用いているが、これは統治機構である国家が国民に対して権力的行政の発露として社会保障を行うというのではなく、国家は、社会の負うべき生活保障義務の履行主体として、生活保障義務を履行するための公法関係にある一方当事者であるという捉えかたである[19]。しかし、荒木理論は、強制力を持つという意味での社会保障における国家の権力的役割の重要性をかなり意識した理論であるともいうことができよう。それは、社会保険における保険料使用者負担の根拠の説明にも表れている。

　例えば、「生活保障の義務を負う国家は、労働関係と結びついた生活危険については、資本の社会的な生活保障責任を社会保障給付体系に積極的に組み入れなければならない。すなわち、資本の運動が労働関係的生活危険の形成基盤であるところに、…資本の生活保障責任が法的に（単なる社会的責任としてではなく）義務付けられる根拠があり、社会保障法はこの論理を、企業経営主体の拠出義務強制として具体化しているのである」[20]とか、「使用者の労働法上の法的責任（労災補償給付、失業給付）は、社会保障法ではそのままの形では表面に現れないが、要保障事故を発生せしめたことによる生活保障の実質的責任者として、保険料等の負担を課せられることになる。つまり、労働法上の責任が社会保障法では保障給付の財源負担の責任として具体化される」[21]と述べていることからもわかるように、国家は、労働者に対する資本の生活保障責任を社会保障法のなかに取り込んで、個別使用者の法的な保険料拠出義務として具体化したのだという理論構成をとっている。ここでは、資本の生活保障責任を果たす方法として、個別使用者に保険料拠出を強制するという国家の権力的役割が語られているように思われる。

　これまでは、被用者保険に特有の事業主負担の根拠については、以下のような説明がなされていた。

①工場の衛生環境が労働者の健康に影響を及ぼす場合には、事業主も多少の責任を負うべきである（事業活動起因説）。

②出産休暇などは女子労働者を使用する以上当然予期すべきことであり、雇主が一部負担することは当然である（予見可能性説）。

③健康保険制度によって事業主は労働能率の増進という利益を受けている

（生産性向上説）。

④事業主は労働者を使用して利益を上げているのであるから、その利益に対し労働者使用税の意味で保険料を負担すべきである（事業主利得税説）。

⑤法制定以前から多くの事業主は従業員に無料で治療を行ったり、共済組合に対して多額の補助金を支出していた（事実定着説）[22]。

荒木説では使用者の保険料拠出責任論は上記の説明とはまったく異なる次元の論拠に基づいている。労働関係と深く結びついた生活危険という要素、その生活危険に対する使用者の生活保障責任、それを社会保障法のなかに取り込んで保険料拠出義務として強制する国家の役割、こういった三者間の論理構成のなかで根拠論が展開されているからである。国家・使用者・労働者という三面関係をもつ社会保障法の特殊な法的構造のなかで、使用者の保険料負担責任を明らかにしようとしているという点で、「社会法的根拠説」と呼ぶことができよう。従来から経営者団体等は、企業の国際競争力の強化のために、保険料の使用者負担を廃止すべきであるという主張を行っており、この主張はいまもなお続いている。

また、研究者のなかにも、社会保険における使用者負担を廃止して税方式に転換せよという意見を持つものもいる[23]。あるいは、使用者負担といっても、それはあくまでも賃金の一部であり賃金部分を事業主から直接徴収しているに過ぎないとか、結局は価格への上積みという形で消費者に転嫁されることになるという考え方もある[24]。こうした状況にあって、賃金と社会保険料とを別個の性格を持つものと位置づけ、使用者の保険料負担義務を国家の法政策とからめて社会法的にとらえようとした荒木理論は、いまもなお十分な説得力を持ち続けているように思われる。

4　社会保障法と労働法の関係

荒木氏が労働法と社会保障法の異同性を繰り返し論じてきたのは、それまで労働法の一部とされてきた労働者保険の部分を取り込んで社会保障法という学問分野を確立しようとしたために、その重なる部分も含めて両者の関係を矛盾なくどのように説明するかという作業が必要だったからである。同時に、この作業は両者の法関係の望ましいあり方をも示唆することになった。結論からいうと、この両者の関係を表すキーワードは「法的独自性」と「機能的協働関係」ということになろうか。すなわち、労働法と社会保障法はそれぞれに独自の原理と体系および領域をもつ法として存在しながらも、なお

かつ機能面においては相互に関連を持ちながら勤労者の生活を支えているというのが、荒木氏の「法的独自性と機能的協働関係」論である。このことについて、本論文の趣旨との関係で具体的事例をあげて説明するならば、失業中の生活保障給付たる旧失業保険法（1947〔昭和22〕年）が廃止され、雇用対策的色彩を濃厚にした雇用保険法（1974〔昭和49〕年）が制定されたことについて、荒木氏の批判的論述を読むのがわかりやすいと思われる。

　「雇用政策の失業保険法への浸透は、失業保険法の中に雇用対策立法的要素を加えるとともに、失業給付自体にも雇用対策的色彩を濃厚に反映させた。それは結果的には失業給付の拡大という現象をもたらしたけれども、失業者の生活保障という失業保険固有の法目的からではなく、雇用対策と結びついた形においてはじめて給付の拡大が可能であったところに、社会保障法としての失業保険法が雇用対策に従属した姿を見出すのである」[25]。

　この批判の背景には、労働法と社会保障法との間には本来の法目的からくる明確な役割分担があるという意識が働いている。

　「労働法と社会保障法との間には、失業をめぐって一種の役割分担があると言ってもよい。つまり、失業の防止は労働法が、失業が発生した後の生活保障は社会保障法がうけもち、さらに失業者の労働関係への復帰については労働立法としての雇用対策諸法が取り扱うという相互関係が認められる」[26]。

　現在の多様性・流動性をもった雇用状況を見る限り、もはやこうした労働法と社会保障法とのはっきりした役割分担を認めることには無理があるかもしれない。確かに荒木氏は、初期には労働法と社会保障法との間には役割分担についての一線があり（両法の法的独自性）、それぞれの立法が本来の役割を果たしたうえでの相互の連携・協力（機能的協働関係）が必要だという記述の仕方をしていた。しかし、その一方で、雇用労働関係においても、家族的責任関係（育児・介護休業）においてもそうであったが、労働法と社会保障法との不可分な関係、相互の影響というものを常に強く意識していたことは間違いがない[27]。

　例えば、失業者に対して効果的な就労支援を行うために、公共職業安定所の雇用保険給付関連部門（雇用保険給付課）と職業紹介関連部門（職業相談部門）とはお互いに協力し合うべきであるという意味での連携については当然のこととして認めていた（機能的協働関係）。ただ、「失業者の労働関係への復帰は、それが望ましいことは当然だとしても、社会保障法の直接の関心事とはならず、労働法にそれを委ねる」[28]というように、学問上では両者は

それぞれの「法的独自性」をもちながら（これを役割分担と呼べばそうかもしれないが）、そのうえで両者は互いに補完・連携し合う関係にあるという形で整理をしていたといえる。

　最近、労働法と社会保障法との、両者の有機的連携の必要性が一層必要になってきている現実を受けて、両者にまたがるような「生活保障法」という新たな法領域を設けようとする動きが活発になってきている。「生活保障法」提唱の前提には、従前のように正規雇用によって十分な生活保障が確保できていた時代とは違って、今は雇用だけでは生活が維持できないような非正規雇用労働者あるいはワーキング・プアと呼ばれる階層がかなりの割合で存在しており、その者たちの生活は、労働法を超えて社会保障との連携によって保障していかざるをえないとする現実認識がある[29]。雇用か社会保障給付かの二者択一的な考え方ではなく、低賃金労働者には何らかの社会保障給付を与えるような政策もあってよいのではないかという提案も軌を同じくするものであろう[30]。この点については、荒木理論の労働法と社会保障法との「法的独自性と機能的協働関係」の考え方からいけば、おそらく非正規雇用労働者の生活保障は、最低賃金の上昇とか、「同一労働同一賃金」原則の強化等によって非正規雇用労働者の労働条件の向上をまずもって労働法の側で確保すべきであり、それは社会保障法の側での対応ではないという結論になるのでないかと思われる[31]。

　いずれにせよ、「生活保障法」という新たな法領域を設定する必要があるのかどうか、その必要性についての議論はこれからの検討課題となるであろうが、少なくともいえることは稼働能力を有する失業者や生活保護受給者を再び労働市場へと復帰させていくには、社会保障法と労働法との密接な関連（荒木氏流にいえば「機能的協働関係」）が絶対に必要であるということである。ただ、その際の問題点は、両者をどのような形で連携させるかである。具体的には、どのような協働関係であれば望ましいのか、逆にいうとどのようなやり方はそれぞれの法目的から見て望ましくないのか、結局のところその境界線をどこに引くかという実務的な問題がまずもって横たわっている[32]。

　その次に、原理的なレベルでは、それはどのような理論的支柱のもとにそういえるのか、その理論的支柱は生存権（憲法25条）だけでは説明できないものかどうか、その際に社会保障法の「生活主体」という概念を現在の社会状況からみて捉えなおす必要があるのかどうか[33]、そういったことの探究が必要となろう。そのような議論を経たうえで、その望ましい連携・協働関係

を説明する場合に、荒木氏のいう「機能的協働関係」概念の延長あるいは拡大といった弾力的解釈でそれが説明できるのかどうか、それとも、その概念では説明できないようなそれを超える現象が現実に起きているからこそ、新たな「生活保障法」という法体系を設定する必要性があるといっているのかどうか、そういった議論につながっていくのではないかと思われる[34]。

Ⅲ　荒木理論の基本的スタンス

1　荒木理論の考察方法（アプローチの仕方）

　社会保障法という学問分野が認知されたのは、荒木誠之氏の法体系論・法主体論によるところが大きい。荒木理論の主たる目的は「社会保障法学」の確立であったが、そこに至る過程には、当時の社会・経済的状況の把握、社会法と呼ばれる法分野の登場の背景とその意義、密接な関連を持つ労働法との異同性の探究、法的人間像、一見雑多に見える社会保障関係の実定法の存在とその体系化、それに基づく現行社会保障制度の評価と将来展望など、さまざまな局面を鳥瞰し、それを多角的な視点から検討し、かつ、それぞれの項目において論理的に緻密な考察を積み重ねていることがうかがわれる。すなわち、荒木理論は、その時代の社会経済的状況、現実の人間が置かれている状態、実定法の内容とその相互の関連性といった「社会的現実」をふまえたうえでの社会保障法の「理論化・体系化」という一貫したアプローチで貫かれているといえる[35]。

　そのため、新しい法体系を提示する議論（例えば、雇用保障法とか医療保障法という新しい体系の提示）については、その意義自体は好意的に評価しながらも、その母体となった法体系との関係、あるいは、それに関連する他の法制度との関連態様についての議論が十分ではないという批判を一貫して行っている。例えば、従来の集団的労働法と個別的労働法との間に新たに「雇用保障法」という法分野を提唱するという議論については、「雇用保障法の提唱は、…雇用保障法を労働権の現代的発現形態としてとらえ、そこから現実の雇用政策立法に対する鋭い批判を導き出し、さらにあるべき雇用法制の姿を積極的に提示するということにあった」と評価しながらも、一方で「雇用保障法論では失業給付をその体系のなかでどのように位置づけ」るのか、雇用保障法が社会保障法とどのように関連しているのか、その関連態様についてはなお検討の余地が残されていると指摘していることにみられる[36]。

　また、予防・治療・リハビリテーションの一貫した医療保障体制を整備し、これを社会保障法の独立した法分野として確立するという「医療保障法」の提案に対しても、①医療保障という独立の体系が社会保障のなかで独立した地位を与えられる理由が不明確である。所得保障と違うという意味で「医療保障」と呼ぶならば、その他にも非金銭的給付は存在しており、それとの関連が説明されていない、②医療保障論は、現在の社会保険、公的扶助、社会福祉、公衆衛生という制度との関連をどう考えるのか、といったような疑問を投げかけている[37]。ちなみに、予防・治療・リハビリテーションの一貫した医療保障体制の整備は、荒木理論の生活障害保障給付という考え方から導き出される帰結の一つであるが、それは、現行の制度別体系を疑問視し、要保障性（ニーズ）を根拠にした新しい給付別体系を構築したうえで、その結果としていえることであった。そうした考察なしに、現行の社会保険、公的扶助、社会福祉、公衆衛生という制度別法体系のなかで、どうして予防・治療・リハビリテーションの一貫した医療体制の整備が主張できるのか、現行法体系との関連をどう考えているのかという疑問の提起であろう。

　現行法制度との関連態様をことさらに重要視したのは、荒木理論のアプローチの仕方、その基本的考察姿勢と関係があるかもしれない。荒木氏は、ことあるごとに、「社会保障法は…（既存の法の領域である）財産法や労働法等を排除しまたは侵食することによって、自己の領域を形成してきたものではない。既存の各法が直接にはふれなかった生活主体としての側面を、法的関係のレベルに乗せることによって、固有の対象領域を見出したのである」[38]とか、「社会保障法は本来的に市民法に対する制約・修正を足場として成立したのではない。市民法が関心をもたなかった老齢・障害・貧乏などの生活問題について、新たに法領域を開拓してきた…。市民法にとっては、老齢等は事実上の問題にすぎなかったのである」[39]ということを繰り返し述べてきている。そして、この点が法学的考察にとってはとりわけ重要であることを強調している。つまり、「社会保障法は、…市民法や労働法と対象領域を競合させるのではなくて、これら既存の法が自覚的に取り上げなかった生活領域でのニードについて、…自己の対象領域として新たに開拓してきたものである。この点は、政策論や制度論にとってはさほど重視されなくても当然であるが、社会保障の法学的考察にとっては重要な意味をもつと考えるので、著者は早くから繰り返し指摘してきたところである」[40]という記述からもそのことがうかがわれる。つまり、社会保障法は、既存の実定法（例えば

労働法）との衝突とか侵食とか、その修正という形ではなく、既存の法が取り上げなかった事項についてそれを法的俎上（そじょう）に乗せたのだという理論構成のもとでは、従来から持ってきた労働法の役割と新たに登場してきた社会保障法の役割は一応別個のものとして当然に意識されるであろうし、社会保障法は労働法の本来の役割を変更したり修正したりするものではないという結論にいたるのは至極当然のことであったろうと思われる。

　こうした荒木理論の基本的考察姿勢からいけば、最近提唱されている「生活保障法」という新領域の議論に対しても、おそらく生活保障法と労働法・社会保障法との関連態様について、それは既存の法領域に対する修正や変更にまでたちいたる議論なのかといったことまで含めて、お互いがどのような関係に立ち、相互にどのような影響を与えるのかについて、もっとつき詰めて議論する必要があるといった指摘がなされたのではないかと想像される[41]。

2　荒木理論の目的

　社会保障法学という学問分野の確立を第一目標としてつくられた荒木理論ではあったが、そこには新しい法体系の構築や法的人間像を明確にすることによって、現行法制度に対する評価の視点や評価基準としての役割、および将来の社会保障制度のあり方に対する指標としての役割も期待されていたと見なくてはならない。初期の記述ではそのことを明示したり、強調したりしているようなものはさほど見つけにくいが、後期の記述にはそのことを意識した記述がいくつかみられる。例えば、書評のなかで「社会保障の法体系構築に研究者が取り組んできたのは、この制度の形成過程において、社会保障はそもそも法としての原理・体系を有するかを学問的に明確にする必要があり、そこから制度・立法の向かうべき方向を法理的に認識することが基本的な作業と考えられたからであった」[42]と述べているのもその例である。

　そこで、荒木理論からみて現行実定法制度はどのように評価されるのか、また現行法の課題と将来展望はどうあるべきかという点で本人が実際に検討を行った例として、1982（昭和57）年、新たに制定された老人保健法（1983〔昭和58〕年施行）と、1997（平成9）年制定の介護保険法（2000〔平成12〕年施行）を例にあげて概観しておこう。というのは、老人保健法は、これまでの社会保険医療とは別建ての社会サービス方式に近い新たな仕組みへと移行したのに対して、介護保険法は、これまで社会福祉サービスとして行っていた介護給付を新たに社会保険方式へと移行させるという、いわば逆方向へ

の展開をみせた制度だからである。
　まず、老人保健法については以下のような評価をしている。
①老人保健法では、被保険者という用語を用いないで加入者というのは、
　この制度が社会保険の構造をとっていないからである。
②70歳以上の老人医療を健保や国保と別建てにしたことで、被用者保険と
　国保との給付格差がなくなる。
③40歳からの保健事業を制度化することによって、予防・治療・リハビリ
　テーションの包括的ヘルスサービスが制度化された。
④保健事業を支える人的および施設的資源の整備が前提となる。
⑤本来は、予防からリハビリテーションまでを含めた包括医療の保障は、
　社会保険医療全般の改正によって実現されなくてはならなかった課題で
　ある[43]。
　別の個所では、老人保健法を評価して、次のように記述している。「老人
保健制度は、被用者保険と国民保険からの拠出金が財源の大部分を占めるか
ら社会保険の一環をなしているが、少なくとも制度の構造は従来の保険制度
から踏み出している。…いわばサービス給付として医療やリハビリテーショ
ンを受けることになり、保険医療と医療扶助との二大分野に加えて、新たに
サービス方式医療の分野が開拓されたのであり、それが医療保障全体に与え
る影響は小さくはないであろう。…老人保健法はサービス方式に近づいた医
療給付法であるから、同じくサービス方式をとる社会福祉各法と密接な関係
がある。また、介護保険法とは機能面で関連するところが少なくない」[44]。
ここには、荒木法体系論の生活障害保障給付の性質・内容がほぼそのまま当
てはまっており、そのことが老人保健法の肯定的評価につながっている。す
なわち、医療を社会保険の枠に閉じ込めておく必然性はなく社会サービス方
式に切り替えること、予防・治療・リハビリの一貫した医療体制の確立の必
要性、健保・国保・扶助医療と分断しているわが国の医療保障を統合し、給
付内容を同一のものとすること、介護保険法・社会福祉各法との有機的連携
が必要であることなどの指摘がそれである。
　次に介護保険法の評価についてみてみよう。介護保険制度は、それまで福
祉サービスとして行われていた介護の分野が、社会保険方式に移行したとい
う点で、老人保健法のように荒木理論のストレートな適用による評価が困難
であったように思われる。なぜなら、法体系論としては社会保険方式をとる
かどうかはその国の立法選択の問題であるとしながらも、現物給付である生

活障害保障給付は、給付の性格上、「保険方式になじまない」と再三述べて
きた荒木理論との関係上、その評価は老人保健法とは別の視点からのものに
ならざるを得なかったからである。

　荒木理論は、社会保険方式を採用するかどうかは立法選択の問題としなが
らも、社会保険は、本来所得保障給付のための保障方法であり、現物給付た
る生活障害保障給付には保険方式はそぐわないという基本的認識が存在して
いたといえる[45]。そのため、介護保険法に対する体系論からの評価としては、
「介護保険法の成立によって、介護が福祉の措置から社会保険給付へ転換し
たことを、社会福祉法と社会保険法とを区別する立場では、どのように理解
するのであろうか」というように制度別体系論をとる論者への問題投げかけ
から始まり、「私見によれば、社会福祉の措置は医療保険の給付と同一の法
的性格と機能をもって生活障害給付の体系に属するものである。それが制度
上で無拠出の福祉サービスとされるか、拠出制の社会保険給付とされるかは、
目的実現に当たっての手段選択の問題にすぎないのである。介護の社会保険
化はその一つの具体例にすぎないのであって、社会的給付としての介護がそ
の目的や性格、機能を本質的に変えるものではない」[46]という形での評価を
行っている。その他に介護保険法については、以下のような指摘がみられる。

　①福祉サービスは、条文上は「することができる」という「できる」規定
　　になっており、そのため権利性が不明確であった。今回、介護サービス
　　の保険化によってそれが改善された。
　②被保険者を40歳以上とすることの論理的必然性はない。
　③介護保険法は、これまで不透明であった医療と介護の間に一線を画し、
　　制度上も両者の独自性をはっきりさせた。
　④介護保険と老人保健を統合して老人介護・保健制度へと移行する政策の
　　可能性がありうる。
　⑤介護保険財源は半分は国費であり、社会保険方式でありながら、実質は
　　公費による社会サービスに接近している。
　⑥老人介護が社会保険化された以上、他の社会福祉分野（児童や心身障害
　　者等）が措置制度のままおかれることには理論的根拠はない[47]。

　荒木氏自身が自己の理論からみて現行社会保障制度に対してどのような評
価を与えているかを、老人保健法と介護保険法を例に概観してみたが、両者
の法は制度的仕組みに差異があり、その結果、荒木理論をどのような形で適

用してどう評価するかということに関しては、その力点の置き方や強調点についての違いがみられる。しかし、わが国では制度が乱立して同種の給付が別の法体系に属していること、しかもその給付水準に差があること、医療と福祉は同じ生活障害保障給付に位置づけられるので、その給付の性格は変わらないものとみられること、介護が社会保険化されても介護サービスの性格が変わることはないなど荒木体系論からみた共通の評価もなされている。

　両制度は、荒木理論ではどちらも生活障害保障給付という同一法体系に属するものの、生活障害保障給付＝社会サービス方式（社会保険方式ではない）であることが望ましいという荒木氏の基本的認識が両者の評価の違いをもたらしているように思われる。ただし、その立法が制定されることによって、他の法律分野にどのような影響が与えられることになるのか、他の法制度と新法との関連態様をどのように理解するのかということを探究しなくてはならないという荒木理論の基本的スタンスの姿勢はここでも変わっていない。

　こうしてみると、荒木理論は、その法制度の性格・内容あるいはサービスの種類によって、そのままでは評価の視点や基準を与えるものとはなりにくい場合もあるが、かといって現行法制度の検討・評価・将来展望にあたって、その意義をまったく失っているとはいえまい。問題は、どのような場面にどのような形で適用あるいは参照してその意義を認めるかどうかであろう。

Ⅳ　最近の社会保障制度改革の動きと荒木理論

　荒木理論が現代社会において何らかの意義を有すると仮定した場合、その効果は、現実の政策を促進する方向と、慎重な運用を要求する方向との二つの方向に作用するものと思われる。促進の方向として働くと思われるのは、今や最大の国家的政策課題といってよい地域包括ケアシステムにおける保健・医療・福祉の連携についてであろう。他方、取り扱いに慎重な配慮や留意点を提供する方向としては、生活保護受給者や要介護者に対する自立支援という考え方、および、その実施のやり方、あるいは地方分権、特に介護・福祉サービスを市町村へ権限移譲する際の国家責任の問題等についてということになろうか。この場合には荒木理論は現行法政策に対するチェック機能として働くことになろう。

1　介護保険サービスの市町村権限移譲

　介護保険制度は、2000（平成12）年の実施当初から市町村を保険者として
スタートして、2005（平成17）年の改正では市町村の判断で設置・運営がで
きる地域密着型サービスを創設するなど、地方分権の優等生といわれてきた。
2011（平成23）年改正では、地域包括ケアシステムの構築が明文化され、ま
た、地方分権という名の下に、市町村介護保険事業計画における必須記載事
項だった「サービス利用見込み量の確保のための方策」が市町村の努力義務
へと変更された。2011（平成23）年の「地域の自主性、自立性を高めるため
の改革を推進するための関係法律の整備に関する法律」（法37号）では、
サービスの基準の設定がこれまでの厚生労働省令から都道府県条例（地域密
着型については市町村条例）へと変更されるなど、地方分権化が一層進めら
れることになった。

　最近では、要支援者に対する訪問介護・通所介護は、介護保険法から切り
離して、2017（平成29）年４月までに、市町村が行う地域支援事業（新しい
「介護予防・日常生活支援総合事業」）へ移行させるという改革が行われた。
この新しい地域支援事業が実施されて１年以上が経過したが、約半数の市町
村がこの事業の運営に苦慮している様子が浮き彫りになっている[18]。その理
由は、この事業は住民相互の助け合い（互助）事業も含めて実施されるため、
従来の介護事業所だけでなく、住民団体などもサービスを提供できるように
なっている。しかし、住民による運営を可能にするために人員配置基準を緩
和するという反面、報酬が低く抑えられていることもあって、この事業を実
施あるいは手伝う住民が集まらないというのが一番の悩みになっているよう
である。また、財源の余裕のある市町村とそうでない市町村とでサービスの
格差が出るのではないかとか、実施する職員の専門性が保てるのか、サービ
スの質が低下するのではないかというような不安の声も上がっている。住民
相互の支え合いの精神が重要ではあることは否定しないが、そのことによっ
て介護サービスに対する公的責任が曖昧になってしまうという事態は避けな
ければならない。

　市町村に実施を担当させるにしても、国が十分な財政措置と人員確保のた
めの確かな施策を提供しなくては、それこそナショナル・ミニマムを下回る
事態が起きるのではないかと危惧される。地方分権の推進あるいは民間団体
への事業委託は今後とも続いていくであろうし、そうした動きのなかでの中
間団体の果たす役割の重要性は認めるとしても、やはりサービスの質と量に

関する最終的な責任は国が負うべきであることを再確認しなければならないであろう。どこまでが国の責任か、どういう方法で国の責任を果たすべきかという問題は残るにしても、際限もなく民間活力や住民活力の利用が広がろうとしている現在、今一度、国の最終的責任とはなにか、どういう方法であればそれを果たしたといい得るのか、そういった基本的な問題について考えてみる必要があるのではないかと思われる。

2　自立支援の意義とそのあり方

　「自立支援」という用語はこれまでは介護・福祉の分野では比較的なじみ深い言葉であったが、最近生活保護や児童扶養手当といった所得保障の分野でも使われるようになってきたことが特徴であろう。その背景には、社会保障財源が厳しさを増すなか、生活保護受給者の中で稼働能力のある者には就労することによって生活保護から脱却してもらおうという狙いがあるからである。

　アメリカでは、すでに1960年代から被扶養児童を有する家庭に対する扶助（AFDC、いわゆる母子家庭扶助）について、母親に就労に向けた努力と引き換えに扶助を与えるという就労促進施策（Workfare）がとられていた。1988年の家庭支援法（Family Support Act）は、就労できる母親に対して、扶助を受けたいならば、職業訓練を受けるか、または公共作業に従事するかの選択を迫り、それを拒否したり訓練や作業に熱心に取り組まなかったりした場合には、扶助を停止・廃止するという内容の法律であった。これがワークフェア（Workfare）と呼ばれる政策である。この仕組みは、扶助支給と就労とを対価関係とする「契約」によって実施されていた。すなわち、行政の側には扶助を支給する義務を、一方、扶助を受ける受給者には就労もしくはそれに向けての真摯な努力をすることを約束させるという双務契約に基づいて保護が実施されるとするものである。従って、受給者側に就労意欲が見られなければ当然債務不履行となって契約の解除（扶助の廃止）が行われることになる。

　扶助受給を契約関係と構成することによって、それまでの保護の対象として受動的立場にあった受給者が、行政と対等の交渉関係に立つとされたのである。しかし、生活保護給付に対する契約概念の導入については、アメリカでも当初から批判的意見が出されていた。根本的な疑問は、社会保障法に規定される公的給付について、対等当事者関係を前提とする市民法的な「契約

関係」で説明できるかどうか、またそれがふさわしいことなのかどうかということであろう。

　最近、社会保障の目的を、憲法13条を根拠に「個人の自律の支援」という点に重きをおいて、社会保障とは、「個人が人格的に自律した存在として主体的に自らの生き方を追求していくことを可能にするための条件整備」と捉える学説が有力に展開されてきている[49]。すなわち、社会保障を受ける個人を、これまでのように給付を一方的に受ける受動的な立場（保護されるべき客体）ではなく、自らの生を自己の意思で選択していく能動的主体的な権利主体として位置づけて、社会保障はその自律や選択を助けるために種々の制度を整備する役割を負っているという考え方である。もちろん、ここでいう人間像は、すべてを対等当事者として扱うという市民法的な人間像とは違っていることは明らかであろうし、この議論が現に存在する社会経済的な力関係の格差をふまえた上で、それでもなお、受給者を一方的に行政の決定に従って給付を受ける立場ではない自律的主体的な人間として描こうとしていることはわかっている。しかし、こうした考え方は、アメリカの生活保護受給者就労促進政策の際の基本的な考え方である「保護行政庁と対等当事者関係に立つ受給者＝受給者の意思の尊重（自律の尊重）＝契約」という図式に結びつきやすいのではないかという不安もどこか感じざるを得ない。これは、社会保障法の法主体をどう捉えるかということと深く関係しているように思われる。ここでは、荒木氏の「市民法から労働法への展開を経て、さらに社会保障法へと発展してきた歴史的経過からいっても、社会保障法の主体が単純に市民法の主体概念へ回帰することはありえず、そこには社会法の形成してきた社会的実在を直視した法的人間像を含んだ上で、その延長線上に普遍化が展開しているとみなければならない」[50]という言葉が想起される。

　日本では、2004（平成16）年12月15日、社会保障審議会福祉部会専門委員会が「生活保護制度の在り方に関する報告書」をまとめ、このなかに就労自立支援プログラムの創設が提言されて以降、現在では生活保護管轄自治体が責任者となってこれが実施されている。稼働能力のある受給者には就労自立に向けた試みを求め、それに違反する場合には、保護の停止・廃止が行われることについては、基本的にアメリカと同様の仕組みといえる。

　ただし、保護受給者は最低生活も営めないような状況で追い詰められて緊急の援助を求めて申請を行った人たちであるので、速やかな保護の実施が求められると同時に、自立支援については、とにかく低賃金であっても何がし

かの雇用に結びつけていこうというような性急な指導などがあってはならない。また、受給者には、障害、多重債務、引きこもり等メンタル面でのダメージなど身体的・精神的・社会的な自立阻害要因を持った者もかなり含まれているのであるから、そうした阻害要因を取り除きながら、本人の意思を尊重した形（自己決定権の尊重）で自立支援が行われなければならないのはいうまでもない[51]。

　また、最近、医療・介護・福祉の分野では、予防も含めて「自立支援」のやり方や取り組み姿勢に関して実施機関や事業所に対するアウトカム評価が次第に導入されてきていることも注視しなければならない。例えば、2006（平成18）年の医療制度改革では、生活習慣病の予防に向けて特定健康診査と特定保健指導を導入するとともに、各医療保険者の特定健診等の実施率の上下により、当該保険者の後期高齢者支援金の額を加算または減算する仕組みが導入されている。2018（平成30）年には、医療介護報酬同時改定にあたり、要支援・要介護状態改善事業所への成功報酬加算制度が導入された。例えば、通所介護（デイサービス）では、日常生活に必要な動作の維持・改善の度合いが一定の水準を超えた場合、その事業所に対する報酬を引き上げることとし、反対に自立支援に消極的な事業者には報酬を引き下げるというものである。しかしこれに対しては、事業所が改善加算を取ろうとするあまり、「特養において利用者の意に反して栄養を投与し、リハビリを重ね、歩行器で歩かせることを強いるような」事態が危惧されるといった批判がなされている[52]。さらに進んで、予防や自立支援に積極的に取り組まない者に対しては、自らの生活態度が招いた病気とみて、自己責任の考え方から、医療費はその者が自己負担すべきであるという主張につながっていくのではないかという指摘もなされている[53]。

　そもそも自立支援という概念は、支援される相手方があっての話であり、相手方である利用者の理解と協力なしには実現できない性格のものである。それを状態改善という結果だけで判断しようとすると利用者の意思を無視した自立支援が行われるのではないかというような批判を受けることになる。ここでも利用者の自己決定権の尊重が優先されなければならない。

　ひるがえって考えてみると、荒木理論の「生活障害保障給付」は、生活障害を除去・軽減し、労働能力を回復させることを目的とする給付であるから、まさしく、労働能力の回復＝自立に向けての支援、すなわち現在のキーワードとなっている「自立支援」そのものであるとも理解できる。しかしながら、

現在の「自立支援」と荒木氏の「生活障害保障給付」との性格の違いは、おそらく金銭および非金銭的給付によって国民の生活を保障するという目的と、そのことによって受給者の自立を支援することができるという結果、その両者の理解の仕方にあるように思われる。つまり、自立支援が第一義的な目的であり、それを実現するためにだけ各種の社会保障給付が与えられるという考え方をとるとすれば、どこか自立支援に対する本人の意思や行動というものを要求することに直結し、それによって給付が左右されることがありえるという方向に動きかねないだろうからである[54]。

　その点、荒木理論は前者であることははっきりしている。生活障害保障給付に関しては、「…傷病その他の生活障害について、国民すべてが障害を除去し軽減する権利を保障されることによって、社会の一員としての生活保持ができる。…それは国民の生活権の具体化として把握することができる。生活障害の除去が、人たるに値する文化的生活維持の基礎的条件であるから、生活障害（保障）給付が生活権の一内容として社会保障法に具体化される…」[55]とか、「（生活障害保障給付は）生存権維持の基礎的条件である労働能力・所得能力の回復又は維持のための給付である。その性質からいえば、社会がその社会構成員に対して当然提供すべき給付といわねばならない。したがって、生活障害保障給付の費用は、原則的には、国費又は公費によって支弁すべきものである」[56]といった位置づけがなされている。生活障害保障給付が、公費によって賄われるべきであるというこの部分はひとまずおくとして、荒木理論では、生活障害保障給付を文化的生活維持の基礎的条件として捉えているのであるから、自立に向けた本人の取り組み姿勢や生活態度によって給付内容が左右されたり、サービス受給に際して一部自己負担に差が出るような事態はここでは想定されていないといわなくてはならない。1960年代から1970年代に、いまだ社会保障給付水準も十分でなく、しかも、それが法的に権利として確立されていなかった時代にあっては、要保障者の生活保障のためにどのような給付が必要か、そしてそれが権利として確実かつ平等に要保障者に提供されなくてはならないという視点で理論（体系）を立てていく緊急的必要性があったのである。だとすれば、当然にこのような結論に到達するであろうことは想像に難くない。

　近年の「自立支援」概念は、必要な給付が必要な質と量をもって確実に要保障者に与えられなくてはならないという意味での給付側の責任（荒木理論ではこれが生活障害保障給付の本来の性格であろう）のみならず、社会保障

財政の危機が背景にあるのかどうかわからないが、これと同様の価値として、自立に向けて受給者側にも責任があるという新たな概念を付け加えているように思われる。生活保護受給者就労支援プログラムや介護保険事業のアウトカム評価をみる限り、そのような要素が新たに加わっているとみざるを得ない。ここには、そもそも社会保障給付とは何を目的として支給されるのかという社会保障法の根幹にかかわる問題が横たわっている。こうした事態は、おそらく荒木氏が生活障害保障給付を理論化したときには多分想定していなかったところであろう。これをどのように荒木理論から評価すべきなのか。生存権の要請する最低限度の生活保障を行うことが先決で、それをまず確実に行ったうえで、これまでは導き出せなかった個人の自由や自律にも目を向けて、個人の意思を尊重しながら自立を支援していくために、所得保障、医療、介護、福祉サービスとの有機的・密接な連携をもって提供されるべきであるという結論になるのか、あるいはそうではないのか、荒木氏本人ならばどのように答えたのか、興味がもたれるところである。

3　地域包括ケアシステムにおける保健・医療・福祉の連携

　たとえ重度の要介護状態になっても、住み慣れた地域で、できれば自宅で生活しながら、そこで一生を終えることを可能にする仕組みが地域包括ケアシステムである。特に、「施設から在宅へ」というここ数年の一貫した政策のなかで、地域医療計画によって病院の病床規制が強化され、特別養護老人ホームの入所が要介護度3以上に絞られてしまった現在、地域包括ケアシステムは高齢者や障害者にとっては最後の受け皿としてその整備が急がれている。このようななか、2017（平成29）年5月には「地域包括ケアシステムの強化のための介護保険法等の一部を改正する法律」（法52号）が成立している。疾病を抱えた高齢者が多い状況下では、地域包括ケアシステムを実施していく上での要は、保健・医療・福祉の連携であるが、わが国では必ずしもこれがうまくいっていない。もともと、医療と介護・福祉サービスは、歴史的にみて成立の時期も発展過程も違っているし、当初からまったく別の機能を有するものと認識されていた。すなわち医療は、医療機関で医師を中心とした専門的スタッフのもとで傷病・疾病の治癒を目的として行われる医療サービス、これに対して、介護・福祉は、各種施設や事業所において、介護・福祉職員によって当事者の生活そのものを支える生活支援サービスとして位置づけられていたというように、それぞれ性質の異なる別個のサービス

と理解されてきたからである。

　病院および施設サービスが主流であった時代にはそうした理解だけですんでいたかもしれない。しかし、次第に住み慣れた自宅で高齢者等の日常生活を支えていくというように、在宅サービスへと比重が移っていくと、医療と介護・福祉の区別はさほど意味を持たなくなる。何らかの疾病を抱えたまま日常生活を送る高齢者にとっては、両方のサービスが同時に必要になってくるからである。しかも、当該高齢者の生活を支えるにはどのような内容と方法で与えられるのが最も効果的かという発想のもとで、医療と介護・福祉は有機的な連携を保ちながら提供されなければならないこともはっきりしている。地域包括ケアシステムの構築が国の緊急課題として叫ばれているいま、医療サービスと介護・福祉サービスは、身体的・精神的生活障害を除去もしくは軽減し、労働能力・生活能力の維持・回復をめざす非金銭的給付として、同じ生活障害保障給付に位置づけられるとした荒木法体系理論の先見性のようなものを感じざるを得ない。

V　おわりに

　荒木理論は、法的人間像、法体系という二つの論理的支柱をもとに、「社会保障法」という独自の学問分野の成立を期すという壮大な使命を背負ってつくられたものである。「荒木理論の現代的意義」を論ずるにあたって何よりも難しいのは、荒木理論が戦後まもない時期に、国民生活が悲惨な窮乏状態から脱しかかろうとするそういう時期（1960年代）に創られたという時代背景をもっているということである。理論というのは常にその時代の社会的・経済的・文化的制約を受けているからである[57]。したがって、これを現在の社会保障制度改革のそれぞれの項目に当てはめて、個々に評価する指標として用いることが適当なのかどうか、次元の異なるものを違ったものさしで測るような結果になりはしないか、そうした疑問が常につきまとうことは否めない。しかし、荒木氏が、法体系を議論する意味について、現行の社会保障制度の矛盾や不備を指摘するとともに、その将来展望を提示できるようなものでなくてはならないと述べていることもあって[58]、荒木氏の描く社会保障の望ましい構図や将来像をあちこちにある本人の指摘から拾い集めて、そこから演繹的に現行法制度を見てみようと考えたのが、本論文の意図であった。

　とはいうものの、こうして現行法制度と荒木理論との付き合わせを行ってみると、現行法制度のこの部分はこういう風に改善されなければならないというような具体的な改革のあり方を示す指標となり得るもの（例えば、予防・治療・リハビリの一貫した体制やバラバラに規定されている各種医療給付の統合など）と、そうではなく直接には改革評価の指標とはなりにくいもの（例えば自立支援のあり方とか地方分権など）があることがわかる。

　それと同時に、社会保障は文化的な生活を送るために国民の誰もが平等に受けられる権利であり、それを確立するための社会保障法学としての当初の役割から、いまや社会保障を受ける側の負担論や責任論が強調されようとしている時代となった。負担論や財源論の重要性は言うまでもない。しかし、国と国民との間で、あくまでも給付を中心にその給付の充実とそれが権利として国民に平等に与えられなければならないという基本的姿勢をもった荒木理論は、社会保障財政困窮を背景に給付そのものが他の要素（例えば雇用とか自立支援とか）を介入させることによってかなり揺らいでいるようにみえる現在、本来の社会保障給付の意味（荒木氏によれば「生活保障」）を見失ってはならないという意味でいまなお意義を有しているように思える[59]。

　また、基礎理論の分野においても荒木理論の意義は失われてはいない。社会保障法に関する新規の基礎理論の登場、生存権に対する再検討、さまざまな法体系論の提案、法的人間像の再吟味など、社会保障法学の分野で新たな検討がなされているときに、やはり立ち返るべきは荒木理論であり、それぞれの主張を評価する基本的指標の一つになり得るのも荒木理論であろう。経済的・社会的状況が変化して、もはや荒木理論では説明がつかない現象が現れているとみて、新たな理論を提示するべきか、それとも、荒木理論の射程の範囲内で説明のつく現象なのか、そういった見極めはこれからも続けられていくことになろう。

　また荒木理論は、社会保障制度創成期に、まずもって生存権を満たすような社会保障給付が、要保障者に対して確実に権利として、職業や地域や企業規模にかかわりなく平等に保障されるべきであるという強いメッセージを持って登場したが、同時に、自己決定権の尊重（自律）とか「社会的包摂」といった現在まさに注目を浴びている理念・概念についても、まとまって記述している箇所はないのであるが、そうした発想をも含んでいたものと理解することができる。荒木氏の著述をみれば、そういう要素があちこちにうかがわれるからである。ただ、当時の社会的・経済的事情からみて、どこが強

調されていたかという問題にすぎない。

　社会保障法学という法分野が確立したいま、残された宿題は荒木理論を現在の社会保障法制度の中でどのように検証していくのかということであろう。社会保障法学は、現在の流動的で不安定な社会情勢に適応するように変容していくことも大事であろうが、時代の潮流に流されてはいけない部分もあるのではないかという後期の荒木論文の指摘[60]を受けての検証の試みであったが、荒木理論から直接にそういう結論が出てくるのかどうかといったもやもやした部分が多分に残ってしまうような結果になってしまった。また、今回は荒木理論と権利論、荒木理論と解釈論[61]、あるいは荒木理論と「社会的包摂（social inclusion）」[62] いう興味あるテーマについては、検討がなされていない。後日を期したい。

【注】

1）荒木法体系理論が初めて公表されたのは、荒木誠之「社会保障の法的構造—その体系的試論（1）」熊本法学5号1頁以下（1965〔昭和40〕年）、同「（2・完）」同6号1頁以下（1966〔昭和41〕年）においてである。なお、この論文は、荒木誠之『社会保障の法的構造』（有斐閣、1983〔昭和58〕年）にまとめて収録されている。

2）山田晋氏は、荒木理論の評価・検証に関して、残された課題として、①具体的な社会法の立法動向との関連で荒木理論の展開を検証すること、②荒木理論のわが国の社会保障法学説史上の位置づけ、③社会法理論として労働法理と不可分かつ相互に連関している荒木社会保障法理論の労働のあり方の変容への対応という3点を指摘している（山田晋「荒木理論にとって社会保障法とは何か—柳澤旭教授・三論文に学ぶ」明治学院大学社会学・社会福祉学研究127号27頁）。本稿はそのうち①と③の課題に焦点を当てたものである。

3）石井照久『労働法総論』（有斐閣、1963〔昭和38〕年）230-231頁。

4）片岡昇「労働基本権と社会保障の権利」日本法社会学会編『社会保障の権利』法社会学19号（有斐閣、1967〔昭和42〕年）18頁。しかし、荒木理論でいう「生活主体」は、市民法のいう抽象的人間像ではなく、常に生活危険にさらされる社会的弱者ということであるので、それを「階級的人間像」と呼ぶかどうかは別にして、労働法でいう「従属労働者」と同様な人間像を描いていたことは確かであろう。それは、「社会保障法が実定法の基礎にすえている権利主体像は、社会保障を生活上の切実な要求として掲げ闘ってきた階層をとらえているはずである」（荒木誠之「第3章　労働関係における労働法理と保障法理」『社会保障の法的構造』有斐閣、1983〔昭和58〕年、89頁）とか、「生活主体としての共通の基盤において、労働者の組織が農漁民や零細企業主などの生活闘争を必要とする各層と統一した社会保障確立の運動を広く展開できるのである」（同、92頁）という表現にも表れているように思われる。

5）荒木誠之「第3章　労働関係における労働法理と保障法理」『社会保障の法的構造』（有斐閣、1983〔昭和58〕年）88-89頁。

6）菊池馨実「社会保障法学と労働法」日本労働法学会編『講座・労働法の再生第6巻　労働法のフロンティア』（日本評論社、2017〔平成29〕年）281-282頁。

7）西谷敏『規制が支える自己決定』（法律文化社、2004〔平成16〕年）151頁以下。

8）木下秀雄氏が、人格的自立は、近代社会におけるあるべき姿とされるが、他方で、現実の具体的人間は、そうした自律を獲得し、維持するための経済的社会的前提を確保するうえで困難をかかえているという指摘をしているのは、同様な危惧ではないかと思われる。木下秀雄「『権利の体系としての社会保障』の意義」法律時報79巻8号（2007〔平成19〕年）133頁以下。水島郁子「原理・規範的視点からみる社会保障法学の現在」社会保障法研究創刊第1号（信山社、2011〔平成23〕年）116頁。

9）荒木誠之『社会保障法（三訂版）』（ミネルヴァ書房、1977〔昭和52〕年）57-58頁。

10）同様の指摘は、柳澤旭「荒木『社会法』論の法的構造と特質—社会保障法から労働法へ」山口経済学雑誌56巻2号（2007〔平成19〕年7月）56頁にもある。「さらに社会的事実としても法理論としても、生活障害保障法の領域（医療、介護・福祉サービス）

において、仕事に従事する労働者（医師を含むメディカルスタッフ、福祉サービスの従事者）の労働条件のあり方が、生活障害保障給付の質的内容と密接・不可分であることについて、当初より一貫して問題点の指摘がなされているのである。ここにも荒木社会法論の特質をみるのである」。また、原田啓一郎氏も、最近の論文のなかで同様のことを述べている。「介護サービスとは、人が人に直接提供するサービスであり、個人の生命・生活に直接関わるものである。その実施過程では、介護サービスを提供する介護従事者個人の資質や能力に加え、その勤務に関わる労働条件や労働環境が介護サービスの質を大きく左右する。…これを憲法25条の生存権や13条の自由権をベースにして介護を受ける権利という根本から介護サービスの質とのかかわりで問う場合、介護従事者は利用者の人権ないし権利の担い手として、介護保障の一主体として位置づけられることになる」。原田啓一郎「介護人材不足と高齢者の介護保障」法学セミナー767号（2018〔平成30〕年12月号）40頁。

11) 老人保健法（1982〔昭和57〕年）は、40歳からの保健事業を創設したので、荒木氏は、予防からリハビリに至る包括的医療体制（すなわち生活障害保障給付）を実現したものとして評価している。荒木誠之「医療保障（1982年）の回顧と展望」（健康保険1982〔昭和57〕年12月号）25頁。

12) また、医療機関の偏在と開業医制との問題を正面から扱ったのも荒木理論が背景にあるからである。「皆保険の実現は、社会保険医療への需要を急激にふくらませた。…その結果、医療をめぐる需要と供給とのアンバランスがしだいに大きくなり、また需要の多い都会へ医療機関が集中して過当競争を生じた反面、農山漁村では無医地区がかえって増大するという現象もあらわれた。『保険あれども医療なし』という、本来ありうべからざる状態が出現したのであった。この問題は、皆保険の達成を急ぐ過程で、いわゆる医療供給の面に十分な準備をしないできたことに直接の原因があったが、つきつめていけば、医療保険のもつ公的性格—国が国民の生存権保障の一環として当然行わなければならない責務—と、医療機関の大多数が伝統的にもつ私的性格—営業の自由を基礎とする開業医制—との矛盾にかかわる問題でもあった」。荒木誠之「医療保険の過去・現在・未来」健康保険33巻6号（昭和54年6月号）16頁。「ところで、医療保険での医療を現実に担当しているのは、私的医療機関が大部分である。私的機関である以上、効率の悪い辺地をさけ都会に集中するのはさけられない。これを補うには公的医療機関の計画的配置以外にはない。…全国津々浦々に小中学校があり、郵便局があるように、全国に適正な医療機関が配置されてこそ、国民皆保険が確実な裏づけをもつのである」（同上書、20-21頁）。

13) 菊池馨実氏は、荒木氏の定義は社会保障法の対象領域を画定しているという意味で、「閉じられた」定義と呼んでいる。菊池馨実「新しい社会保障法の構築に向けた一試論—社会保障法の意義をめぐって」小宮文人・島田陽一・加藤智章・菊池馨実編『社会法の再構築』（旬報社、2011〔平成23〕年）239頁。

14) 菊池馨実「社会保障法学と労働法学」日本労働法学会『講座・労働法の再生第6巻　労働法のフロンティア』（日本評論社、2017〔平成29〕年）283頁。

15) 労働法の分野でも労働者の「自律」を強調する定義が登場してきている。労働法とは

「個人が自己決定に基づいて生活展開を送るなかでワーキングライフを行うことを選択したことを踏まえ、そのワーキングライフによって自立的に生活の糧を得て生活基盤を形成していくことを支えサポートし保障する」ための法的措置ととらえる見解などがそうである。三井正信「労働権の再検討と労働法システム」西谷敏先生古稀記念論集『労働法と現代法の理論（上）』（日本評論社、2013〔平成25〕年）114-115頁。しかし、ここでは、「自立的に生活の糧を得て生活基盤を形成」とあるように経済的自立のための所得の重要性が説かれている。

16) 学問的対象の範囲を確定するという意味では、やはり社会保障法体系は「閉じられた」ものにならざるを得ないであろう。菊池氏も、このことを十分意識して、以下のように述べている。「私見は、社会保障の範囲や、社会保障法の意義・体系を論じるに際して、社会保障の枠組みを従来の通説的見解を超えて雇用・教育等の関連領域まで拡げることを意図しているわけではない。…政策論の展開場面において従来の社会保障の枠組みに限定されない包括的な視角が求められることと、社会保障法という実定法分野の範囲や体系をどう画するかの議論は、必ずしも同一平面上にはない」。菊池馨実、注12）前掲書、243頁。

17) 荒木誠之「第 1 章　社会変動と社会法の変容」（『生活保障法理の展開』法律文化社、1999〔平成11〕年）8 頁。

18) 岩村正彦氏は、政府管掌健保が全国健康保険協会（都道府県支部）に移行したことに対して、憲法25条違反となるかどうかについて論じている。25条 2 項にいう国の「社会福祉・社会保障」責任について、事業主体をどのような形にするか、例えば、民営化することは完全に立法府の裁量に委ねられているという立場と、立法府の裁量にも限界があるという立場の二つがあるとしながらも、全国健康保険協会への移行は憲法25条に違反しないと解している。岩村正彦「社会保障改革と憲法25条―社会保障制度における『国家』の役割をめぐって」江頭憲治郎・碓井光明編『法の再構築Ⅰ国家と社会』（東京大学出版会、2007〔平成19〕年）145頁。

19) 荒木誠之「第 1 章　社会保障の法的構造」『社会保障の法的構造』（有斐閣、1983〔昭和58〕年）30頁。

20) 荒木誠之「第 2 章　社会保障法と労働法」『社会保障の法的構造』（有斐閣、1983〔昭和58〕年）71頁。

21) 荒木誠之「第 3 章　労働関係における労働法理と保障法理」『社会保障の法的構造』（有斐閣、1983〔昭和58〕年）92頁。また別の箇所では以下のように述べている。「所得給付と障害給付の体系が、実質的な社会保障法を構成する。そしてこれらの給付が国の責任において実施される過程が、公権力の作用として国（又はその権限を委任された公的団体）と社会構成員との間の保障関係をかたちづくっている」。荒木誠之『社会保障法（三訂版）』（ミネルヴァ書房、1977〔昭和52〕年）50頁。

22) 江口隆裕『社会保障の基本原理を考える』（有斐閣、1996〔平成 8 〕年）107頁。

23) 橘木俊詔『企業福祉の終焉―格差の時代にどう対応すべきか』（中央公論新社、2005〔平成17〕年）。橘木教授は、「企業本来の社会的責任は、…賃金・所得の支払いを確実に行うことと、できるだけ高い賃金・所得の支払いをすることが最も重要である。

　　…医療はまだしも、年金や介護は労働者が労働市場から引退したときに給付されるものである。そこまでの所得保障をなぜ企業がせねばならないのかという疑問が残る。…引退後の所得保障である年金や介護の給付は、個人と政府の間で結ばれた年金や介護の契約によってカバーされるべきではないか。…それは国民の一人一人の負担（すなわち税）を財源としてなされるのが自然である」と主張している。（同上書、181-196頁）。

24）荒木氏も、現実的な企業経営の立場からみると、「賃金および社会保険料はいずれも人件費として一括される。社会保険料を法定福利厚生費として扱うとしても、それが労務コストとして賃金とならんで意識される点では変わりがなく、現実に賃金額の決定に当たっては、福利厚生費を含めた人件費の総費用額が念頭におかれるのが通例である」としながらも、「原則的には、賃金と社会保険料とはまったく別個のものである。賃金は労働契約上の労働の対価としての私法上の契約債務、社会保険料は公法上の義務であり、労働関係当事者間の債権・債務ではない」と述べている。ただし、「賃金と社会保険料とはその本来の性格と法的意義を異にするものであるが、現実の問題としてみるとき、両者は密接に関連し合っているのが現実であり、その関連の態様は社会保障の進展、特に被用者保険の動向と深くかかわっているのである」とも言っている。ここでも、別個の性格をもつ法制度であるが密接に関連性を持っているという荒木理論の基本的な研究スタンスがうかがわれる。荒木誠之「第12章 労働関係に及ぼす社会保障の影響―賃金・採用・解雇を中心に」『生活保障法理の展開』（法律文化社、1999〔平成11〕年）205-206頁。

25）荒木誠之「第7章　雇用保障の法的問題―失業給付と雇用政策」『社会保障の法的構造』（有斐閣、1983〔昭和58〕年）199頁。また、別の箇所では、「端的に言えば、それは失業保険の雇用政策への従属をはかったもので、労働力流動化政策の手段として失業保険の制度が利用されたのである」とも書いている。荒木誠之「第10章　労働権保障と雇用保障法の展開」『生活保障法理の展開』（法律文化社、1999〔平成11〕年）180頁。

26）荒木誠之「第3章　労働関係における労働法理と保障法理」『社会保障の法的構造』（有斐閣、1983〔昭和58〕年12月）98頁。

27）例えば、育児・介護休業制度については、「労働法と社会保障法の両者についての基本的省察はもちろん、民法上の扶養理論と扶養の実態についての認識も欠かせない。一方で労働契約論、他方で育児・介護に関する家族的扶養理論、さらには社会福祉サービスの理論と実態を突き詰めて、その総合した見地から展望が開けるのではなかろうか」と述べている。荒木誠之「第2章 社会保障法学におけるパラダイムの現状―労働条件保護から生活保障への展開」『生活保障法理の展開』（法律文化社、1999〔平成11〕年）26頁。障害者雇用の義務付けや定年延長という現象についても、伝統的な企業の論理、労働力の市場原理からは出てこないものであり、そこには社会保障法の影響が大きく作用しているという見方をしている。荒木誠之「第12章 労働関係に及ぼす社会保障の影響―賃金・採用・解雇を中心に」『生活保障法理の展開』（法律文化社、1999〔平成11〕年）214-216頁。

28) 荒木誠之「第3章　労働関係における労働法理と保障法理」『社会保障の法的構造』（有斐閣、1983〔昭和58〕年）98頁。

29) 島田陽一「貧困と生活保障―労働法の視点から」日本労働法学会誌122号（法律文化社、2013〔平成25〕年）102頁以下には以下のような問題認識が示されている。「（日本的雇用慣行）の時期には、労働法学は、内部労働市場（企業）における法的紛争に関する理論構築に主たる関心が集中した。貧困問題は労働法学の重要な課題とは意識されず、社会保障法学の課題と考えられていたといってよいだろう。…非正社員の収入を家計の主たる収入とする労働者層が増加したことによって、雇用＝生活保障の図式が崩れることになった。非正社員の収入を主たる収入とする労働者層が登場し、そのすべてを安定雇用に導くことができないとすれば、雇用による収入に社会保障給付を加えることによって生活保障を実現することが政策的な課題となってくる。低賃金労働者と貧困者と互いに交錯する状況が再現されることになった。ワーキング・プアや母子家庭の母親などは、非正社員であり、低賃金労働者であると同時に貧困者という性格を有している。労働法と社会保障法の交錯領域が拡大し、両者の新たな連携の時代を迎えているのである」。島田陽一「これからの生活保障と労働法学の課題―生活保障法の提唱」西谷敏先生古稀記念論集『労働法と現代法の理論』（上）（日本評論社、2013〔平成25〕年11月）72頁。他にも雇用と社会保障を結びつけ、両者を含めて社会保障の一体的な改革・再設計をめざすものとして「生活保障」という新しい概念を構想する研究もある。宮本太郎『生活保障―排除しない社会へ』（岩波新書、2009〔平成21〕年）の「はじめに」の文章を参照のこと。

30) 笠木映里「現代の労働者と社会保障制度」日本労働研究雑誌612号（2011〔平成23〕年）44-45頁。

31) このことからいえば、荒木理論は、笠木映里氏が言うような、これまでの雇用と社会保障の二者択一を脱して、例えばワーキング・プアの場合のように、働きながらでも社会保障給付を受給できるような仕組みを模索する方向とは明らかに違っている。もっとも、笠木氏も、低賃金を理由として社会保障給付を受けることができるかどうかについては、これは基本的には労働法政策の問題であり、これを社会保障制度の側で対応することについては、消極的な見解を示している。笠木映里「現代の労働者と社会保障制度」日本労働研究雑誌612号（2011〔平成23〕年）44-45頁。

32) 例えば、求職者支援法（2011〔平成23〕年）では、職業訓練受講給付金（月10万円）の受給要件として、全訓練日に出席していること、やむを得ない理由で欠席があった場合でも訓練期間の8割以上出席していること、遅刻・早退は欠席扱いとする、やむを得ない理由以外で欠席したり、ハローワークの就労支援を拒否したりしたときは、給付金の支給を取り消すほかに、訓練の初日に遡って給付金を全額返還しなければならないなどの厳しい給付条件が付いている。就労促進という目的は認めるとしても、例えば、こうした厳しい給付条件を生活保護受給者の就労自立支援事業に課すことについては疑問があろう。

33) 菊池馨実氏は、失業者・貧困者の生活保障のための法政策として、生活保護制度の「能力の活用」を柔軟に運営して、低所得労働者の「保護を受けながらの就労」や、

単なる就労機会の付与にとどまらない教育訓練の機会の提供や、さらに踏み込んで、一定の生活困窮者には、就労意欲の喚起、中間的就労等の福祉的支援を図る必要があるとしながらも、社会保障法の法的人間像について以下のように述べている。生活保障を目的とする荒木説によれば、「『生活』それ自体の保障に焦点を当てることにより、ともすれば金銭やサービスの配分を通じて帰結主義的な意味での平等を志向するものであったことを否定できない。そこでの労働は、生活維持のための『手段』としての位置づけにとどまり、規範的な位置づけは必ずしも明確ではなかった。…より根源的には憲法13条を基軸に据えることで、『個人が人格的に自律した存在として主体的に自らの生き方を追求できること』を、社会保障の規範的な理念として」位置づけた。「…ここから、労働による生活の糧の獲得を通じてこそ人びとの人格的利益の実現が図られるのであり、それゆえ金銭給付による生活保障にとどまらない就労支援を積極的に行うべきとの規範的な要請を、積極的に導き出し得る」。菊池馨実「貧困と生活保障―社会保障法の観点から」労働法第122号（法律文化社、2013〔平成25〕年）110頁。

34）水島郁子氏は、以下のように述べている。「社会保障法と労働法の法理念で生存権をすべてカバーするわけではない。社会保障法と労働法との独自性が強まり、法理念間に隙間が生じているのであれば、島田会員の指摘する（生活保障法）の法理念はそれをつなぐ理念ともとらえることができよう。…しかし、人びとの生活保障は生存権と直接関わるものであり、雇用保険・雇用政策の一領域にとどまらない重要な課題であるはずである。新たな連携の対象は、労働者像や雇用の変化・多様性に対応して、労働者と失業・求職者を、生活主体として措定し、経済的意味の社会保障を超えた、より広い範囲でとらえるべきであろう。仮にこのように考えるのなら、『生活保障』は荒木教授が生活保障法理で述べる、生活保障の概念に接近するであろう」。水島郁子「社会保障法と労働法の関係性―独自性の発揮と連携の模索」社会保障法第34号（法律文化社、2018〔平成30〕年）97-98頁。

35）柳澤旭氏は、「何故に荒木はこのような一貫した視点を貫くことができたのであろうか。それは基点論文（「労働保護法の展開と特質」菊池勇夫編『社会法綜説（上巻）』有斐閣、1959〔昭和34〕年）においてなされた分析、課題の設定とその課題を理論的に解明するにあたり、時代とともに変容する『社会経済的基盤』についての洞察、認識を基礎に社会立法の展開と、そこで提起された諸問題の検討を通じて法的原理（原理論を措定）を析出するという一貫した研究方法にある」と述べている。柳澤旭「荒木『社会法』理論の展開と到達点―労働条件法理から生活保障法理へ」広島法学31巻1号（2007〔平成19〕年6月）40頁。

36）荒木誠之「第10章　労働権保障と雇用保障法理の展開」『生活保障法理の展開』（法律文化社、1999〔平成11〕年）182-184頁。

37）また、荒木氏は、「疾病予防とリハビリテーションを医療と結び付けようとすれば、公衆衛生という非個人的性格の行政措置と社会福祉という社会サービス措置を、医療保険、医療扶助と有機的に連携させることになる。その場合、医療だけを拠出原則に基礎をおく給付として社会保険方式にしておく必要性に乏しい。医療保障論は、論理

的に医療保険の否定に行き着くものであろうと思われる」とも述べている。荒木誠之「医療の視点―社会保障法学の立場から」（健康保険1970〔昭和45〕年4月号）12-13頁。

38) 荒木誠之「第2章　社会保障法と労働法」『社会保障の法的構造』（有斐閣、1983〔昭和58〕年）68頁。

39) 荒木誠之「第2章 社会法学におけるパラダイムの現状―労働条件保護から生活保障への展開」『生活保障法理の展開』（法律文化社、1999〔平成11〕年）21頁。

40) 荒木誠之「第3章　社会保障法と労働法」『社会保障の法的構造』（有斐閣、1983〔昭和58〕年）85頁。

41) 荒木氏の社会保障法確立までの理論的積み重ねをふりかえると、「生活保障法」という新たな法分野を構築する試みには、新分野の理念、体系、他の法分野との関連が実証されていないということで否定的な見方になるかもしれない。しかし、後半の記述では、新しく登場してきた諸問題については、「いずれも社会法のそれぞれの既存の枠組みの中に安住している限り、問題意識自体が鮮明にならず、したがってまた理論的解析もむずかしく不徹底に終わるであろう。問題の背景と性格は、既成の思考様式に捕らわれない柔軟かつ新たな視点からのアプローチを必要としている」とも述べている。荒木誠之「第2章 社会保障法学におけるパラダイムの現状―労働条件保護から生活保障への展開」『生活保障法理の展開』（法律文化社、1999〔平成11〕年）27頁。

42) 荒木誠之「書評」（書斎の窓557号、有斐閣、2006〔平成18〕年9月号）。また、別の箇所では、以下のように述べている。「社会保障法を一個の法体系としてとらえることは、現実に存在する雑多な法令を法原理的に一貫された有機的組織として整序し、そこに独自の法理の展開する法領域を認めることである。そのような体系的認識がなされることによって、個々の立法の位置づけ、解釈・適用に当たっての基準、将来の立法の指針が見出される。社会保障の法体系論はたんに学問上の興味にとどまるものではなく、社会保障の運営と発展にとっても、重要な意義を有するものである」。荒木誠之「第3章第1節　社会保障の法理と体系」荒木誠之編『社会保障法』（青林書院新社、1978〔昭和53〕年）91頁。

43) 荒木誠之「老人保健法の意義と課題」ジュリスト766号、1982（昭和57）年。「本来ならば、給付水準の統一、診療報酬体系の見直し、予防からリハビリテーションまでを含めた包括医療の保障という要請は、社会保険医療全般の改正によって試みなければならなかったはずである。それができなかった間に、医療のひずみが深刻化して老人医療についてだけでも手を打たなければならなくなったのが実態である」。同上書。

44) 荒木誠之『社会保障法読本〔新版補訂〕』（有斐閣、2000〔平成12〕年）42頁。

45) 荒木氏の生活障害保障給付と社会保険の関係については、以下のような記述がある。傷病手当金等の「金銭給付は、他の所得保障給付と同じく社会保険になじみやすい。しかし、傷病等による労働能力の喪失を回復させることを医療給付の目的とするならば、これを社会保険の給付により現物給付とすることは、本来的にはそぐわないところがある。保険事故の観念からは、医療に要する出費の補填の考え方しか出てこないのである。これを要するに社会保険医療、医療扶助、福祉医療という三本立ての医療給付体系、また医療受ける側での機会不均等（無医村や病院のベッド不足など）の現

象は、伝統的な社会保険の考え方と制度によって医療の給付を行なう限り、本質的な問題性を認識しえないのである」。荒木誠之「第4章　社会保障法における社会保険」『社会保障の法的構造』（有斐閣、1983〔昭和58〕年12月）123-124頁。別の個所では、「社会保障の中で医療の果たす役割は、そこなわれた労働能力＝所得能力を回復させることによって生存権の確保に寄与することにあり、この観点からいえば、社会保障給付としての医療給付は、当然に医療そのものの給付であり、金銭給付はやむをえない場合の応急措置にすぎない。そして、医療給付の法形態としては、社会保険給付とすべき必然性はなく、むしろ社会サービスとしての給付がまさっているのではないかと思われる」。荒木誠之「医療の視点─社会保障法学の立場から」（健康保険1970〔昭和45〕年4月号）14頁。このことから、荒木氏は、医療は、イギリスで行われている公費によるナショナル・ヘルス・サービス（NHS）方式を望ましいものとして想定していたものと思われる。

　　もっとも、介護保険法は、制度設計としては「介護サービス費」支給という金銭給付方式を採用しており、利用者への金銭給付を事業者が代理して受領するという方式をとっているので、事実上は利用者への現物給付になっているにすぎない。そういう意味では、荒木氏の考え方が否定された制度とはいえないかもしれない。しかし、そのことに関する記述はない。

46）荒木誠之「第9章　介護の社会保険化─その社会保障法学からの考察」『生活保障法理の展開』（法律文化社、1999〔平成11〕年）159頁。

47）荒木、同上書、158頁以下。

48）ちなみに、熊本県内45市町村のうち34市町村が回答しているが、50.0％の自治体が「運営に苦慮している」と答えている。熊本日日新聞2017年8月19日。

49）菊池馨実『社会保障法（第2版）』（有斐閣、2018〔平成30〕年）107頁。

50）荒木誠之「第3章　労働関係における労働法理と保障法理」（『社会保障の法的構造』有斐閣、1983〔昭和58〕年12月）89頁。

51）荒木氏も、社会保障給付受給者の「自己決定権の尊重」を常に意識していたと思われる。例えば、従来の集団的労働法と個別的労働法とは別個に「雇用保障法」という独自の法分野を認めることについては否定的であったが、「雇用選択の自由」あるいは「適職選択権」については、本人の意思を無視するような雇用促進が強制されることがあってはならないとしてこれを肯定的にとらえている。荒木誠之「第10章　労働権保障と雇用保障法の展開」『生活保障法理の展開』（法律文化社、1999〔平成11〕年）180-182頁。

52）全国老人福祉施設協議会「いわゆる『自立支援介護』について（意見）」2016（平成28）年12月5日。

53）原田啓一郎「健康づくり・介護予防と社会保障─予防重視型システムのあり方を考える」増田幸弘・三輪まどか・根岸忠編著『変わる福祉社会の論点（第3版）』（信山社、2021〔令和3〕年6月）218-220頁。

54）菊池馨実氏は、「生活保護法の目的は、自立助長が本質的要素であり、最低限度の生活の保障はその手段的な性格を持つ」と位置づけ、所得保障を手厚くするよりは、む

しろ職業教育の充実や保育サービスの実施などを、世帯の経済的自立を確保するための前提とすべきであるとして、生活保護制度における社会的包摂の重要性を説いている。こうした立論にたてば、受給者側にも負担とか貢献といった義務が課されることもあり得ることであろう。菊池馨実「公的扶助の法的基盤と改革のあり方―『自由』基底的社会保障法理論の視角から」季刊社会保障研究39巻4号、（2004〔平成16〕年）427-428頁。

55) 荒木誠之「第1章　社会保障の法的構造」（『社会保障の法的構造』有斐閣、1983〔昭和58〕年12月）50頁。

56) 荒木誠之『社会保障法（三訂版）』（ミネルヴァ書房、1977〔昭和52〕年）63頁。

57) 社会保障給付水準も低く、また、恩恵的色彩も残っていた戦後まもない時期に、とにかく生存権保障にふさわしい社会保障制度を構築していくためには、国民のニーズを基礎にした社会保障法体系の構築と社会保障法学の確立が急務と考えたことはしごく自然のことであったといえる。「1970年には障害者基本法の成立をみる。このような社会福祉立法の相次ぐ進展は、『衣食足りて礼節を知る』のおもむきがあった」と述べていることからもそのような状況がうかがい知れる。荒木誠之「社会保障の形成期―制度と法学の歩み」社会保障法研究創刊号第1号（信山社、2011〔平成23〕年5月）8頁。

58) 「体系的認識がなされることによって、個々の立法の位置づけ、解釈・適用にあたっての基準、将来の立法の指針が見出される。社会保障の法体系論はたんに学問上の興味にとどまるものではなく、社会保障の運営と発展にとっても、重要な意義を有するものである」。荒木誠之編『社会保障法』（青林書院新社、1978〔昭和53〕年）91頁。

59) 菊池馨実氏の憲法13条を根拠にした自由基底的社会保障法論や最近の社会保障財政の困窮を意識した財政論の強調といった新たな視点からの研究に関して、山田晋氏は、「これらの研究は従来の議論に新しい論点を付加したものであるが、そもそも憲法25条が、国家が社会保障の責任・義務を引き受けたことに意義があると考えれば、これらの研究に無条件には首肯しがたい点がある。あるいは社会保障の供給主体の多様性によっても国家責任が後退することはないし、してはならないという、荒木理論からの反論もある」と述べている。山田晋「戦後社会保障法学における体系論―背景・評価・将来」社会保障法第34号（法律文化社、2018〔平成30〕年）136-137頁。また、「近年、憲法25条、生存権論に対してはその限界が強く批判がなされている。受給者を『保護の客体』たらしめた、国家主導の社会保障制度に結びつけた、財政論に踏み込めないなどの批判がある。しかし最高法規としての憲法25条の果たす役割は大きい。まずここから出発する必要がある。必要であれば、25条に今日的意義を持たせることも不可能ではなく、必要でもある」と述べて、他の憲法規範を持ち出すまでもなく、生存権の再検討・再評価によっても、現在の諸問題の解決が可能ではないのかという問題を提起している。同上書、142頁。

60) 荒木誠之「第1章　社会変動と社会法の変容」『生活保障法理の展開』（法律文化社、1999〔平成11〕年）では、「社会法が20世紀の20年代にその理論と体系を形成してから今日に至るまでの経過を見るとき、その基盤となる社会・経済の移り変わりが法の

内容に反映されてきたことを知るのである。それは社会法がすぐれて政策的立法の体系であるからである」(17頁)。「…そのような状況のなかで、いわゆる政策立法が進展をみせてきたのであった。しかし、社会法論がこれまで築きあげてきた論理と法体系は依然として存在意義を失っていないと考える」(7頁)とある。同様に、柳澤旭教授は、「いま、21世紀の社会保障について改革が論じれられかつ進められているが、生活保障の基本原理そのものが問われているのではなく、新しい社会環境と生活条件のなかで、その原理をいかにして貫徹するか、その具体的方策はどうあるべきか、が問題なのである。年金、医療、福祉サービスのいずれにおいても、過去半世紀にわたって形成されてきた制度を、生活諸条件の変化に対応しながら本来の機能を維持・発展させる長期的プランが模索されているのである。そこでは、これまでの制度形成の経緯と、その間に提起されてきた立法的諸問題と無関係に、制度の再検討や改革が行われるはずはないのである。過去の経験とその評価をふまえてこそ、現状の厳正な批判と将来への展望が可能となろう」という荒木誠之「第1章　社会変動と社会法の変容」(『生活保障法理の展開』法律文化社、1999〔平成11〕年)の「はしがき」の文章を引用されている。柳澤旭「荒木『社会法』理論の展開と到達点─労働条件法理から生活保障法理へ」広島法学31巻1号(2007〔平成19〕年6月)20頁。

61) 法体系論も含めて、荒木理論は、実定法の解釈論においては積極的な役割を果たしえないという意見もあるが、荒木氏自身は、そのようには考えていなかったように思われる。柳澤旭「荒木『社会法』論の法的構造と特質─社会保障法から労働法へ」山口経済学雑誌56巻2号(2007〔平成19〕年7月)49頁では、荒木誠之「現代法のなかの社会保障」山中還暦記念『近代法と現代法』(法律文化社、1973〔昭和48〕年)375-476頁を引用しながら、次のように述べている。「社会保障の法体系を構築し、それに基づく体系書を公刊した荒木にとって、次の課題とはなにか。それは、社会保障法学がなすべくしてなしえなかった問題、すなわち、社会保障の権利を単に理念や宣言としてではなく、『現実の生活に密着した具体的な権利として構成し定着させる』という課題である。『解釈論において使用に耐える社会保障の権利の理論構成』が重要な課題である。しかし、この課題も1970年代初頭において、ほとんど手が付けられていない状態であった。この課題の追求は、『社会保障の法体系論が一段落した現在』(1973年当時)、法体系論を展開した者として当然の任務である。社会保障の法体系と権利とが『統一した像を結ぶとき、社会保障の法理は確立された』といえることになる。ここにみるように荒木の社会保障法理論においては、法体系論のもつ意義は具体的立法を分析評価し、解釈に耐え得る権利論を構築すること、学問的にも表裏一体でなければならないことが理解できるのである」。

　また、荒木理論を判例および解釈論の関係でとりあげた最近の論文に、加藤智章「社会保障法の法源としての判例」社会保障法研究第8号(信山社、2018〔平成30〕年8月)151頁がある。加藤氏は、「判例研究も、ある意味では荒木理論の検証という側面を持つ」という基本的認識のもとに、①社会保障法は生存権が無媒介的に支配する法、②社会保障法における当事者は生活主体としての国民と全体社会の権力的組織体としての国家、③社会保障法は、国民の生活脅威に対して生活保障を行う法という

　　　三つの視点から判例を分析しようとしている。具体的な判例にどのような形で荒木理
　　　論が影響を与えているかということについては必ずしも明確でないように思われる。
62)　荒木氏は、もちろん当時は「社会的包摂」というような言葉は使っていないが、社会
　　　保険法とか雇用とかは各種福祉サービスと深い関係にあり、両者が連動してこそ、雇
　　　用や社会保険法の本来の目的が達成されるという意識は常に持っていたと思われる。
　　　例えば、「ところで、労働者の生活と社会保障のかかわりは、社会保険法に限られる
　　　のではない。社会福祉各法もそれと深くかかわっているのである。児童に対する保育
　　　サービス、老人とくに心身の機能に著しい障害をもつ老人へのサービスは、労働者の
　　　家族的責任を社会的に分担するものである。その充実の程度が労働者の生活のありよ
　　　うに大きく影響してくるのは当然である。仮に福祉サービスが完全に労働者の家族的
　　　責任を肩代わりするならば（それが望ましいか否かは別として）家族的責任休業を問
　　　題にする余地はなくなるであろう。家族的責任休業の法的問題を伝統的な労働関係の
　　　枠組みの中だけで処理しようとするのが不適当なことは明らかである」。荒木誠之「第
　　　13章　労働契約関係と家族的責任」『生活保障法理の展開』（法律文化社、1999〔平成
　　　11〕年）238-239頁。「家族的責任休業が立法段階に入った現在、それを労働者の労働
　　　権（憲法27条1項）と家族の生活権（憲法25条1項から導き出される権利）との結合
　　　した社会制度として把握する視点を確立しなければならない」（同上書、240頁）。
　　　「雇用保障法」の提唱に対しても、雇用創出という点を強調していることについて、
　　　肯定的評価をしている。「雇用保障法の提唱は、労働権の新たな展開の場として雇用
　　　創出の法を積極的に基礎づけるのみならず、あるいは、就業状態における労働権の実
　　　現を説き、また、伝統的な失業給付の法をもその内容に含ませるなど、従来の労働法
　　　体系の再検討という一面を持っている。そこにみられる共通意識は、雇用保障法を労
　　　働権の現代的発現形態としてとらえ、そこから現実の雇用対策立法に対する鋭い批判
　　　を導き出し、さらにあるべき雇用法制の姿を積極的に提示するということにあった」。
　　　荒木誠之「第10章　労働権保障と雇用保障法の展開」『生活保障法理の展開』（法律文
　　　化社、1999〔平成11〕年）182頁。

第２部

「我が事・丸ごと」地域共生社会

第1章

「我が事・丸ごと」地域共生社会と
社会保障法

I　はじめに

　2019（令和元）年9月20日、政府は、少子超高齢社会を迎えて、最重要課題の一つである「全世代型社会保障」を実現すべく、有識者で組織する検討会議をスタートさせた。団塊の世代が75歳以上の後期高齢者になる2025（令和7）年以降、社会保障費は急増することが予想され、2018（平成30）年度では121兆円だったものが、2040（令和21）年には190兆円まで達するとの予測がなされている。介護給付費も、2018（平成30）年度には初めて10兆円を超えたと厚生労働省が発表している（熊本日日新聞2019年11月29日）。当初の約2.3倍である。こうしたなか、同検討会議では、年金受給開始を70歳以上でも選択できる仕組みや、後期高齢者の医療窓口負担を、現行の1割からそれぞれ2割に引き上げる案などが検討される予定である[1]。同時に、社会保障制度の持続可能性に向けて、負担増プラス給付削減という財政面での見直しだけでなく、高齢者・障害者・生活困窮者等を住民相互の助け合い・支え合いでケアしていこうとする動きが登場してきている。

　住民活力を最大限活用して要支援者・要介護者等を支えていこうとする地域再編成のための構想、これが、「我が事・丸ごと」地域共生社会構想である。高齢者や障害者等の多くが、たとえ重度の要介護状態になっても、住み慣れた地域で暮らしたいという要望をもっているので、それを可能にするための地域包括ケアシステムであると同時に、病院・福祉施設等の施設サービス費用の削減という目的もあわせもっている。地域包括ケアシステムにおいては、保健・医療・介護・福祉といった専門的なサービスはもちろん必要であるが、それに加えて、高齢者・障害者等の日常生活を支えるための様々な人的サービス（例えば、見守り、ゴミ出し、買い物、通院、書類書きなど）を地域住民同士の助け合いで実現しようとする構想が含まれている。この後

者の日常生活支援の部分を、「我が事・丸ごと」地域共生社会が担うことになる。

　住民相互の助け合い・支え合いの重要性については誰も異論をはさむ者はいない。しかし、現実のわが国の地域社会の様子をみる限り、容易に住民相互の助け合い・支え合いの仕組みがつくれるようには思われない。山間部では、支援が必要な高齢者ばかりで、それを支援する人材はごくわずかしかない状況が続いている。都市部でも、民生委員自治会役員をはじめとするボランティアを確保することが年々困難になってきている。それをどう解決するのか、また、地域が脆弱化し住民相互の結びつきが希薄化している状況下で、国や地方公共団体はどのような役割を果たしていこうとしているのかなど、地域共生社会構想には曖昧な部分がかなり多い。そこで本稿では、「我が事・丸ごと」地域共生社会構想の意義と問題点を指摘した上で、この構想はこれまでの社会保障が守備範囲としてきた年金・医療・福祉といった分野とはかなり違ってきているので、学問上、これを社会保障のなかでどう位置づけたらよいのか、講学上の社会保障の範囲と地域共生社会との関係について検討を加えたいと思う。

Ⅱ　通説的な社会保障の定義

　「社会保障」という言葉は、1935年のアメリカ連邦社会保障法（Social Security Act）によって初めて使われたものであり、当初は、法案の名称が「経済保障法」（Economic Security Act）となっていたことからもわかるように、老齢年金や児童を有する家庭に対する扶助（AFDC）を中心とした所得保障のための法制度という印象が強かった。1942年のイギリスのビヴァリッジ報告書（「社会保険とそれに関連する制度に関する報告書」）でも、「社会保障とは、失業、疾病もしくは災害によって収入が中断された場合、これに代わるための…所得の保障を意味する」と述べているように、社会保障は基本的には所得の喪失に対する所得保障と考えられていた。しかし、今日では、社会保障は、所得保障だけでなく、生活障害を抱えた人たちに対する保健・医療・介護・福祉などの現物サービスを含む制度であるという見解は、各国とも共通している理解といってよいであろう。そして、これが現在でも社会保障の核になっていることも間違いない。

　また、社会保障には、所得喪失および生活障害をもたらす原因（生活事故

原因）が存在する。それが、「疾病、負傷、分娩、廃疾、死亡、老齢、失業、多子」等であり（社会保障制度審議会「社会保障制度に関する勧告」1950〔昭和25〕年10月16日）、これらの原因に対して、「保険的方法又は直接公の負担において経済保障の途を講じ、生活困窮に陥った者に対しては、国家扶助によって最低限度の生活を保障するとともに、…すべての国民が文化的社会の成員たるに値する生活を営むことができるようにすること」（同勧告）が、社会保障の目的である。

　これらの社会保障制度は、憲法25条の規定からもわかるように、「国民には生存権があり、国家には生活保障の義務があるという意である」（同勧告）、あるいは、「国が社会保障制度に対する総合的企画をたて、国自らの責任において、この制度の実施に当たることを原則とする」（同勧告）との表現でも明らかなように、国が責任主体となって実施されるものを指している。これらを勘案して、荒木誠之氏は社会保障を次のように定義している。

　「社会保障とは、国が、生存権の主体である国民に対して、その生活を保障することを直接の目的として、社会的給付を行う法関係である」[2]。

　ここでは、社会保障が国家の責任において行われるものであること、制度の具体的な実施は地方公共団体やその長、公法人などに委ねられていたとしても、その最終的な責任は国が負うものであることが明記されている[3]。したがって、「私人や任意団体が慈善的に救済事業等を行うことがあっても、それは国と国民との法関係ではなく、社会保障法の領域には入らない。もちろん、その現実の機能には、国の行う社会保障と似たところがあり相互に関連もあるが、その法的性質は大きく違っている。慈善事業においては、その実施者に法的義務はなく、また受益者側にも受給の権利があるわけではない。この区別を明確にすることが、法の理論としては重要である」[4]。また、「社会保障の目的は国民の生活保障にある。社会の一員として生活をしていくうえで、収入の途を失うとか、負傷や病気にかかり、あるいは障害状態になるなど、さまざまな困難が発生する。そのような困難が現実に生じたとき、人間としての尊厳を失わないで生活ができるような手だてを社会的に講じておくのが、社会保障である」[5]。

　この定義からいえば、「我が事・丸ごと」地域共生社会構想の中心となっている地域住民による助け合い・支え合いの事業は、その重要性はもちろん認められるものの、社会保障法の領域からは除外されることになる。現に、厚生労働省「我が事・丸ごと」地域共生社会実現本部が出した「『地域共生

社会』の実現に向けて（当面の改革工程）」（2017〔平成29〕年2月7日）のなかでも、「社会保障などの分野の枠を超えて地域全体が連帯し、地域の様々な資源を活かしながら取り組むことで、人びとの暮らしにも地域社会にも豊かさを生み出す」とか、「地域において、社会保障などの分野を超えて、人と資源がつながることで、地域の様々な可能性を拓くことができる」などの文章からも明らかなように、地域共生社会はこれまでの社会保障という領域を超えて、地域住民相互のつながりを再構築することを目的とした「地域づくり」の一環であることが明言されている[6]。そこには地域の活性化を目指すという方針との関係上、「耕作放棄地の再生や森林など環境の保全、空き家の利活用、商店街の活性化など、地域社会・経済の抱える様々な課題について、社会保障の枠を超えて地域の資源とつながることで地域に『循環』を生み出す」というように、社会保障の範囲をはるかに超えた産業分野をも巻き込んだ広大な「地域づくり」構想が描かれている。

　地域力を高め、地域の活性化を目指すこと自体に異論はないが、「地域づくり」に関わるすべての施策を含めて「社会保障」あるいは「社会保障法」の担当分野とすることには無理がある。社会保障財源が厳しいなかで、地域での支え合い・助け合いを求めることは当然必要であろうが、それはあくまでも、住民がおたがいに協力してより良い地域を築きましょうという「啓発活動」や「キャンペーン」事業にとどまるべきだという理解が自然であろう。そこには従来の「社会保障法」が取り組んできた事柄とは異質のものがたくさん含まれているからである。

Ⅲ　「自律」重視型の社会保障の新しい定義

　ところが、最近、新しい法理論の定立によって、こうした地域での支え合い・助け合いも含めて、地域での住民活動自体を社会保障法の範囲に取り込んでこようとする動きがみられる。菊池馨実氏は、上記荒木誠之氏の、社会保障法の定義につき、次のような疑問を呈している。

①社会保障の根拠である生存権について、「健康で文化的な最低限度の生活を営む権利」は、基本的には、金銭、現物、サービスといった様々な「給付」の提供によって保障されることとされてきたが、それだけでは、社会から孤立している人たちを労働市場や地域に取り込んでくるという「社会的包摂」（social inclusion）の必要性を説明することができない。

②社会保障の法関係は国と国民との間で成り立つとされているが、その中間にある様々な構成組織（社会）の役割が考慮されていない。この場合の社会構成単位には、家族、企業、地域が含まれるとされる。

また、荒木氏の定義では、国民は国から給付を一方的に受けるだけの「保護されるべき客体」としての位置づけにとどまっているので、それを改め、自らの意思でより良き人生を開拓していく積極的・能動的な法主体ととらえ直す必要性があると主張して、憲法13条を根拠に個人の「自律」を基底にすえた新しい定義を試みている。

「社会保障とは、個人が人格的に自律した存在として主体的にみずからの生き方を追求していくことを可能にするための条件整備の制度である」。[7]

ここでは、個人が主体的かつ自由に自らの生き方を追求できるようにする「自律のための支援」が社会保障の目的であると定義されている。さらに、自律（autonomy）と自立（independence）との関係が次のように説明されている。

「ここで留意すべきなのは、自立支援そのものが最終目的ではないことである。自立支援を通じて、自律的な生が達成されうる。何かを達成すること自体に価値を見いだすのではなく、各人それぞれにとっての善き生の遂行に向けた可能性が開かれていること自体に意義があり、自らの生を追求できることそれ自体に価値があると捉えられる。これは、換言すれば、帰結（結果）ではなく、プロセスに焦点を当てた議論であり、かつての憲法25条論が念頭においていたような形式的な結果平等の実現（換言すればセーフティネットの確保）ではなく、憲法13条の理念に根ざした実質的な機会平等の実現を重視した議論ということができる」。[8]

ところで、これまでの労働法、社会保障法を含む「社会法」に対する理解はおよそ以下のようなものであった。契約の自由を基本とする市民社会では、形式的あるいは抽象的存在としては人間はすべて自由で平等である。しかし、使用者と労働者、あるいは、健常者と障害者、富裕層と貧困層というように、人間は一定の社会的身分をもった具体的存在としてこの世に現れる。具体的な人間像を比べてみると、経済力をはじめとして力の差が歴然としている。労働力を売ることによってしか生活の手段がない労働者にとっては、契約の自由は劣悪な労働条件でも働かざるを得ない状況を生み出す。これを避けるために、国家は力の弱い労働者に労働組合を結成し、団結力を背景に団体交渉をする権利（労働基本権）を与えたり、最低労働条件を法定（労働基準法

等）するなどして、労働者の人間に値する生活を保障しようとする。また、高齢者・障害者・低所得者に対しては、所得の再分配を通じて、社会的弱者に対する所得保障給付や各種医療・福祉サービス給付を提供することによって、「健康で文化的な生活」を保障しようとする。これが生存権（憲法25条）の考え方である。

　形式的な平等では、個人の経済力や生活力の差が反映されないので、結果的には大きな格差が生じる。そこで、その差を国家の介入によって縮めていって、実質的平等（結果の平等）を確保しようとするのが生存権の思想であった。菊池理論では、この点、結果の平等ではなく、機会の平等を確保することが社会保障の目的であるとするので、形式的平等を基調とする従前の市民社会への逆戻りなのかとも受け取られかねない。ここでは、荒木氏が、社会保障法の描く法的人間像を「生活人（生活主体）」としたときに受けたものと同様な批判が成り立ちうる。すなわち、雇用労働者と非雇用労働者（農林漁業者、自営業者等）とを問わず、常に生活をおびやかされるおそれのある実在の人間（生活人）として共通の概念のなかに取り込んできたときに、それは市民法から労働法へ、さらには社会保障法へと発展してきた歴史的意義に反して、市民法的な形式的平等へと逆戻りしているのではないかという批判である。この点について、荒木氏は、市民法から労働法へ、さらに社会保障法へという歴史的流れからいって、旧来の市民法のいう抽象的平等たる主体概念への回帰ではなく、社会保障法の「生活人（生活主体）」は、社会法が直視してきた社会的弱者としての法的人間像を含んだ概念であることをはっきりと述べている[9]。

　憲法13条を根拠に、機会の平等を保障し、「自律」（自己決定の尊重）のための支援を実現していこうとする菊池理論では、市民法時代の対等当事者間の契約理論でも一部実現できていたことではないか、それとも社会保障法を、自律した存在としての国民と国家が対等に対峙する関係に置き換えようとしているのではないかとの疑問もわいてくる。というのも、最近、アメリカでの社会保障法の議論では、社会保障給付に「契約」概念を持ち込もうとする動きが顕著であるからである。

　例えば、日本の生活保護給付に当たる「被扶養児童を有する家庭に対する扶助（AFDC）」では、扶助受給に際して、労働能力のある母親には、就労に向けての真摯な取り組みと努力をする義務を課し、それを扶助の受給要件とする契約を締結させている。つまり、日本の生存権保障の具体的事例とし

て、国家から国民に対して与えられる生活保障給付という縦の関係ではなく、国家と受給者とを対等な関係と位置づけて、扶助受給と引き替えに経済的自立に向けての就労を要求するという横の関係（「契約」関係）としてとらえ直す動きのことである。契約関係であるので、契約内容である就労に向けての真摯な努力がみられないときは、当然、債務不履行として契約の解除（扶助の支給停止）が行われる。社会保障関係の一方の当事者である国民（個人）の「自律」や自己決定権の尊重を第一の目的とし、個人の望む生き方を追求することを可能にする制度として社会保障を位置づけるならば、当事者の意思を尊重する典型である対等当事者間の法律関係である「契約関係」として、すべての社会保障給付をとらえ直すことになるのであろうか[10]。

　所得保障給付とか医療・介護・福祉サービスという実体的給付に焦点を当てた議論ではなく、「自律」支援の過程（プロセス）が重要であるとする議論の立て方は、当事者の意思を尊重して最終的には契約締結に至るまでの十分な支援を行うことが目的であるという結論になるのであろうか。当事者の意思を尊重した手続きや相談支援の充実は、もちろん大切なことであるが、それは、最終的には、生活保護制度であれば生活扶助という現金給付であったり、介護保険制度であれば介護費用の給付であったり、医療保険制度であれば、療養の給付（現物給付）であったりと、なにがしかの具体的給付にたどり着くための手段のひとつでしかない。最終的な解決策である具体的給付に結びつかなくては、その途中経過ばかりを充実してもはたして意味があるのであろうか。

　確かに、これまでの社会保障は、国民が「健康で文化的な最低限度の生活」を営めるように、実体的な給付の創設とその内容の充実に重点が置かれてきたことは事実である。生活保護制度がその典型であろう。その点で、失業者を労働市場に取り込んでくる試みや生活困窮者に対する地域での居場所づくりや地域とのつながりの回復といういわゆる「社会的包摂」（social inclusion）の考え方が希薄であったかもしれない。しかし、雇用保険法も次の就労へと結びつけるための給付としてその性格を変えてきたし、生活保護法も、第1条で、受給者の「自立の助長」を目的に掲げており、それに沿って就労自立支援プログラムを実施してきている。これまでの社会保障制度は、「社会的包摂」を無視してきたわけではなく、その要素を当然の前提としたものであったり、その程度や強弱の違いはあっても、「社会的包摂」の意味を込めて各種給付が支給されてきたといってよいのではないか。ただ、正面

からその問題を取り上げてこなかったという意味ではそうかもしれない。

　相談・助言という手続はこれまでも当然のごとく給付の前提として実施されてきた。その点で、生活困窮者自立支援法が、生活困窮者に対する相談支援事業を柱として構成されているのは、金銭、現物、サービスを含む「給付」の体系としてとらえられてきた従来の社会保障制度の系譜とは異なり、相談支援に特化した性格をもつ画期的な法律と評価することについては[11]、多少の躊躇を感じざるを得ない。相談支援については、生活保護法でも規定されているし（27条の２）、法律に規定がなくても、すべての給付はまずは「相談」から始まるのが常識であろう。それに、相談支援はあくまでも何らかの形での実体的給付に結びつけるための手続きにすぎない場合も多いのではないか。

　例えば、引きこもりの人が、相談支援事業によって地域の活動に従事するようになったとしても、そこに至るまでには、専門医やカウンセラーや民生児童委員などの人々による専門的・人的サービスが介在している。これも最終的な給付といえよう。たまには、相談しただけで心が楽になったと帰って行く人もいるかもしれないから、すべてが実体的給付に結びつくとは限らないが、そうしたケースはさほど深刻ではない場合が多いような気がする。もちろん、丁寧な受け応え、本人の意思を尊重した相談支援、本人の性格、能力、人生観、経歴、社会的背景などを考慮した総合的な相談支援体制の必要性については疑いをはさむ余地はない。

　次に、菊池氏の説では、社会保障は個人が人格的に自律した存在として主体的にみずからの望む生き方を追求していくことを可能にするための条件整備ということになるが、各個人が自ら望む生き方を可能にするための条件整備となれば、それこそわれわれをとりまいているほとんどすべての制度や仕組みが「社会保障」のなかに取り込まれてくることになりはしないか。菊池氏自身も、自説の定義からは、年金・医療・社会福祉・介護・生活保護などの従来から社会保障と考えられてきた制度以外にも、雇用、教育、住宅、交通・通信などの諸制度が社会保障の枠組みに取り込まれてくることを見越している[12]。

　確かに、従来の社会保障法が意図してきたところの、「生活保障」という厳然とした目的の設定と、そのための所得保障と医療・介護・福祉サービスの支給という２本の柱だけでは、実際の生活をみれば、その人が「健康で文化的な」人間らしい生活を送ることができるかといわれれば、確かにそれだ

けでは不十分なところがある。例えば、生活困難者に対して生活保護給付という経済的保障をすれば、衣食住を満たした最低限度の生活は営めるかもしれないが、しかし、その人が引きこもり状態であったり、地域との結びつきがなく話し相手もいないような「社会的孤立」状態であったりしたら、その人は「健康で文化的な」人間らしい生活を送っているとはいえないであろう。

　「立法論・政策論の展開場面においては、伝統的な社会保障の枠にとどまらず、先に述べた目的（個人の自律の支援）を部分的にであっても共有する雇用・教育・住宅等の関連諸制度と有機的に関連付けた包括的な議論をすることが積極的に求められる。逆に言えば、社会保障の枠組みを超えて包括的な立法論・政策論を展開するにあたっての内在的視点を、従来の社会保障法は当然にはもたなかったのである」[13] と述べているのはそういうことを想定しての意見であろう。「社会的排除」（social exclusion）や「社会的包摂」（social inclusion）という考え方が登場してきた背景には、従来の所得保障給付や生活障害保障給付だけでは満たすことのできないその人の夢や希望や人格的欲求があり、それをこれまでの社会保障法学は直視してこなかったという反省の意味が込められている。判断能力の低下した障害者・高齢者に対する自己決定支援のための成年後見制度や、社会福祉協議会が実施している地域福祉権利擁護事業（日常生活自立支援事業）、最近では、生活困窮者自立支援法による各種相談支援事業の創設は、まさに、菊池氏のいう「自律の支援」を具体化したものとして評価できることになろう。

　ただ、高齢者・障害者・生活困窮者等に対して、実際に「健康で文化的な」生活を営むために何が必要かという政策論的視点から論じていけば、従来の所得保障給付・生活障害保障給付という枠組みにとらわれない、それこそ地域のボランティア活動を含む広範なサービスや支援が必要になってくるというのであればそうであろう。しかし、そのこととは別に、社会保障法という学問分野の成立のために、その目的、意義、指導原理、法的人間像、そこから導き出される学問的守備範囲をどう考えるかという議論はやはり依然として必要になってくるであろう[14]。

　かつては社会保障法の範囲について、医療保障や住宅保障がこれに含まれるかどうかについて、活発な議論があった。例えば、健康権という新しい概念を中心に健康保障という分野を確立しようとする試みの場合には、スポーツ推奨、スポーツ・レジャー施設の拡充、運動や休息のできる公園の整備なども含まれるのかといった議論や[15]、生活を営む基盤である住宅問題に対し

て社会保障は積極的に取り組まなかったとして居住保障法という法分野を確立すべきであるという提案などがそれである[16]。あるいは、最近では、高齢者・障害者・児童に対する虐待防止法関係が社会保障法の分野に属するかどうかの議論がなされている[17]。

　しかし、今回の「『我が事・丸ごと』地域共生社会」の地域助け合い・支え合い構想について、これを社会保障法の分野に取り込むかどうかという議論は、前述の医療保障、居住保障、虐待防止法制の帰属の可否とはずいぶん性格を異にしているように思われる。社会保障制度の持続可能性からいって、行政に頼るだけの運営では行き詰まるので、これからは住民相互の互助組織が必要であると言えば、もちろんそうである。だが医療保障、居住保障、虐待防止については、それぞれに基幹となる基本的法制度が存在しているので、それと社会保障法との関連で、どこがどのように関連しているのかという議論が可能である。しかし、地域での助け合い運動は、社会保障費抑制策との関係で、これまで行ってきた公的介護・福祉サービスの一部を住民相互の互助の仕組みで代替しようという構想なので、それに関する基本となる法制度のごく一部が関連をもつことはあっても、体系的な基礎法がなく、少なくとも法的観点からは、全体をひっくるめて社会保障法の範囲に属するかどうかという議論は成り立ちにくい。

　これまでにも住民参加型のサービスについては既に実施されてきている。例えば、2017（平成29）年4月から始まった「新しい介護予防・日常生活支援総合事業」（市町村が行う地域支援事業）では、住民参加型のサービスが既に実施されている[18]。具体的にいうと、訪問型サービスBでは、住民主体の自主的な活動としてボランティアによる生活援助活動（掃除、洗濯、食事など）が、通所型サービスBでは、これまたボランティアによる体操・運動などの活動が準備され、そこにはわずかな公費補助はあるものの、個人情報の保護等の最低限の基準があるだけで、あとは住民の自治に任されている。利用者負担額はサービス提供主体または市町村が設定し、食事代などは利用者である住民の負担である。

　地域共生社会はこうした一連の地域住民参加型の政策の集大成というべきものであろう。しかし、住民主体のこうした活動は、少額の公費補助とわずかな基準（個人情報の保護等）があるだけで、大部分は住民の意思により任意に実施されるものであり、そこに権利義務関係や責任の所在といったものを見出すことは難しい。「訪問型サービスB」とか「通所型サービスB」と

いうように、国が一定のサービス類型を指定し、わずかとはいえ補助金を出し、ごく少数の守るべき基準を設定している以上、近所の人がそれこそ善意で一人暮らしの高齢者宅を時々訪問して、惣菜を分けてあげるような慈善活動とはまったく違っているという立論は成り立つかもしれない。しかし、今回の「『我が事・丸ごと』地域共生社会」構想には、後者のような制度的関与がまったくない純粋の「慈善活動」も含まれている。そうなれば、なおさら社会保障法という領域に持ち込んでくることには困難がつきまとう。

Ⅳ 「地域」という単位の意味

　また、菊池氏は、国家と国民との間にある「社会」を構成するものとして、家族、企業、地域の三つをあげている。家族と企業は、社会保障法の主体として位置づけられているのは当然である。例えば、夫婦には相互に扶助の義務があり（民法752条）、親には子に対する監護義務（民法820条）がある。また、生活保護法も親族扶養の優先原則（生保法4条2項）を掲げており、また「保護は、世帯を単位としてその要否及び程度を定めるものとする」（生保法10条）となっている。また、子どもがいれば保護費として児童養育加算が認められる。もちろん、家族は各種社会保険の保険料負担や利用した際の一部負担金を支払っている。

　また企業は、医療・年金・雇用・労災各保険においては、保険料の半分または全部を負担している。基本給以外に支払われる家族手当・住居手当・交通費支給や各種福利厚生事業、あるいは、退職金・企業年金は、労働者とその家族の生活保障に重要な役割を担っている。職場の安全確保や、定年の延長・再雇用制度は、労働者の労災補償や年金制度と密接に関連している。児童手当制度では、次世代育成という意味で、0歳から3歳未満の児童については企業がその費用の一部（15分の7）を負担している。このように家族と企業は、各種社会保険料の負担や給付を受ける際の算定基礎としての役割を果たしている。しかし、地域はどうであろうか。

　地域という概念はもともと曖昧なものであり、医療における地域は、市町村単位（一次医療圏）であったり、郡単位（二次医療圏）であったり、都道府県単位（三次医療圏）であったりする。医療介護総合確保推進法により、2015（平成27）年4月より都道府県に策定が義務付けられた「地域医療構想」は二次医療圏での策定が原則になっている。また、地域包括ケアシステ

ムは、おおむね30分以内で駆け付けることができるように中学校区を単位としており、それを「地域」と呼んでいる。ただし、その場合の「地域」は、家族や企業と違って、権利・義務を負うような主体ではないし、地域の誰かがその責任を負わなくてはならないような組織でもない[19]。菊池氏も、地域は、「個々人が善き生の探求のための能力を涵養できるようにするために必要とされるところの、多様性を備えた人的ネットワークの源泉として捉えることができるのではないかと思われる」[20]と述べているところからみると、「地域」という単位の特殊性を意識してのことであろうか。確かに、引きこもり者に対して地域との結びつきを再び取り戻させたり、生活困窮者に対して相談支援事業によってその人を就労に結びつけたり、各種給付によって生活が成り立つようにしてあげるためには、地域の協力がなくてはならないという意味では、地域の存在は重要である。だがそれは、誰が誰に対して何をしなければならないか、その根拠は何か、その責任主体は誰かというようなこれまでの社会保障の法主体や権利義務関係の考え方とはかなり様相を違えた問題である。むしろ、地域は、ある政策やあるサービスを効果的に実施するうえではどの単位で実施するのが適当であるかという範囲選択ないしは効果・効率性を考えての選択の単位にすぎないように思われる。

V　おわりに

　少子超高齢社会を迎えて、社会保障財政が逼迫しているなか、これまでのように病院依存・施設重視型の社会保障ではその持続可能性が危うくなってきている。こうした危機感のもと、医療・介護・福祉サービスについては、高齢者・障害者・生活困窮者等を地域でケアし見守っていこうとする「地域包括ケアシステム」の構築が今や日本の社会保障制度の最大の課題となっている。このシステムのもとでは、医療・介護・福祉等の専門職によるサービスとともに、掃除、洗濯、調理などの家事援助、ゴミ捨て、布団干し、見守りなどの日常生活援助は、行政サービスだけではなく住民相互の助け合い・支え合いでカバーしようとする「互助」の仕組みが組み込まれている。この部分が、厚労省が提唱している「『我が事・丸ごと』地域共生社会」構想にあたるといってよい。

　地域社会のなかに互助の仕組みができること、それが大切であることについては疑いをもつ者は誰もいない。しかし、国や地方公共団体が、どのよう

な人的・財政的援助のもとに、どの範囲のサービスを、地域住民のどういう人に、どれくらいお願いするのかについてはいまだにはっきりしていない。国や地方公共団体がどのような手立てを講じて、住民相互の助け合い組織を作ろうとしているのか、特に財政的手立てと人材の確保についての手立てがはっきりしていなければ、それでなくても民生委員他地域のボランティアのなり手がない地域社会の現状の中で、住民相互の助け合い組織ができるわけがない。

　憲法25条2項に、「国は、すべての生活部面について、社会福祉、社会保障及び公衆衛生の向上及び増進に努めなければならない」と規定されているように、互助の仕組みの枠組みの設定とそれが実際に実現できるように、人的・物的・財政的裏付けを行うことは、憲法25条2項に定める国の義務であろう[21]。それなくして、地域に丸投げするような政策では、支え合い・助け合い組織そのものの成立も危ういし、また実現できたとしてもおそらく長続きはしまい。それに、人的・財政的基盤の弱い山間部の町村と大都市とでは極端な地域格差が生じる恐れもある。

　社会保障法の学問的範疇に、地域共生社会のめざす助け合い・支え合い構想が、どのように位置づけられるかの議論についても、憲法25条2項の国の社会福祉・社会保障向上義務との関係で、国がどのような枠組みを設定し、どのようなかかわり方をするか、この問題に対して国はどのような責任の果たし方をするかというような点について、明確な政策が打ち出されるかどうかによって議論の仕方が変わってくる。国による一定の枠組みや人的・財政的措置、運営基準や実施についての国の責任が明確にされるとすれば、学問的にも社会保障ないしは社会保障法の領域に取り込んでくる可能性もあるかもしれない。しかし、それがないまま、ただ住民の意識に訴え、住民の意識改革によって、地域のボランティア活動が活発になることを期待するだけの地域共生社会構想であるならば、依然として社会保障（法）学としての範囲に取り込んでくることには抵抗感をもつ者も多いのではなかろうかと思われる。

【注】

1）2019（令和元）年11月26日の全世代型社会保障検討会議では、75歳以上の後期高齢者の医療費自己負担を現在の1割から2割に引き上げる案に賛成する意見が相次いだとある（熊本日日新聞2019年11月27日）。また、財務省は、財源対策の一つとして、これまで全額保険負担であったケアプラン策定費用（介護サービス計画費）を見直して、1割の自己負担とする案を打ち出していた。しかし、与党内からも慎重論が出たために、来年の通常国会での改正案提出は見送ることになったと報じられている（熊本日日新聞2019年11月20日）。

2）荒木誠之『社会保障法読本〔第3版〕』（有斐閣、2002年4月）249頁。

3）同上書、7頁。

4）同上書、250頁。

5）同上書、8頁。

6）「当面の改革工程」では、「『地域共生社会』とは、制度・分野ごとの『縦割り』や『支え手』『受け手』という関係を超えて、地域住民や地域の多様な主体が『我が事』として参画し、人と人、人と資源が世代や分野を超えて『丸ごと』つながることで、住民一人ひとりの暮らしと生きがい、地域をともに創っていく社会を目指すものである」と説明されている。

7）菊池馨実『社会保障再考─＜地域＞で支える』（岩波新書、2019年9月）27頁。

8）菊池馨実「社会保障法と持続可能性─社会保障制度と社会保障法理論の新局面」（社会保障法研究第8号、2018〔平成30〕年8月）122-123頁。

9）荒木誠之「第3章 労働関係における労働法理と保障法理」（『社会保障の法的構造』、有斐閣、1983〔昭和58〕年）88-89頁。

10）木下秀雄氏が、菊池氏のいう人格的自立は、近代社会におけるあるべき姿とされるが、他方で、現実の具体的人間は、そうした自律を獲得し維持するための経済的社会的前提を確保するうえで困難をかかえているという指摘をしているのは、同様な危惧ではないかと思われる。木下秀雄「『権利の体系としての社会保障』の意義」（法律時報79巻8号、2017〔平成19〕年）133頁。

11）菊池、注7）、前掲書、112頁。

12）菊池馨実「新しい社会保障法の構築に向けた一試論─社会保障法の意義をめぐって」小宮文人・島田陽一・加藤智章・菊池馨実『社会法の再構築』（旬報社、2011〔平成23〕年）238-239頁。

13）菊池馨実『社会保障法〔第2版〕』（有斐閣、2018〔平成30〕年）108頁。

14）「社会保障法が独自の体系と領域を認められるためには、そこに一貫した法の原理と、その原理の展開の場が存在しなければならない」荒木誠之『法律学全書26・社会保障法〔三訂版〕』（ミネルヴァ書房、1977〔昭和52〕年）41頁。

15）高藤昭『社会保障法の基本原理と構造』（法政大学出版局、1994〔平成6〕年）163頁以下。

16）坂本重雄「居住の権利と居住保障法」（日本社会保障法学会編『講座・社会保障法第5巻・住居保障法・公的扶助法』（法律文化社、2001〔平成13〕年）3頁以下。

17) 日本社会保障法学会第57回大会「近親者からの虐待・暴力に対する法制度の課題—各国比較をふまえて」のシンポジウムで、山田晋氏から、「虐待・暴力のどの部分を捉えて、社会保障法の問題とするのか。どのような要保障事故となるのか」という質問が出されている。『虐待・暴力に対する法制度／医療制度改革』（社会保障法第26号、2011〔平成23〕年）83頁。

18) 厚労省のホームページによると、「介護予防・日常生活支援総合事業は、市町村が中心となって、地域の実情に応じて、住民等の多様な主体が参画し、多様なサービスを充実することで、地域の支え合い体制づくりを推進し、要支援者等の方に対する効果的かつ効率的な支援等を可能にすることを目指すものです」とある。

19) 川上哲「『地方創生』と『我が事・丸ごと地域共生社会』」（賃金と社会保障 No.1686、2017〔平成29〕年7月下旬号）では、「地域」という、主体が曖昧で不明確なものを社会保障の担い手として位置づけることへの疑問や（7頁）、地域は責任主体としての実態があるのか極めて疑わしい（12頁）と述べている。

20) 菊池、注8）、前掲書、127-128頁。

21) これについて菊池氏の同上書、139頁では、「地域共生社会の構想に向けた政策的取組みが進みつつある。これらの分野も社会保障制度の一環として位置づけられる以上、憲法25条2項が、社会福祉・社会保障の向上・増進について国に課している義務との関連で、『各制度の事業主体や給付・サービスの提供主体について国が担うべき役割関して、憲法25条は何らかの規範設定を行っているのか』という問題設定がなされうる」とある。

第２章

地域包括ケアシステム、
「我が事・丸ごと」地域共生社会、
社会保障法学の学問的範囲

Ⅰ　はじめに

　総務省が、2019（令和元）年９月15日（敬老の日）に発表した人口推計によると、日本では65歳以上の高齢者は、前年より32万人多い3588万人、総人口に占める割合は28.4％といずれも過去最高を記録したことが報道された（熊本日日新聞2019年９月16日）。世界的にみても、２位のイタリア（23.0％）、３位のポルトガル（22.4％）を大きく引き離し、突出して高齢化が進んでいることがわかる。他方、少子化の方はとどまるところを知らず、2018（平成30）年の合計特殊出生率は1.42となり、３年連続で減少を続けている。出生数は、統計開始以来最少の91万8397人で、こちらも３年連続で100万人を割り込んでいる（熊本日日新聞2019年６月８日）。

　当然、社会保障費は、毎年、過去最高を更新し続け、2017（平成29）年度総額では、前年度比で１兆8353億円増の120兆2443億円に達したことが報告されている。2019（令和元）年９月３日には、政府税制調査会の答申の骨子の内容が明らかにされた。それによると、社会保障制度は少子高齢化で深刻な課題に直面しており、制度を維持するためには、「十分かつ安定的な税収基盤の確保が不可欠」だと指摘し、2019（令和元）年10月からの消費税率引き上げ後も何らかの増税策が必要との考えを示している（熊本日日新聞2019年９月４日）。

　こうした状況を受けて、厚生労働省も新たな負担増、給付削減策を打ち出してきている。例えば、介護保険分野では介護サービス計画（ケアプラン）の作成費用は、現在自己負担なしであるが、これを１割の自己負担とするとか、要介護１、２の軽度の要介護者の生活援助や訪問介護・通所介護を介護保険給付から除外して自己負担とするとか、医療の分野では75歳以上の後期

高齢者の医療費一部負担を現在の1割から2割に引き上げる（全世代型社会保障検討会議、熊本日日新聞2019年9月21日）、軽症者向けの湿布やビタミン剤、あるいは花粉症治療薬等を医療保険の対象外とする等の対策案がそれである。

　こうした負担増・給付減とは違った観点から、社会保障財源対策に取り組もうとする試みがみられる。すなわち、「病院・施設完結型から地域完結型へ」という言葉にも表されているように、費用のかかる病院や施設での利用はできる限り最小限にして、これからは、高齢者・障害者等を地域のなかでケアしていこうとする考え方である。それを実現する仕組みが地域包括ケアシステムであり、最近の医療・介護・福祉政策は、ほとんどすべてがこのシステムの構築とそこへの収斂という方向で動いてきている。

　負担増・給付減対策との違いは、「地域生活支援」は、高齢者・障害者等がもつ「できる限り住み慣れた地域で暮らしたい」という希望をかなえるという側面（自己決定権の尊重）をもっていることである。財源対策としての地域包括ケアシステムと高齢者・障害者の自己決定権の尊重としてのそれと、どちらが前面に出てくるのかで、このシステムは評価が大きく分かれることになる。

　次に、地域包括ケアシステムの一部を担うと思われる「『我が事・丸ごと』地域共生社会」実現のための方策である。これは、公助・共助としての法制度にすべてを頼るのではなく、住民相互の助け合い・支え合いの精神でもって、地域の高齢者・障害者・生活困窮者等を世話していこうとする「互助」の政策である。この政策には、どの範囲をどういう形で住民の互助に委ねることになるのか等、実現に向けての課題は多い。さらに、こうした互助の考え方は従来の社会保障法学が射程としてきた学問的範囲とはかなり違っている。

　そこで、本稿では最近の医療・介護・福祉政策の中心的課題である地域包括システム、およびそれを補完する仕組みとしての「『我が事・丸ごと』地域共生社会」について、簡単な内容紹介とその問題点・課題を提示することにしたい。最後に、地域での支え合い・助け合いの仕組み等の構築が、従来の社会保障法学の学問対象としてどのように位置づけられるのかについて論じてみたいと考える。

Ⅱ 地域包括ケアシステム、「我が事・丸ごと」地域共生社会

1 地域包括ケアシステム

　「病院・施設から地域へ」という発想は、かなり以前から言われてきたことである。当時、病院も福祉施設も、一部屋4人から6人の雑居制の部屋であり、簡単なカーテンで仕切られているといった状態で、とても良い生活環境とはいえなかった頃に、やはり自宅での生活の方が望ましいという意味を込めて使われていたのかもしれない。しかし最近では、これとは違う要素（すなわち財源対策）が加わっていることが特徴である。

　地域包括システム（もしくは地域包括ケア体制）という用語が使われ始めたのは、2005（平成17）年の介護保険法改正の時であったろうか。介護保険制度がスタートした2000（平成12）年を除いて、介護保険財政は年々悪化していき、それを受けて、2005（平成17）年改正では、次のような改革が行われた。①予防重視型システムへの転換と新予防給付の創設、②市町村が運営する健康維持事業たる地域支援事業の創設、③地域密着型サービスの創設、④地域包括ケア体制の整備とその中心的役割を果たすものとしての地域包括支援センターの創設等である。

　2005（平成17）年改正時では、まだ具体的なイメージとしては描かれていないが、「地域包括ケア体制」という用語が使用され、地域で高齢者を支えるための地域包括ケア体制を構築することと、高齢者の健康維持・介護予防の実施責任も含めて、その構築の責任を市町村に負わせるという一定の方向性が示されることになった。2011（平成23）年改正では、「介護サービスの基盤強化のための介護保険法等の一部を改正する法律」の名称が示すように、この法律の第一の目的が、「高齢者が住み慣れた地域で自立した生活を営めるよう、医療、介護、予防、住まい、生活支援サービスが切れ目なく提供される『地域包括ケアシステム』の構築に向けた取組を進める」ことにあると明言している[1]。これを受けて、介護保険法に新たに次の条文が加えられることになった。

　「国及び地方公共団体は、被保険者が、可能な限り、住み慣れた地域でその有する能力に応じ自立した日常生活を営むことができるよう、…保健医療サービス及び福祉サービスに関する施策、要介護状態等となることの予防又は要介護状態等の軽減若しくは悪化の防止のための施策並びに地域における自立した日常生活の支援のための施策を、医療及び居住に関する施策との有

機的な連携を図りつつ包括的に推進するよう努めなければならない」（介護保険法5条3項）。

　その他、24時間対応の定期巡回・随時対応サービスの創設、小規模多機能型居宅介護と訪問看護など、複数の居宅サービスや地域密着型サービスを組み合わせて提供する複合型事業所の創設（複合型サービス）、市町村の判断による要支援者・介護予防事業対象者向けの介護予防・日常生活支援総合事業の導入などがこの改正によって実施されている。

　2014（平成26）年の介護保険法改正は、「地域における医療及び介護の総合的な確保を推進するための関係法律の整備等に関する法律」（医療介護総合確保推進法）の制定によってもたらされた。この時の改正では、地域包括ケアシステムの構築とともに、以下のような措置がとられた。

　①これまで介護保険の中で全国一律に行ってきた要支援者に対する予防給付のうち、訪問介護と通所介護を市町村が取り組む地域支援事業に移行させ、地域の実情に応じた住民主体の取組ができるように見直す「新しい介護予防・日常生活支援総合事業」の新設、②特別養護老人ホームの入所については、原則として要介護3以上の中度・重度の高齢者に限定する、③一定所得以上の高齢者の利用者負担を1割から2割に引き上げる、④機能回復訓練に偏っていた従来の介護予防策を改善し、生きがいや社会的活動も含めた予防策を考えていく。こうすることによって、高齢者をサービスの受け手の側から担い手側に回ってもらう。

　④の政策は、この後の「『我が事・丸ごと』地域共生社会」構想へとつながっていくことになる。このうち、地域包括ケアシステムの構築については、団塊の世代が75歳以上となる2025（令和7）年を目途に、重度な要介護状態になっても住み慣れた地域で自分らしい暮らしを人生の最期まで続けることができるよう、医療・介護・予防・住まい・生活支援が一体となって提供される地域包括ケアシステムの構築を実現することが法改正の目的とされている。地域包括ケアシステムは、おおむね30分以内に必要なサービスが提供される日常生活圏域（具体的には中学校区）を単位として想定されており、市町村や都道府県が地域の自主性や主体性に基づき、地域の特性に応じてつくりあげていくものとされている。

　その後、地域包括ケアシステムの名称を冠する改正法が2017（平成29）年5月に制定され、2018（平成30）年4月（一部は8月1日施行）から実施された。「地域包括ケアシステムの強化のための介護保険法等の一部を改正す

る法律」は、地域包括ケアシステムの深化・推進のための対策と地域共生社会の実現に向けた取り組みの推進の二つがメインとなっている。主な内容は次のとおりである。

①自立支援・重度化防止に向けて市町村の保険者機能を強化する。具体的には、地域包括支援センターの機能強化の一環として市町村による評価を義務づける。頑張った市町村が報われるように財政的インセンティブを付与する規定を整備する（例えば、地方創生推進交付金の支給等）。

②慢性期の医療・介護ニーズに対応するため、日常的な医学管理が必要な重度介護者を受け入れ、看取り・ターミナルケア等の機能と、「生活施設」としての機能を兼ね備えた新たな介護保険施設（介護医療院）を創設する。

③市町村を中心として、行政と地域住民との協働による包括的支援体制（地域共生社会）をつくり、あわせて福祉分野の共通事項を記載した地域福祉計画策定を努力義務化し、上位計画として位置づける。

④高齢者と障害者が同一の事業所でサービスを受けやすくするため、新たに共生型サービスを設ける。

⑤特に所得の高い高齢者には、自己負担を2割から3割に引き上げる。

　このうち、③に関係して、「我が事・丸ごと」の地域福祉推進の理念が明記されることになったが、そのことについては、次の項目で論じることにする。

2 「我が事・丸ごと」地域共生社会

　「共生」という用語は、それまでは、自然との共生とか、高齢者・障害者・生活困窮者・外国人、LGBT等との共生社会というように、お互いに多様性（ダイバーシティ）を認め合って、他者との共存を図るという意味で使われることが多かった。これが、現在のように「地域の助け合い・支え合い」の意味を込めて使われ始めたのは、時系列的にみると、厚生労働省内に設けられた「新たな福祉サービスのシステム等のあり方検討プロジェクトチーム」が、2015（平成27）年9月17日に出した「誰もが支え合う地域の構築に向けた福祉サービスの実現―新たな時代に対応した福祉の提供ビジョン」の時からだっただろうか。そこでは、地域包括支援体制の構築について、「これを進めるにあたっては、個々人のもつニーズのすべてを行政が満たすという発

想に立つのではなく、住民を含む多様な主体の参加に基づく『支え合い』を醸成していくことが重要である。地域のことを自ら守るために行動し、助け合いを強めていく住民・関係者と、包括的なシステムの構築に創造的に取り組む行政とが協働することによって、誰もが支え、支えられるという共生型の地域社会を再生・創造していく」という表現で地域共生社会のことが語られている。

　その後、2016（平成28）年6月2日に閣議決定された「ニッポン一億総活躍プラン」も同様である。同プランでは、「介護離職ゼロに向けた取組の方向」の項目のなかに「地域共生社会の実現」という見出しがある。介護離職ゼロと地域共生社会実現との関係は今一つ理解しがたいところがあるが、そこには、「子供・高齢者・障害者など全ての人々が地域、暮らし、生きがいを共に創り、高め合うことのできる地域共生社会を実現する。このため、支え手側と受け手側に分かれるのではなく、地域のあらゆる住民が役割を持ち、支え合いながら、自分らしく活躍できる地域コミュニティを育成し、福祉などの地域の公的サービスと協働して助け合いながら暮らすことのできる仕組みを構築する。また、寄附文化を醸成し、NPOとの連携や民間資金の活用を図る」と記されている[2]。

　また地域共生社会は、当初から地方創生や地域づくりとしての色彩も色濃く持ってきたことも特徴的である。「まち・ひと・しごと地方創生基本方針2017」（平成29年6月9日閣議決定）でも、重要項目の一つとして掲げられ、「民間の活力を活用するため、保健福祉の分野で、社会保障の枠を超えた地域づくりに参画できる環境を整備する」との記載がある。ここでは、地域共生社会はもはや社会保障の範疇を超えた「地域づくり」の問題であることが明確にされている[3]。社会福祉法人、NPO、企業等に介護・福祉のサービスを担わせるという意味での民間活力の活用は、従来から普通に行ってきたことであり、また、これは当然のごとく社会保障の射程範囲ということで取り扱ってきた。「社会保障の枠を超えた」という意味はどのように使われているのか、基本方針を見る限りではさだかではない。

　地域共生社会の実現は、厚生労働省内に「『我が事・丸ごと』地域共生社会実現本部」が設置されることになり、一層のスピード感と具体性を持って推進されることになった。同本部は、2017（平成29）年2月7日に、「地域共生社会の実現に向けて（当面の改革工程）」をとりまとめており、そのなかで、「我が事・丸ごと」の意味を説明している。

　まず、地域共生社会の実現が求められる背景として、「かつて我が国では、地域の相互扶助や家族同士の助け合いにより、人々の暮らしが支えられてきた」というフレーズで始まり、次の二点をあげている。①複数分野の生活課題を抱え、複合的な支援を必要とするといったケース（例えば、介護と育児を同時に抱えたダブルケア世帯）がみられるので「縦割り」の限界を克服する必要性、②「つながり」の再構築の必要性。制度が対象としない身近な生活問題（電球取り替え、ゴミ出し、買い物等）や社会的孤立、あるいは、制度の狭間にある問題は、かつては、地域や家族のつながりの中で対応されてきたので、このようなつながりのある地域を再構築する。次に、「地域共生社会とは、制度・分野ごとの『縦割り』や支え手・受け手という関係を超えて、地域住民や地域の多様な主体が『我が事』として参画し、人と人、人と資源が世代や分野を超えて『丸ごと』つながることで、住民一人ひとりの暮らしと生きがい、地域を共に創っていく社会を目指すものである」と地域共生社会の目標が示されている。

　さらに詳しく見ていくと、「我が事」とはつながりの再構築との関係で語られているようである。「このようなつながりのある地域をつくる取組は、自分の地域をより良くしたいという地域住民の主体性に基づいて、『他人事』ではなく『我が事』として行われてこそ、参加する人の暮らしの豊かさを高めることができ、持続していく」。つまり、住民が地域の課題を自分のこととして自覚し、それに主体的・自主的に取り組んでいく姿勢のことを「我が事」と呼んでいるようである。

　他方、「丸ごと」のほうは、直接にその用語の説明はないが、「縦割り」の限界のところで、「地域における多様なニーズに的確に対応してくためには、公的支援が、個人の抱える様々な課題に包括的に対応していくこと、また、地域の実情に応じて、高齢・障害といった分野をまたがって総合的に支援を提供しやすくすることが必要となって…」おり、「公的支援のあり方を『縦割り』から『丸ごと』へと転換する改革が必要」と述べていることや、「人と人、人と資源が世代や分野を超えて『丸ごと』つながること」という表現からみて、「丸ごと」とは、縦割り行政を超えて全体を包括的・総合的にとらえるような公的支援に変えていくこと、および、住民、各種団体・組織、福祉事業者、行政等が協働して地域の生活課題にかかわるようなネットワーク構築の必要性を意味しているように思われる。

　具体的には、地域住民が抱える課題について、分野を超えて「丸ごと」相

談を受けとめる包括的相談支援体制の構築や、行政機関、社会福祉協議会、社会福祉法人、NPO 法人、各種住民組織などが相互に連携しながら、福祉分野だけでなく、保健・医療、権利擁護、雇用・就労、産業、教育、住まいなど多様・複合的な問題について解決を図る仕組みの創設である。ここでも、「地域において、社会保障などの分野を超えて、人と資源がつながる」とか、あちこちに「地域づくり」という言葉が登場しているところをみると、「我が事」・「丸ごと」政策は「地域づくり」方策であることが理解できよう。

3　地域包括ケアシステム、「我が事・丸ごと」地域共生社会の問題点とその課題

　地域包括ケアシステム、「我が事・丸ごと」地域共生社会ともにいくつかの問題点・課題が指摘されているので、以下にそのいくつかを列挙しておきたい。

　①第一に人材の確保ができるかということである。地域包括ケアシステムの運用にあたっては、医療・介護の専門職の存在が不可欠であるが、その専門職の確保が難しい。まず、在宅医療に従事する医師を確保しようと、在宅診療報酬を優遇してはいるものの、なかなか積極的に在宅医療に従事しようとする医師は少ない。特に若い医師はそうである。地域包括ケアシステムの要といわれる地域包括支援センターは、年々増え続ける業務に対して、職員の配置は従来のまま最低限の人数でやっているので、日々の雑多な業務に追われ、過重労働状態が続いている。保健師・主任介護支援専門員（ケアマネージャー）・社会福祉士の必置要件を満たしているセンターは少なく、例外的措置でまかなっているところが多い。また、過重労働の割には賃金が安く、募集をかけても応募すらないという悲惨な声をあちこちで聞く。さらに、賃金の低さに加えて、非正規職員などの不安定な身分の職員も多く、不安定要素が重なってますます人材が集まらないという悪循環が続いている[4)]。「我が事・丸ごと」地域共生社会の目指す支え合い・助け合いも、ボランティアをはじめとして、地域に人材がいない点では悩みは同じである。ましてや、山間部においては、人手不足は一層深刻になっている。

　②第二に、サービスの質の低下と地域間格差の問題である。例えば、要支援者に対する訪問介護と通所介護は、2017（平成29）年４月までに、介護保険から外れて市町村が行う地域支援事業（新しい総合事業「新しい介護予防・日常生活支援総合事業」）に移行されたが、同時に人員配置基準や従事

者の資格要件が大幅に緩和されている。例えば、訪問介護のうち生活援助部分については一定の研修を受ければヘルパーの資格がなくても従事できるようになったことや、通所介護では、従来の人員配置基準では、管理者、生活指導員、看護職員、機能訓練指導員の配置が義務付けられていたが、新たな通所型サービスＡでは、管理者以外の資格要件をはずしてしまって、誰か専従の「従事者」がいればよいという基準になっている。これでは従来と同じ水準のサービスの質を期待することは難しい。また、市町村に移行された地域支援事業では、地域の実情に応じて、サービスの内容、人員配置、資格、利用料、報酬単価等について市町村の裁量で決定できることになった。「地域の実情に応じて」というのは、結局、財源の豊かな市町村とそうでない市町村とでは、サービス内容、利用料等に格差が生まれるということを意味する[5]。「地域の実情に応じて」、財政難の市町村では質の低いサービスが提供されることがあってはならない。また、市町村格差は、程度の問題はあろうが、ある一定限度を超えたような格差は介護保険法の趣旨に反することになろう[6]。

　③第三に、公的責任の後退や公的責任があいまいになることへの懸念である。地域包括ケアシステムの一部には、制度の対象とはならない日常生活支援（見守り、話し相手、買い物代行、ゴミ出し、書類書きなど）や健康づくり活動など住民が主体的に取り組む事業が組み込まれている。この部分と「我が事・丸ごと」地域共生社会の目指す「支え合い・助け合い」の活動は、これにどの程度頼れるかの議論は別として、介護保険法・障害者総合支援法のなかにボランティアなどのインフォーマルなサービスを組み合わせて行うことになったので、国や地方公共団体の責任があいまいになるのではないかという指摘があちこちで出されている[7]。またこの分野には、公的資金がどれだけ、どんな形で導入されるかという財源的裏付けが明記されていないので、地域や住民への責任の転嫁、地域への課題の「丸投げ」ではないかという批判もかなり多い[8]。確かに、「地域共生社会の実現に向けて（当面の改革工程）」には、支え合い・助け合いの地域づくりによって、「市町村や公的支援の役割が縮小するものではない」と書かれているが、続けて、「福祉事業者には、地域社会の一員として、地域住民とともに、地域づくりに積極的に取り組む責務がある。市町村は、地域の自発性や主体性を損なわないように配慮しながら、地域づくりの取組が持続するよう支援する役割がある」と述べられている。住民や福祉事業者には地域共生社会構築の「責務」があり、

市町村はそれを支援する「役割」をもつという表現では、市町村には「責務」はないのかと受け取られかねない。やはり、財源的な裏づけと人材の育成・確保は、国や地方公共団体が責任をもって実施し、その上で住民の協力を求めるというのが本来の姿であろう。

Ⅲ　社会保障法学の学問的範囲

　社会保障という制度を、ごく大雑把にとらえて、人が生きていく上で、あるいは、生活していく上で抱え込むであろう様々な生きにくさや生活困難を対象とし、そうした人たちを支援・救済していくための制度だと考えた場合は、おそらく我々を取り巻くほぼすべてといってよいほどの仕組みや制度がこれに含まれることになろう。しかし、「社会保障」あるいは「社会保障法」という学問分野が成立するかどうかはまた別の問題である。「社会保障法が独自の体系と領域を認められるためには、そこに一貫した法の原理と、その原理の展開の場が存在しなければならない」[9]からである。「展開の場」とは、その学問が取り扱う範囲や射程距離のことを表している。

　ところで、荒木誠之氏は、社会保障法を定義して「社会保障とは、国が、生存権の主体である国民に対して、その生活を保障することを直接の目的として、社会的給付を行う法関係である」[10]と述べている。ここでは、「国（地方公共団体を含む）と国民との間で成立する社会的給付の法関係」という用語でもって、個人や企業・各種団体が行う寄附・社会貢献的活動、あるいは家族法上の親族扶養や相続といった事項が社会保障法の範囲から除かれていることになる。また「生活保障を直接の目的」とするとあるので、国民の生活維持・向上に重要な役割を担っている労働法や経済法、あるいは、住宅、義務教育、災害救助法などといった法制度は属さないことになる。なぜなら、それらは間接的に、もしくは他の手段（例えば労働法であれば団結権とか最低賃金法とか）によって生活保障がなされていると考えられるからである[11]。別の言い方をすれば、「社会保障法は、生存権の原理が無媒介的に支配する法」[12]であるともいえよう。

　これに対して、社会保障法学の範囲をより広くとらえようとする見解がある。社会保障法の範囲をどこまでとするかという問題は、社会保障法の目的、法体系、法主体をどうみるかという問題と密接なかかわりを持っているので、その研究者が社会保障を、誰が誰に対して、何の目的で、どの範囲で、どの

　ようなサービスを提供するのかという全体像を理解した上でないと明確にならない。この点、菊池馨実氏は、社会保障法の基礎を憲法13条（自由及び幸福追求権）におき、社会保障の目的を、「個人の自律の支援」、すなわち、「個人が人格的に自律した存在として主体的に自らの生き方を追求していくことを可能にするための条件整備」[13] であると説く。この定義は、従来の社会保障法学では、個人が給付を一方的に受ける受動的立場におかれていたことへの疑問から、積極的に自らの生を追求する自律的・能動的存在として位置づけようとした点では評価できるが、反面、社会保障法が取り扱う範囲が多種多様、広範囲に及ぶことになり、その領域や境界線があいまいになってしまったことは否めない。なぜなら、個人の「自律の支援」となれば、それこそ、雇用、教育、住宅、産業、建築、環境、交通、通信、男女共同参画などなど、国民生活を取り巻くほぼすべての施策が社会保障法の中に取り込まれてくるからである。

　また、「自律の支援」という用語からは、「自由」を基底におく概念の宿命であるかもしれないが、例えば各種相談事業とか雇用保障とか成年後見制度とかの意思決定支援手段やその支援方法といった事業が真っ先に想起されやすい。年金、生活保護などの所得保障給付の水準論やその充実論などは直接的には導き出されにくいのではないか。この点で、荒木誠之氏の憲法25条に基礎をおく「生活保障」という語句からは、まず、生活維持のための第一条件である年金、生活保護、失業手当などの所得保障給付とその給付水準が思い浮かぶし、これからも生存権保障に値するような給付水準の向上・充実に向けての国の責務が問われるという筋書きの方が理解しやすいのではないか。

　このことを意識して、菊池氏は、「政策論の展開場面において従来の社会保障の枠組みに限定されない包括的な視角が求められることと、社会保障法という実定法分野の範囲や体系をどう画するかの議論は、必ずしも同一平面上にはない」[14] と述べて、政策論としての社会保障と学問的な社会保障法とを分けて考えるとしている。それでも、やはり、社会保障法の定義のなかでも範囲を確定させる必要性を感じて、後に「社会保障法とは、憲法25条を直接的な根拠とし、国民等による主体的な生の追求を可能にするための前提条件の整備を目的として行われる給付やその前提となる負担等を規律する法である」と新たな定義を行っている。憲法25条を根拠とすることによって、他の諸々の法制度（上記の雇用とか教育とか）と社会保障法との境界が画せることになるというのがその理由である[15]。憲法25条を根拠にしたとしても、

　住宅や環境問題等を社会保障法の範疇に組み入れる議論もあるので、範囲を画するための更なる説明が必要であろう。

　さて、今回のテーマである地域包括ケアシステム、および「我が事・丸ごと」地域共生社会は、これからの社会保障制度を維持していく上では重要な事項であるので、政策論としては社会保障の範囲に含まれるということになるのか、あるいは政策論としても一定の範囲は画すべきだから社会保障の範囲外というべきか、ましてや、学問的な社会保障法学からみた場合はどのような位置づけになるのであろうか。社会保障を、自らの望む生き方を支援するための条件整備と考えるならば、おそらく地域包括ケアシステムや「我が事・丸ごと」地域共生社会の構想に含まれるすべてのサービスや施策、住民相互の活動がそのまま社会保障の守備範囲に含まれることになろう。例えば、健康でなくてはなかなか自分の望む生き方をまっとうすることはできないだろうから、健康づくりのための高齢者サロンや体操教室などはもちろんのこと[16]、不自由を感じさせないという意味では買い物・ゴミ捨て・見守り等の手伝いをしてくれるボランティア活動等も社会保障の射程に入っていくことになるのではないか。

　学問上の社会保障法と政策論としての社会保障とに分けて、健康づくり活動やボランティア活動は後者に属すると解釈したとしても、「我が事・丸ごと」地域共生社会が目指している地域住民による支え合い・助け合いを基調とする「地域づくり」まで、その範疇に含めてしまうことには抵抗を感じざるを得ない。「我が事・丸ごと」地域共生社会実現本部「地域共生社会の実現に向けて（当面の改革工程）」にも、「社会保障などの分野の枠を超えて地域全体が連帯し、…」や、「地域において、社会保障などの分野を超えて、人と資源がつながることで、…」とあるように、やはり「我が事・丸ごと」地域共生社会構想は社会保障の枠外のものを含んでいるという理解で構成されている仕組みとみることができる。

　その点、地域包括ケアシステムに関しては、総合相談窓口の創設、在宅医療の充実、在宅サービスの拡充、保健・医療・福祉の連携や地域包括支援センターの役割強化、社会福祉法人・NPOの地域活動といった事項は、社会保障の射程範囲に含まれることになる。それ以外の、老人クラブ、自治会・町内会、ボランティア等による助け合いの部分は、地域共生社会と同じく社会保障という概念にはなじみにくいところがある[17]。荒木氏の定義によれば、私人や任意団体が、善意で、あるいは慈善的にサービス等を行うことがあっ

ても、それは国と国民との法関係ではないし、その実施者に法的義務がある
わけではないし、受給者側にもサービスを受ける権利があるわけではないの
で、現実の機能としては社会保障と似たところがあり、相互の関連性もある
が、社会保障法の領域には属しないということになろう[18]。

　もう一つの疑問は、社会保障という場合には、傷病、障害、老齢、失業、
要介護といった生活をおびやかす保険事故ないし要保障事由があって、それ
に対して、国や地方公共団体がどう対処していくかという視点で論じられて
きた。地域での支え合い・助け合いといった事柄は「地域づくり」の一環で
あり、そこには要保障事由という概念がもともと含まれていない部分があ
る[19]。これも、地域共生社会を社会保障の中に取り込んでくることの違和感
の一つである。

　今日、住民が抱える生活困難の要因は一つだけではなく、複数あって、し
かもそれらが複雑に絡み合っている場合が多い。だとすれば、これまでのよ
うに単一の制度や一つのサービス提供だけで解決できるものではなくなって
きていることも事実であろう。しかし、だからといって、その人に必要なす
べてのサービスをそのままそれこそ丸ごと社会保障分野として取り扱うこと
は、かえって社会保障の拡散や希薄化を招くのではないかと危惧される。学
問的にはもちろんであるが、やはり社会保障には一定の分野と指導原理があ
り、その範囲を確定させた上で、給付内容をどのようにその時代に合ったも
のに変えていくか、どう充実させていくか、それを執行する国と地方公共団
体の責任はどういうものかといった議論を展開させていくことが社会保障の
発展に寄与するのではないかと思われる。その上で、必要とされる諸分野は
「関連領域」して位置づけ、それとの連携をどう図るかという議論になって
いくのではないか[20]。

Ⅳ　おわりに

　急速に進む少子高齢化とそれによる社会保障費の増大、これをどのように
乗り越え、安定した社会保障制度を構築していくか、持続可能性はいまやわ
が国の社会保障の最大の課題である。今年（2019〔令和元〕年）の10月から
消費税が8％から10％に引き上げられるが、これだけでは社会保障財源とし
ては十分ではないことは誰しも知るところである。そこで、負担増と給付削
減という財源面での対応策と同時に、なるべく病気や要介護状態にならない

ようにするための予防重視型政策、お金のかかる入院や施設入所ではなく、在宅でのケアに切り替える地域包括ケアシステムの構築、そのうちの日常生活支援および健康づくり等については地域住民同士の助け合いによって解決を図ろうとする「我が事・丸ごと」地域共生社会構想と、ここ数年で次々と新しい対策が打ち出されてきた。縦割り行政の弊害を除去して、高齢者・障害者・児童などを横断する総合相談窓口などの設置についての提案は賛同できる。しかし、次第に社会保障の役割と範囲がわかりにくいものになってきていることは否めない。負担増や給付削減は良いか悪いかは別にして、まさに社会保障法学が取り上げるべき課題であることは誰でも理解できる。しかし、地域包括ケアシステムの一部であり、地域のボランティア等によって運営される「介護予防・日常生活支援総合事業」、さらに進んで、「我が事・丸ごと」地域共生社会構想になると、これは「支え合い・助け合いのための地域づくり」構想であり、多分に啓発的・スローガン的な要素が濃く、これ自体を社会保障法学が扱うべき分野であるかどうかはかなり怪しくなってくる。「地域づくり」は、工業・商業・農業振興、教育、文化、災害対策、国際化なども含む生活全般に関わる広大な概念であり、それを対象にするのならば、どこまでが社会保障の分野といえるのか、その境界もあいまいだし、また、なによりも社会保障の拡散化・希薄化は計り知れないものとなろう。

　住民主体の助け合い・支え合い、そのこと自体に対しては、反対する者はいない。問題は、国や地方公共団体はこれに対してどのようにかかわりをもつのかということである。「自助・互助」がこれからは重要になってくることはわかるとしても、「自助・互助」にあまりにも頼るような地域包括ケアシステムでは、長続きしないことは誰の目にも明らかであろう。民間活力の活用は避けられないであろうし、これからもその流れは続いていくと予想される。問題は、公的責任があいまいにならないような形で、民間企業、各種団体、住民にどのような範囲で、どのような活動を認めていくかということであろう。社会保障として国や地方公共団体が責任をもって行うべき事柄とその範囲を明確にしたうえで、民間や住民にどこまでお願いするかの話である[21]。国・地方公共団体の責任と、それを基礎に置く社会保障法という学問分野を今一度明瞭に示して、そのうえで制度の持続可能性に向けて社会保障法学としてどのような貢献ができるのか、それを考えていくのが我々の課題ではないかと思われる。

【注】

1）このほか、地域包括ケアシステムという文言を取り入れている法律として以下のものがある。「持続可能な社会保障制度の確立を図るための改革の推進に関する法律」（社会保障制度改革プログラム法、2013〔平成25〕年12月13日法112号）。
　4条4項「政府は、医療従事者、医療施設等の確保及び有効活用を図り、効率的かつ質の高い医療供給体制を構築するとともに、今後の高齢化の進展に対応して地域包括ケアシステムを構築することを通じ、地域で必要な医療を確保するため、次に掲げる事項及び診療報酬に係る適切な対応の在り方その他の必要な事項について検討を加え、その結果に基づいて必要な措置を講ずるものとする」。
　「地域における医療及び介護の総合的な確保の促進に関する法律」（医療介護総合確保推進法、2014〔平成26〕年6月25日法83号）
　1条（目的）「この法律は、国民の健康の保持及び福祉の増進に係る多様なサービスへの需要が増大していることに鑑み、地域における創意工夫を生かしつつ、地域において効率的かつ質の高い医療提供体制を構築するとともに地域包括ケアシステムを構築することを通じ、地域における医療及び介護の総合的な確保を推進する措置を講じ、もって高齢者をはじめとする国民の健康の保持及び福祉の増進を図り、あわせて国民が生きがいを持ち健康で安らかな生活を営むことができる地域社会の形成に資することを目的とする」。
　2条1項「この法律において『地域包括ケアシステム』とは、地域の実情に応じて、高齢者が、可能な限り、住み慣れた地域でその有する能力に応じ自立した日常生活を営むことができるよう、医療、介護、介護予防（要介護状態若しくは要支援状態となることの予防又は要介護状態若しくは要支援状態の軽減若しくは悪化の防止をいう）、住まい及び自立した日常生活の支援が包括的に確保される体制をいう」。

2）同日に閣議決定された経済財政諮問会議「経済財政運営と改革の基本方針2016」（いわゆる「骨太の方針」）でも、地域共生社会の実現が謳われている。文章は、ニッポン一億総活躍プランとほぼ同様である。「骨太方針2017」（平成29年6月9日）では、「共助社会・共生社会づくりに向けた取組」となっており、民間資金の活用、寄附文化の醸成、民間の人材や資金の呼び込みに続けて、「全ての人々が地域、暮らし、生きがいを共に創り高め合う地域共生社会を実現する。市町村における地域住民と行政等との協働による包括的な支援体制の整備を促進するとともに、介護保険制度と障害福祉両制度に新たに位置付けられた共生型サービスを推進する」とあり、地域共生社会の実現は市町村を単位として行うこと、共生型サービスを設けるなど、内容がより具体化されている。

3）「新たな時代に対応した福祉の提供ビジョン」（平成27年9月17日）でも、「共生型社会の構築は…集まった人たちが地域の問題解決を皆で検討し、地域コミュニティの活性化にもつなげていく、すなわち、だれもが何らかの役割を担い、人と人とが支え合うまちづくりへの取組である」とか、別の箇所では、「新しい地域包括支援体制を構築していく…こうした取組は、個人のニーズに合わせて地域を変えていくという地域づくりに他ならない」と書かれている。

4 ）新田秀樹「地域のお年寄りを支えるのは誰―地域包括ケアシステムの構築」増田幸弘・三輪まどか・根岸忠編著『変わる社会福祉の論点〔第 2 版〕』（信山社、2019〔令和元〕年 9 月）17-18頁。

5 ）福島豪「高齢者・障害者の地域生活支援」（法律時報89巻 3 号、2017〔平成29〕年 3 月）では、地域支援事業への移行ということは「…その意味で、地域ごとの独自性、言い換えれば、地域差が許容されることになるので、サービス供給体制を確保する市町村の役割が一層重要になる」（ 9 頁）とある。

6 ）石橋敏郎『社会保障法における自立支援と地方分権―生活保護と介護保険における制度変容の検証』（法律文化社、2016〔平成28〕年 2 月）254頁。

7 ）「近年の医療・介護制度改革にみられる予防活動は、個人に対してより積極的に健康づくりや介護予防を促すものになっている。…このことは、地域住民の生活に対する責任から国家が手を引きはじめ、健康づくりや予防活動の責任主体の管理監督という役目に自らを限定しつつあるようにもみえる」原田啓一郎「健康づくり・介護予防と社会保障―予防重視型システムのあり方を考える」増田幸弘・三輪まどか・根岸忠編著『変わる社会福祉の論点〔第 2 版〕』（信山社、2019〔令和元〕年 9 月）218頁。

8 ）川上哲「『地方創生』と『我が事・丸ごと地域共生社会』」（賃金と社会保障 No.1686、2017〔平成29〕年月下旬号） 7 頁。芝田英昭「『我が事・丸ごと』がうたう『地域共生社会』に潜む社会保障解体のゆくえ」（賃金と社会保障 No.1680、2017〔平成29〕年 4 月下旬号）41頁では、地域共生社会の実態は、「国や自治体の責任を曖昧にし、地域住民に地域課題解決の責任を丸ごと丸投げする方向性ともうけとることができる」とある。この点を指摘する文献は多い。福地潮人「官製地域福祉の落とし穴―我が事・丸ごと地域共生社会の構想と緊縮財政」（賃金と社会保障 No.1693、2017〔平成29〕年 1 月上旬号） 8 頁、山下幸子「我が事・丸ごと地域共生社会実現への方向性と障害福祉施策」（賃金と社会保障 No.1677、2017〔平成29〕年 3 月上旬号）16-17頁。

9 ）荒木誠之『法律学全書26・社会保障法〔三訂版〕』（ミネルヴァ書房、1977〔昭和52〕年 3 月）41頁。

10）荒木誠之『社会保障法読本〔新版〕』（有斐閣、1996〔平成 8 〕年 3 月）247頁。初期の荒木誠之『社会保障の法的構造』（有斐閣、1983〔昭和58〕年）31頁では、「社会保障法は、国民の生存権を確保するための社会的・公的生活保障給付の関係を規律する法である」という定義がなされている。

11）荒木誠之『社会保障の法的構造』（有斐閣、1983〔昭和58〕年）30-32頁。

12）「無媒介的という意味は、生存権が理念として、他の具体的権利または法理に反映し、それを通して実現されるのではなく、生存権が直接的に、法関係を基礎づけているという趣旨である」、荒木、同上書、29頁。

13）菊池馨実『社会保障法制の将来構想』（有斐閣、2010〔平成22〕年12月）10頁。

14）菊池馨実「新しい社会保障法の構築に向けた一試論―社会保障法の意義をめぐって」小宮文人・島田陽一・加藤智章・菊池馨実編著『社会法の再構築』（旬報社、2011〔平成23〕年12月）243頁。

15）菊池、同上書、244-245頁。

16)　医療保障を社会保障法の範囲に含めるか否かの議論の中で、従来の社会保険による医療給付の枠を超えて、健康権という規範概念をたて、健康保障にかかわる事柄全般を含めるという考え方も登場してきていた。その結果、スポーツ振興、レジャー施設の整備、都市における遊休地や公園なども広く社会保障法のなかに含まれることになった。高藤昭『社会保障法の基本原理と構造』(法政大学出版局、1994〔平成6〕年)198-199頁。

17)　「社会保障法という実定法分野の範囲を以上のように限定的に画することが適切であるとしても、とくに立法論・政策論の展開場面においては、伝統的な社会保障の枠にとどまらず、先に述べた目的(個人の自律の支援)を部分的にであっても共有する雇用・教育・住宅等の関連諸制度と有機的に関連付けた包括的な議論をすることが積極的に求められる。逆に言えば、社会保障の枠組みを超えて包括的な立法論・政策論を展開するに当たっての内在的視点を、従来の社会保障法は当然にはもたなかったのである」菊池馨実『社会保障法〔第2版〕』(有斐閣、2018〔平成30〕年6月)108頁。

18)　荒木、注10)、前掲書『社会保障法読本〔新版〕』248頁。

19)　「しかしながら、社会保障法の意義や範囲を画するに当たって、社会保障の枠組みを従来の通説的見解を超えて雇用・教育・住宅政策一般に拡げることは適切ではない。すなわち第1に、社会保障は歴史的に生成されてきた概念であり、将来的にも変遷しうるとしても、現時点では、従来から社会保障の前提とされ、貧困の契機となるという意味で重視されてきた社会的事故ないし要保障事由の概念を、一定の変容を認めながらもなお基本的に前提とすることが適切である」菊池、注17)、前掲書、107頁。

20)　「社会保障法が、社会的給付の法であるといっても、すべての公的給付が社会保障法に含まれるのではない。…生活危険・生活不能・生活障害を対象として、生活保障を直接に目的とする社会的給付の体系のみが、社会保障法を構成する。その意味において、義務教育に関する法制度—教育施設の設置や給食、教科書の給付など—は、社会保障法の関連領域ではあるが、その構成部分には属しない」荒木誠之『社会保障の法的構造』(有斐閣、1983〔昭和58〕年)32頁。

21)　「…すでに民間活力の社会保障への組み込みはかなりの程度で行われてきたのである。問題は、公的責任があいまいな形にならないで、民間の企業や団体に、どのように保障にかかわる活動を認めるか、にある。…民間事業の自由な経済活動に委ねるのは、社会保障の公的責務を全うすることにはならない。…社会保障における公私の役割分担というとき、問題の所在は二つある。思うに、社会保障の責務が国にあることは法的には明白であって、私的な企業や団体またはグループ等が保障の法的責任の主体にとなることはありえないのである。そこで、問題の一つは、社会保障として国が責任をもって行うべき範囲をどこまでとするか、であり、他の一つは、保障の実施を公的機関に限るべきか民間に委託する方が良いか、という問題である」。荒木、注10)、前掲書、282-283頁。

第３部

社会福祉法人、
福祉事務所の改革

第 1 章

社会福祉法人改革

I　はじめに

　社会福祉法人は、戦後の社会福祉事業を担う中心的存在として、1951（昭和26）年に制定された社会福祉事業法により特別法人として設立されたものである（同22条）。それまでの福祉事業は、個人や任意団体または民法の公益法人による運営がなされてきたのであるが、民間事業であるがゆえに財政的基盤の脆弱さや利益優先主義の経営方針などにより、社会福祉事業にはふさわしくない運営がなされている事業所も見られた。そこで、設立要件、組織体制、行政による監督など設立・運営に関し厳しい条件を付ける代わりに、公費による多額の支援および課税の免除などの優遇措置を付与することによって、福祉事業の経営の安定とサービスの質を保障することを目指したのである。こうして、設立当初は約800程度だった社会福祉法人は、現在では2万を超えるまでに成長してきた。特に第一種社会福祉事業は国、地方公共団体と並んで社会福祉法人に経営が限定されている（社会福祉法60条）。しかし、それから約70年が経過した今日、社会福祉法人を取り巻く状況は大きく変化することになった。

　まず第一に、社会福祉基礎構造改革により、従来の措置制度から利用者の選択による利用契約制度へと転換され、それと同時に民間企業を始めとしてさまざまな経営主体が福祉事業に参入することになった。そうすると当然のごとく、まったく同じ種類の福祉サービスを提供しているのになぜ社会福祉法人だけが非課税の優遇措置を受けられるのかという不平等論（イコールフッティング論）が出てくることになる。第二に、「施設から在宅へ」あるいは「社会的包摂」という動きである。それまで大半の社会福祉法人が主要業務として施設入所を担ってきていたのに対して、新たに在宅サービスや地域福祉への貢献が求められるようになってきた。第三に、一部の社会福祉法人ではあるが、社会福祉法人の私物化とも見られる現象、すなわち、不適切な資金流用や多額の内部留保といった不祥事が生じてきたことである。

　こうした事態を受けて、2016（平成28）年3月31日に社会福祉法改正法が成立し、2017（平成29）年4月1日から施行されることになった。改正法には、社会福祉法人に関して、経営組織のガバナンスの強化、事業運営の透明性の確保、財務規律の強化（適正かつ公正な支出管理、内部留保の明確化など）、地域における公益的な取り組みを実施する責務、所轄庁による指導・監督の機能強化などの改革内容が盛り込まれている。

　そこで本章では、社会福祉法人の創設の経緯、その後の制度改革による社会環境の変化を経て、2016（平成28）年社会福祉法改正に至るまで、社会福祉法人を取り巻く状況を考察した上で、福祉事業に対して私的企業やNPO法人など民間事業所の参入が増えている中で、社会福祉法人という組織が必要なのかどうか、必要ならば社会福祉法人は今後どうあるべきかなどについて考えてみたいと思う。

Ⅱ　社会福祉法人制度の創設と社会福祉法

1　社会福祉法人制度の創設

　戦前の貧困者・高齢者・母子・障害者等に対する救済事業には、国や地方公共団体による公設の施設や財団・社団法人設立の事業所によるものももちろんあったが、しかし、圧倒的に多かったのは個人による私的な事業あるいは任意団体による事業として行われていたものであった。しかし、個人的出資や企業からの寄付金に頼っていた個人事業者はその運営面で常に財政的不安を抱えていた。これに対して、わずかな金額であったが公的資金からの援助を可能にしたのが社会事業法（1938〔昭和13〕年）である[1]。

　しかし、民間の事業者では、十分な財政的支援を得られないことに加えて、サービスの内容や処遇過程において問題も多く、なかには社会福祉というよりも収益を目的とする事業を展開するなど社会的信用を損ねる事態も数多く起きていた。また、社会福祉事業に民法の公益法人たる社団法人・財団法人が携わる場合にも、法人運営が一人の理事の専断で行われていたり、同族が役員の大半を占める場合があったこと、監督機関である監事が任意設置となっていたことなど、その事業の民主的運営にも疑問がもたれていた[2]。社会保障制度審議会「社会保障制度に関する勧告」（1951〔昭和26〕年10月16日）でも、「民間社会事業に対しても、その自主性を重んじ、特性を活かすとともに、特別法人制度の確立」が勧告されていた。

　こうして、社会福祉サービスの担い手として、良質のサービスを安定的に供給できる仕組みとして新たな特別法人制度を創設する機運が高まっていた。当時の木村忠二郎政府委員は社会福祉法人創設の趣旨を、「社会福祉事業の純粋性と公共性を確保するため特別に設けられた公益法人で、…社会福祉事業を経営する団体の財政的基盤を強化し、…理事・監事・評議員会等の機関を強化し、収益事業に関する監督規定を設けるなどによって、社会事業の民主化と社会事業に対する対世間的信用というものを確保し、…また、『公の支配に属する』社会福祉法人に助成の途を開き、あわせて、各種税法を改正して免税の利益を考慮するなどによって、その健全な育成の策を講じたものであり、…全体として民間社会福祉事業団体の再建整備を目的とするもの」であると説明している[3]。

　社会福祉法人制度は、従来は社会福祉事業に関する基本法である社会福祉事業法（1951〔昭和26〕年）に、現在はその改正法である社会福祉法（2000〔平成12〕年）に規定されている。社会福祉法人は、学校法人・宗教法人と同様に旧民法34条に基づく公益法人から発展した特別法人であり、その基本的な性格としては、以下のようなものがあげられる。

　①公益性・非営利性。社会福祉法人は社会福祉事業を行うことを目的とし（公益性）、残余財産は、個人の持分は認められず、社会福祉法人その他の社会福祉事業を行う者に（最終的には国庫に）帰属すること（非営利性）。

　②公共性・純粋性。社会福祉事業の経営主体は、本来、国や地方公共団体等の公的団体であるべきであること（公共性）、戦前の民間社会福祉事業は、財政的窮乏から、社会福祉事業よりも収益に向けた経営を行い、社会的信用の失墜を招いたため、社会福祉法人は、なるべく社会福祉事業のみを経営すべきであるとされたこと（純粋性）。憲法89条との関係では、同条が「公金その他公の財産は、…公の支配に属しない慈善、教育若しくは博愛の事業に対し、これを支出し、又はその利用に供してはならない」と規定しているので、「公の支配」に属する社会福祉法人には、補助金等の助成の途を開き、同時に、行政による指導・監督等が行われるものとされた[4]。

　具体的には、事業を実施するために供された財産はその法人の所有となり、持分は認められないこと、事業からの収益は、社会福祉事業（又は一部の公益事業）に充当すること、資産保有（原則不動産の自己所有）、組織運営（親族利害関係人の要件等）のあり方に一定の要件があること、法令違反、定款違反、その他その運営が著しく適正を欠く場合には、所轄庁による措置

命令、業務停止命令、役員解職勧告、解散命令等を受けること等、厳しい規制が課されている。その一方で、施設整備に関して一定額の補助があること、法人税・固定資産税・寄付税制等について非課税等の税制上の優遇措置が講じられている[5]。

　また、優遇措置そのものではないが、第一種社会福祉事業の経営は、国、地方公共団体または社会福祉法人に限定されたことも独占的地位の付与という意味ではある種の優遇措置といえるであろう。第一種社会福祉事業とは、利用者への影響が特に大きい事業で、事業の継続性・安定性を確保する必要性が特に高く、もし適正運営を欠いた場合は、利用者の人権擁護の観点から問題が多いとして、確実公正な運営確保が必要であるとされる事業である。児童養護施設、特別養護老人ホーム、障害者支援施設等の主として入所サービス施設がこれに属している。

　これに対して、第二種社会福祉事業は、事業の実施に弊害のおそれが比較的少なく、公的規制を最小限にして、むしろ民間の自主性と創意工夫に委ねた方が望ましいとされる事業である。保育所、高齢者のための訪問介護やデイサービス、障害者福祉サービス事業等、主として在宅・通所サービスがこれに属しており、これに関する経営主体は、株式会社、NPO等すべての主体が届出により実施することが可能となっている。これに関して、現在では、社会福祉に関する考え方が大きく変化しており、70年近くも前の区分である第一種社会福祉事業という概念を今も設けることの意義およびその経営を社会福祉法人に独占させることへの疑問が提示されている。第一種事業にも第二種と同様に多様な主体の参加を認めるべきではないかという、いわゆる「イコールフッティング」論の登場がそれである。

2　社会福祉法の制定

　社会福祉事業法制定からほぼ50年を経過した頃、日本を取り巻く経済的・社会的・文化的環境は大きく変化してきた。すなわち、少子高齢化の一層の進展、核家族化、雇用形態の多様化、女性の社会進出、福祉に対する国民の意識の変化等である。これに対して、従来の日本の社会福祉制度は、こうした福祉ニーズの増大および多様化に十分対応できなくなってきていた。特にわが国の社会福祉制度は、戦後まもない頃の低所得者対策を前提とする措置制度によって維持されてきたが、これが時代の状況に合わなくなってきており、その抜本的な見直しを迫られていた（社会福祉基礎構造改革）。中央社

会福祉審議会の社会福祉基礎構造改革分科会は、「社会福祉基礎構造改革について（中間まとめ）」（1998〔平成10〕年6月）のなかで、これまでのように行政庁が行政処分として給付を一方的に決定してきた措置制度を改め、利用者が自ら事業者を選択し、事業者との契約によってサービスを利用する契約制度への移行を提言していた（措置から契約へ）。

　また、社会福祉法人に関しては、民間企業等他の事業主体との適正な競争が行われるような条件の整備、経営基盤の確立、外部監査や情報開示による適正な事業運営の確保（ガバナンス）を図る必要があると指摘していた。この報告書の趣旨を盛り込んで、2000（平成12）年3月に「社会福祉の増進のための社会福祉事業法等の一部を改正する等の法律」が成立し、それまでの社会福祉事業法は「社会福祉法」と名称が改められた。既に、1997（平成9）年12月には、契約制度を基礎にした介護保険制度が成立し、2000（平成12）年4月からの施行を迎えようとしていた。

　旧社会福祉事業法は、措置制度を前提にしていたので、そこでは福祉事業者と監督者（行政）とに関わる組織・監督規定が大半を占めており、そこには利用者という概念はなく、利用者の保護や権利擁護といった規定は含まれていなかった。また、社会福祉法人は、公的助成と措置委託制度のもとで経営の安定化が図られていた。そのために、当初、民間社会福祉事業者（社会福祉法人）に期待されていたところの創意工夫による福祉サービスの開発・提供、自主的なサービスの質の向上への試みといった「先駆的」な役割に積極的に取り組む姿勢に乏しいところがあったことを否定できない。新たに制定された社会福祉法は、「措置から契約へ」という動きを受けて、利用者とサービス提供者との対等な関係の構築と、利用者の「自己決定権の尊重」を基本とする社会福祉サービス基本法ともいうべき法律へと脱皮することになったのである。その基本的な規定は以下のようなものである。

①利用者の立場にたった社会福祉制度の再構築である。そのため利用者による選択と契約による利用のほかに、利用者保護のための情報提供、利用援助、苦情解決等の規定の整備を行う。

②福祉サービスの質の向上を図るために、社会福祉事業経営者による福祉サービスについての自己評価や情報提供義務、社会福祉法人の財務諸表等の開示義務等の規定が新設された。

③福祉サービスを拡充するため、社会福祉事業の9事業を追加、小規模事業を行いやすくするための人員規模要件の特例、社会福祉法人の活性化

等に関する規定を盛り込む。

④地域福祉の推進に関する規定を整備すること等である。

Ⅲ　社会福祉法人制度改革と社会福祉法人の展望

1　社会福祉法人制度改革

　社会福祉法が制定された時点（2000〔平成12〕年）で、すでに社会福祉法人に対しては、民間事業経営者という強みを生かした地域福祉の担い手としての自主的な活動が期待されていた。すなわち、「社会福祉法人は、本来、民間の社会福祉事業経営者として有する自主性・自律性を回復することによって、…地域におけるさまざまな福祉需要にきめ細かく柔軟に対応し、あるいは制度の狭間に落ちてしまった人々への支援をも、創意工夫を凝らした福祉経営の下で行うことにより、地域における福祉需要を満たすことを本分とする存在として、今日、とらえられるべきもの」[6]であり、そのことで、高い公共性を有する特別の法人として認められる理由があり、そこに税制上の優遇措置などの公的な助成がなされる根拠があるということが明示されている。

　しかし、社会福祉法人の側では、いまだに行政の仕事を代わりに引き受けているといった措置制度下でのような意識が依然として残っていたのかもしれないが、結果的には、このことが徹底せずに、2016（平成28）年3月31日の社会福祉法の改正に至るのである（完全施行は2017〔平成29〕年4月1日）。その間に、一部の社会福祉法人で不正経理や資金流用問題等の不祥事が発覚したり、理事長のワンマン経営などの非民主的運営体質がマスコミでも取り上げられるようになった。また特別養護老人ホームなどでは、多額の内部留保（余剰金）があることが指摘され[7]、社会福祉法人のガバナンスや社会的な役割についての批判が大きくなっていった。またこの背景には、利用者のニーズの増大と多様性に対応するために、保育所経営に次いで介護保険制度が利用者と事業者の間の契約制度のもとに、多様な事業主体の参入を認めたことが大きかった。すなわち、介護保険制度は利用者の需要に応えるだけでなく、多様なサービスの実施や事業者間の競争によるサービスの質の向上に効果をあげたという実績が存在していた。

　こうなると、ますます第一種社会福祉事業を社会福祉法人に限定する必要性や、社会福祉法人だけが公的な助成や税制上の優遇措置等の特別待遇を受

けることへの疑問が提示されるのは当然のことであったろう。「イコール
フッティング論」に対する何らかの回答、あるいは、社会福祉法人の存在意
義は何か、もっと言うと、「社会福祉法人制度不要論」への何らかの対応を
政府は準備しなければならなくなった。これが2016（平成28）年の社会福祉
法改正の趣旨であろう。

2016（平成28）年社会福祉法改正法の内容はほぼ以下のようなものである。

①経営組織のガバナンスの強化。議決機関としての評議員会を必置機関と
　する。一定規模以上の法人への会計監査人の導入等。

②事業運営の透明性の向上。財務諸表・現況報告書・役員報酬基準等の公
　表に係る規定の整備等。

③内部留保といわれている「社会福祉充実残額（再投下財産額）」（純資産
　の額から事業継続に必要な財産額を控除した額）の明確化。残額を有す
　る法人に対しては、社会福祉事業または公益事業を新規に実施するため
　の計画の策定を義務づける。

④「社会福祉法人は、社会福祉事業…公益事業を行うに当たって、日常生
　活又は社会生活上の支援を必要とする者に対して、無料又は低額な料金
　で、福祉サービスを積極的に提供するよう努めなければならない」（24
　条2項）という条項を新設。

2　社会福祉法人制度の展望

社会福祉法人という仕組みが現在必要なのか、その存在意義が問われるよ
うになってきたのは、ひとえにこの70年間に社会福祉を取り巻く社会的・経
済的状況が大きく変化したことと、これに応じてこれまで長い間、わが国の
基本的な福祉サービス提供の仕組みであった措置制度が利用契約制度へと変
換されたことが大きな要因となっている。

旧社会福祉事業法は、GHQの指導と憲法25条の生存権の保障を受けて、
社会福祉事業に対する公的責任を明確にするという明文規定をおくことに
なった。すなわち、5条（現社会福祉法61条）において、国および地方公共
団体は、その責任を民間の福祉事業経営者に転嫁してはならないこと（公的
責任の転嫁の禁止）、民間社会福祉事業の自主性を尊重し、不当な関与を行
わないこと（自主性の尊重）、民間福祉事業経営者も不当に財政的支援を仰
がないこと（独立性の維持）を規定している。この場合、福祉サービスを民
間の福祉事業経営者に委託することは「公的責任の転嫁」ではないと解釈さ

れ、ここから措置制度が発足することになった。ただし、あくまでも福祉サービスは公的責任の実施であるから、それを実施する事業所は、公共性を持ち、福祉の事業に専念し（純粋性）、財産的基礎がしっかりしている（継続性）組織でなくてはならない。こうして、社会的信用を得ることのできる仕組みとして社会福祉法人が誕生することになった。こうした措置制度のもとでは、どうしても社会福祉法人は「われわれは、国や地方公共団体が本来なすべき任務を代行して行っているのだ」という意識を持ちがちであったし、国の方でも、国に代わって福祉の仕事をしてもらっているのだから、社会福祉法人には、補助金助成や税制優遇措置をするのは当然のことであるという感覚をもっていたに違いない。

　しかし、少子高齢化の急速な進展、家族形態の変化、雇用形態の多様化、女性の社会進出など福祉を取り巻く環境が激変すると、利用者の増加、ニーズの多様化等に対して従来の措置制度では対応できなくなった。また措置制度下では、どうしても行政の決めた仕事だけをそつなくこなすというような「行政の下請け」的存在としての社会福祉法人になりがちであった。そこでは「民間」事業者に期待されるような、サービスの質の向上に向けた事業所独自の先駆的試みとか自主的なサービス内容の開拓といった要素が次第に薄れていったことは否定できない。こうして、福祉ニーズの増大、多様性に対応する新たな仕組みとして、利用者が事業者を選択するという利用契約制度への転換が行われたのである。

　利用者の増大とその多様性、利用者の選択権の保障などのニーズに応えるためには、やはりサービス提供機関の多元化は避けて通れない。現に介護保険の居宅介護サービス事業の分野では、社会福祉法人以外にも株式会社等の営利法人、医療法人、生協、農協、NPO法人等それこそ多様な事業主体が参入している。しかも、営利法人だからといって、営利目的が優先され、その結果、サービスに問題があるというような批判はあまり聞かれない。むしろ、施設整備補助金や税制優遇措置がないために、利用者の獲得や業務の効率化・合理化、サービスの質の向上に一層努めているという担当者の話を聞いたことがある。

　サービスの質や信頼性の問題は、社会福祉法人だからとか、営利法人だからという問題ではなく、どういう設置主体であろうとも、サービスの質の保障に関する規制の仕方、福祉に対する経営者・職員の意識や熱意、専門性の問題といった要素に帰着する[8]。いまや、福祉サービスにおける国や地方公

共団体の責任は、公設公営の施設でなければ果たしえないという主張をする者は誰もいない。公的責任の果たし方の問題である。民間事業所であろうとも、人員・設備等に関する最低基準を定め、サービスの質の向上に向けた仕組み（情報の公表とか第三者評価とか）を創設し、組織のガバナンスに関する規制をすることによって、公的責任は十分に果たしうるであろう[9]。

　こう考えてくると、第一種社会福祉事業の経営を社会福祉法人だけに限定することや、社会福祉法人に対する手厚い助成措置（補助金や税の優遇）の必要性については、その正当性の説明に窮することになろう[10]。今後は、社会福祉事業に従事する者には、その法人の形態が営利法人であろうが社会福祉法人であろうが、その形態のいかんにかかわらず、施設・在宅サービス全体を通して、職員の配置、施設整備や介護報酬、人員の確保、税制の適用の仕方について、共通に提供されるルールとしてどのような法制度が望ましいのかを考えていかなくてはならない。

Ⅳ　おわりに

　今回の社会福祉法改正（2016〔平成28〕年）は、現行の社会福祉法人という特別法人形態の存続を認めたうえで、他の法人と違って公的資金や税制優遇措置を受けているのであるから、その分、地域貢献事業を展開して自ら優遇措置を受けるだけの「公益性」をもっていることを立証しなさいという趣旨の改正であると理解してよい。このことは、社会福祉法人がこれまでわが国の社会福祉事業に果たしてきた重要な役割を理解していないことでもないし、それを軽視していることでもない。あくまでも、社会福祉を取り巻く経済的・社会的・文化的な環境が大きく変化したことによって、これまでのような措置制度のもとで誕生した社会福祉法人の役割と位置づけに疑問がもたれているのである。社会福祉法人は、「無料又は低額な料金で、福祉サービスを積極的に提供するよう努めなければならない」（社福法24条2項）という地域貢献の義務は、一部の法人に余剰金（内部留保）があるのでそれを使って公益事業をしなさいという趣旨の規定ではない[11]。たとえ法人の財源に余裕がなくとも、特別待遇を受けていることの見返りとして、地域貢献事業に積極的に取り組みなさいと言っているのである[12]。

　これからは、地域に対して何ができるか、いまこそ社会福祉法人が知恵を絞るときである。既存の制度ではカバーできていないものがないか、既存の

資源を使った新しい活用方法はないか（例えば、デイサービス送迎車の昼間の活用など）、単独の法人では無理ならば複数法人の共同事業でできることはないか、地域貢献ならば社会福祉協議会と同じ土俵に立つことになるので、それとの連携を新しくどう創っていくかなど、知恵を出せば解決できそうな課題はいくつもある[13]。社会福祉法制定時もそうであったように、もし、今回の社会福祉法改正後も、自主性・先駆性という民間法人に期待される役割を認識せず、積極的に地域貢献活動にも取り組まなかったとしたら、社会福祉法人の存在意義はますます薄くなって、いよいよ優遇措置を廃止して、会社やNPO法人等の他の民間法人との同等の取り扱いをする（イコールフッティング）というところにまで辿りつくことになろう[14]。

【注】

1 ）社会事業法、社会福祉事業法については、鵜沼憲晴『社会福祉事業の生成・変容・展望』（法律文化社、2015〔平成27〕年）に詳しい。

2 ）社会福祉事業法制定当時の厚生省社会局長は、社会福祉事業を行っていた「従来の社団法人、財団法人には（中略）社会的信用や事業の健全性を維持する上において遺憾な点があり、（中略）、純粋性を確立するために、特別法人としての社会福祉法人制度を設けることとしたものである」と述べている。木村忠二郎『社会福祉事業法の解説』（時事通信社、1955〔昭和30〕年）。田島誠一「社会福祉法人に求められていること」（月刊福祉2015年10月号）27頁。

3 ）第10回国会参議院厚生委員会での木村忠二郎政府委員の説明。小川政亮『社会事業法制（第 4 版）』（ミネルヴァ書房、1992〔平成 4 〕年）112頁。

4 ）第 2 回社会保障審議会福祉部会（2014〔平成26〕年 9 月 4 日）参考資料集。

5 ）同上、参考資料集。

6 ）社会福祉法令研究会編『社会福祉法の解説』（中央法規、2001〔平成13〕年12月）153頁。

7 ）社会福祉法人の内部留保問題は、松山幸弘（キヤノングローバル戦略研究所研究主幹）が日本経済新聞2011（平成23）年 7 月 7 日に掲載した記事により指摘されたといわれている。その記事には、「社会福祉法人が国・自治体から補助金や非課税の優遇措置を受けるのは、公の支配に属しているからである。換言すれば、経営資源をフル活用して公に代わり、拡大するニーズに応えることを期待されているのだ。黒字や補助金が社会還元されず純資産が増え続けるとすれば、それは公に返還するか、他の社会福祉法人に移管されてしかるべきである」。狭間直樹「社会福祉法の改正について」（下関市立大学法政論集第44巻 1 ・ 2 合併号、2016〔平成28〕年 9 月）42頁。

8 ）増田雅暢「福祉サービスの供給主体」（講座・社会保障法 第 3 巻 社会福祉サービス法、法律文化社、2001年10月）122-123頁。

9 ）同上書、126頁。

10）原田啓一郎「社会福祉法人」（社会保障法研究 第 4 号、信山社、2014年10月）37-38頁。

11）西田和弘「社会福祉法人のガバナンスと地域貢献」週刊社会保障 No.2996（2018〔平成30〕年11月 5 日）51頁では、充実財産（内部留保）ありと回答した法人は12％で、それも多くは、既存施設の建て替え・整備、新規事業の実施などに充てられることになっており、実際に地域公益事業に関する計画が策定された法人は、わずか 3 ％にすぎないことが報告されている。

12）西田、同上書、51頁。野澤和弘「社会福祉法人は世の中に役に立っているか」（月刊福祉2018年10月号）でも、「社会福祉法人がその存在理由を示すには、新たな課題や狭間の問題に公的制度の手が届かない状況であれば、たとえ収益には繋がらない『持ち出し』の活動になったとしても、社会福祉法人が敢然と担っていくしかない」（27頁）とある。

13）てい談「社会福祉法人制度改革後の状況と展望」（月刊福祉2018年10月号）20頁の浦
　　野正男発言。
14）同旨。関川芳孝「解説・社会福祉法改正が求めるもの」（月刊福祉2015年9月号）16頁。

第2章

福祉事務所の民間委託・非正規職員化

Ⅰ　はじめに

　2021（令和3）年から2022（令和4）年にかけて、K市の福祉事務所の
ケースワーカーが、3人の生活保護受給者から合計755万円にも及ぶ金額を
だまし取ったとして、詐欺罪で有罪判決を受けるという事件が発生した。遺
産相続による収入や保険の払戻金など返還してもらうべき金額であったよう
であるが、ケースワーカーは金銭の授受を行ってはならないというルールを
破って自ら生活費や自動車購入費に充てたということであった。社会福祉士
資格を有する専門職でありながら、不正行為を働いた本人の職業倫理の欠如
は覆うべくもないが、そのほかに注目しなければならないのは、本人の担当
世帯数が標準の1人80世帯を大きく超えており（K市の標準ケースワーカー
配置数は150人であるはずが114人まで減らされていた）、事務処理で多忙で
あった上に、コロナ禍による他の仕事がその上に加重されたことで、心身と
もに過重負担だったと述べている点である。

　これはなにもK市に限ったことではない。全国どの福祉事務所でも起きて
いる現象である。経済の低迷、コロナ禍等による長期失業者が増え、それに
伴い生活保護受給者は年々増加の一途をたどっており、ケースワーカーの仕
事はますます多忙かつ過酷なものになっている。また、最近の生活保護受給
者の抱える問題は一層多様化・複雑化しており、ケースワーカーは神経をす
り減らしながらその対応にあたっているのが実情である。その結果、ストレ
スを抱えこんで心身ともに体調を壊すケースワーカーもかなりの数に上って
いる。そうした現在のケースワーカー業務の過重負担が、今回のK市の事件
の背景にあり、それが誘因となって今回の事件にまで発展したのではないか
という見方もできる。

　新型コロナウイルス感染症拡大の影響で、生活保護申請者は増加を続けて
おり、いまや204万9409人（2020〔令和2〕年9月現在）に達している。生
活保護行政を第一線で取り扱う福祉事務所は、ケースワーカー（法律上は

「現業を行う所員」）の人手不足を、民間委託や非正規職員の増加によって補おうとしている。従来は、ケースワーカーの数は、市部では被保護世帯80世帯につき１人というように、法律で定数が定められていたが、地方分権一括法（2000〔平成12〕年施行）の施行により、「標準」配置数と変更されたために（社会福祉法16条）、現在では、１人で120世帯を担当するケースワーカーまで出始めている。

　確かにケースワーカーの数自体は増えているのではあるが、それが被保護者の増加に追い付いていないために、それに対応するケースワーカーの数が不足するという深刻な事態に陥っている。この危機的ともいえる事態を業務の外部委託や非正規職員の雇用によって補おうとしているのである。しかし、生活保護受給者に対するケースワークは、人権やプライバシーといった重大な問題が絡むだけに、職員には高い専門性と倫理観が要求される。民間委託や非正規職員化によってそれがおびやかされることになりはしないか、先行きを危ぶむ声も多い。

　本章では、現在の福祉事務所のケースワーカーの過重業務の実態と、それを補うためにとられている、あるいはこれからとられようとする民間委託問題と職員の非常勤化について論じてみたいと考える。

Ⅱ　福祉事務所の組織とケースワーカーの業務

　現行福祉事務所は、その起源を1950（昭和25）年10月16日の社会保障制度審議会「社会保障制度に関する勧告」に求めることができる。同勧告では、「社会福祉業務を能率的、科学的に運営するため、…民生安定所を設ける」となっていた。その後、1951（昭和26）年の社会福祉事業法の制定に伴い、「福祉事務所」という名称が使用され、都道府県と市にはその設置が義務付けられることになった。こうして福祉事務所は、当初は福祉三法（生活保護法、児童福祉法、身体障害者福祉法）を担当する現業行政機関としてスタートした。現在では、社会福祉法（2000〔平成12〕年３月、社会福祉事業法改正）のなかに規定されている。福祉事務所の担当する業務は、都道府県と市部とで違っているが、紙面の関係上、ここでは市部の福祉事務所を念頭におきながら、しかも、生活保護業務に従事するケースワーカーの業務に限定して論じていくことにしたい。

　福祉事務所には、所長の他に、指導監督を行う所員（査察指導員）と現業

を行う所員（家庭訪問と面接とをあわせて行う所員）、事務を行う所員を置かなくてはならないことになっている（社福法15条１項）。このうち、もともとは家庭訪問員のことをケースワーカーと呼んでいたようであるが、現在のケースワーカーの仕事は下記に示すように広範囲にわたっている。査察指導員とケースワーカーは、その専門性を確保する観点から社会福祉主事の資格を有していなくてはならないとされている（同15条６項）[1]。しかし、2016（平成28）年の厚生労働省「福祉事務所人員体制調査」によれば、社会福祉主事資格を有する者は、査察指導員で72.8％、ケースワーカーでは有資格者は71.7％にすぎないという報告がなされている。これは明らかに社会福祉法15条６項違反である。その後、各種委員会や行政内部監査などによる指摘を受けて次第に有資格者は増えてきてはいるものの、地域によってはいまだ要件を満たしていない福祉事務所も多数存在する[2]。

　ケースワーカーの業務は、生活保護に関する相談、面接、受給者への家庭訪問、各種調査、保護の要否判定、指導・指示、各種医療機関・介護機関との調整、受給者への生活指導・通院指導・就労支援など生活保護行政全般にわたっている（社福法15条４項）[3]。しかも最近では、貧困だけでなく、心身の疾患、多重債務、孤立、引きこもり、外国人など生活保護受給者の抱える生活課題は重複化・複雑化してきている。このことに加えて、ケースワーカーの配置数が法定義務から「標準」へと変更されたことに伴う担当世帯負担増のために[4]、ケースワーカーの業務は質量ともになお一層過重化・激務化してきているといわなくてはならない。

　それにもかかわらず、生活保護担当のケースワーカーの経験年数は、１年未満が23.6％、３年未満が38.1％と全体のほぼ６割を占めており[5]、しかも１年から３年で他の職種へ配置転換されることがほとんどであり、こうした複雑化・処遇困難化した受給者の生活課題に応えるだけの専門性が確保されているかといえば、それにはほど遠い感があると言わざるを得ない。当然にしてケースワーカーの仕事に対する「やりがい感」は低下していく。

　平成30年度大分市包括外部監査報告書「生活保護等に関する事業について」（平成31年３月）によると、ケースワーカーの中で「仕事にやりがいがある」「やりがいを感じることが多い」と答えた人は合わせてわずか18％にすぎず、「ケースワーカーの仕事はできればしたくない」が26％、「やりがいを感じない」が37％にも上っていることがわかる。やりがいを感じない理由としては、支援や説明に対する受給者の理解がない、クレームや理不尽なこ

とを言われる、処遇困難ケースの対応に苦慮している、担当ケース数が多いなど様々である。そのため、心身のストレスを感じていることや、被保護者との対応を考えて夜眠れないことがあるなど深刻な悩みがつづられている。その結果、当然のことであろうが、今後の対応策としては、ケースワーカーの増員、保護業務の一部外部委託が必要であるとする意見につながっている[6]。

Ⅲ　生活保護ケースワーク業務の外部委託

　生活保護ケースワーク業務の外部委託問題は、規制緩和や「官から民へ」という行政改革が推進されていた時期から本格的に議論されるようになった。それはケースワーカーの不足からくる業務の多忙化とケースワーカー自身の心身両面での負担過重が明確になり始めていた時期とも一致する。それまでは政府は外部委託には否定的な姿勢をとっていた。2003（平成15）年11月26日、内閣府がまとめた「行政サービスの民間開放等に係る論点について」では、「生活保護法第19条第1項及び同条第4項により、生活保護の決定及び実施については市長が行うこと、及び委任はその管理下にある行政庁に限ると規定されているため、外部委託できない」と明記されており、その理由として、生活保護行政は国民の生存権に直接影響するものであり、被保護者の個人情報を扱うことや保護費の支給・返還などの権力的行政処分を伴うものであることが述べられている[7]。この時点では、国としては、生活保護行政の民間委託は、全面的に生活保護法19条に違反するという明確な立場をとっていた。しかし2004（平成16）年、社会保障審議会福祉部会「生活保護制度の在り方に関する専門委員会」報告書に、新たに設けられた自立支援プログラムの実施にあたり、積極的な「アウトソーシングの推進」が掲げられて以来、外部委託の問題はその推進の方向へと政策転換されることになる。

　2006（平成18）年12月25日、規制改革・民間開放推進会議「規制改革・民間開放の推進に関する第3次答申—さらなる飛躍を目指して」では、「自立支援業務を中心に専門性を有する社会福祉士、特定非営利活動法人等への外部委託、嘱託、非常勤職員の積極的な活用も図ることがケースワークの質を高める観点から有効であり、…各自治体の実情に応じた取組を促すべきである」と記されており、自立支援業務に限ってではあるが、外部委託推進へとはっきりと舵を切っていることがわかる[8]。以後、数回にわたった「生活保護に関する国と地方の協議」でも同様である。「地方自治体では、就労支援

専門員等専門家の活用やNPO・社会福祉士会等の専門機関への委託等を進める」（2011〔平成23〕年）、「稼働能力のある者に対する就労支援や不正受給対策等の業務を効率的・効果的に行う観点から、ケースワーク業務の重点化や外部委託のあり方…に関し、関係者で議論を深めていく必要がある」（2017〔平成29〕年12月５日）⁹⁾等の記述がある。

　最近では、2019（令和元）年12月23日、閣議決定「生活保護ケースワーク業務の外部委託化」において、①現行制度で外部委託化が可能な業務の範囲について令和２年度中に整理して、必要な措置を講ずる、②現行制度では外部委託が困難な業務については、外部委託を可能とする方向で検討し、令和３年度中に結論を出し、その結果に基づいて必要な措置を講ずる、として外部委託化を拡大するために法改正の方針まで打ち出している。外部委託の理由は、民間のノウハウを導入することによって、細部にわたる訪問等の機会が確保され、そのことによって自立助長が促進され、あわせて民間の目による不正受給の防止にも貢献するというものである。しかし、ケースワーク業務の外部委託化については、慎重な意見もある。委託は、法律上は「請負」であるので、受託者は別組織の職員となり、福祉事務所から直接に指揮・命令や指導ができなくなること、委託契約期間は１年間であるので、事業の継続性が保障されないのではないかとか、あるいは個人情報の漏えいの危険があるのではないかなどの指摘は依然として多い。

　ケースワーク業務の外部委託化には、クリアしなければならない二つの法制度上の壁がある¹⁰⁾。一つは、保護の実施機関は「保護の決定及び実施に関する事務の全部又は一部を、その管理に属する行政庁に限り、委任することができる」（生保法19条４項）という規定であり、もう一つは、「社会福祉主事は、…知事又は市町村長の事務の執行を補助するものとする」（生保法21条、補助機関）の規定である。新生活保護法は、1950〔昭和25〕年５月４日に公布（法144号）されたが、社会福祉事業法の制定（1951〔昭和26〕年３月29日法45号）と相まって、1951（昭和26）年５月31日に改正法が公布（法168号）された。

　19条４項の規定は、改正法の際に盛り込まれたものである。その趣旨について、小山進次郎氏は次のように解説している。①生活保護の事務は、もともと市町村長を実施機関としていたのであるが、社会福祉事業法の制定により福祉事務所の所管事務とされたこと、②福祉事務所は、行政処分権をもつ行政庁ではなく行政機関にすぎないこと、③生活保護行政は機関委任事務で

あるから十分に責任の持てる機関に委任する必要がある等の理由から、「法律の形式技術の上からの制約であって、実際上においては法第19条（実施機関）第4項の規定による委任の問題として処理されることになるのである」と説明している[11]。

　また、19条5項の「保護の実施機関は、保護の決定及び実施に関する事務の一部を、政令の定めるところにより、他の保護の実施機関に委託して行うことを妨げない」という規定に関しても、「ある一つの福祉事務所の所管区域『全部』についての委託をすることは適当ではない。事務の委託を自由に無制限に行わせることは、徒らに法律上の保護の実施機関としての都道府県知事又は市町村長の責任を回避させ、義務を逋脱させることとなり、却って保護の効果を阻害し、要保護者にも著しい不利益、不便を与える結果となるのであるから、…」[12]と述べ、実施機関としての公的責任をあらためて強調している。

　こうした生活保護法制定当初の説明からみると、19条4項は、本来は生活保護業務は知事・市長の担当すべき事柄であるが、それを処分権限のない福祉事務所に生活保護の決定および実施を執行できるように委任という形で権限を与えたということであり、そこには業務の一部を民間に委託するなどという発想はまったく存在していなかったと言わなくてはならない。それが、少しずつ動き始めたのは、1999（平成11）年の地方分権一括法の制定により機関委任事務が廃止され、新たに法定受託事務と自治事務に再編されたことである。これにより生活保護事務の大半は法定受託事務とされたが、加えて「相談及び助言」に関する規定（27条の2）が創設され、これは国の関与が極力制限されている自治事務の位置づけとされた。

　これによって、これまで事実行為とされてきたケースワークの相談・助言業務が生活保護法上に法的根拠を与えられることになり、その業務が大半を占める自立支援プログラムも27条の2を根拠に実施される事業という理解がなされるようになった。そうなれば、自立支援プログラムは地方自治体の裁量の幅が広い自治事務に位置づけられることになるので、その業務の全部または一部（例えば、就労相談支援、家計改善支援、子どもの学習支援など）は、自治体の判断によって民間へ委託できるということになる。この点では、「自立支援プログラムは、今から考えれば、『外部委託（民営化）・非正規化・規制緩和』と極めて親和性が高い」という指摘も当たっているのかもしれない[13]。現に生活困窮者自立支援法（2013〔平成25〕年、法105号）の制定と

連動して、生活保護法のなかに新たに設けられた被保護者就労支援事業（55条の7）に関しては、事業の一部または全部の民間委託が認められている。すなわち、保護の実施機関は、被保護者からの相談に応じて、必要な情報提供および助言等の事業を行うものとされ（同条1項）、その事業の全部または一部を労働省令で定める者に委託することができることになっている（同条2項）[14]。委託先としては、社会福祉協議会や社会福祉法人、NPO法人、社会福祉士会等が考えられる。

　ただし、業務のどの範囲まで委託が認められるのかについては、自立支援プログラムの根拠を27条の2（相談及び助言）に求めるか、27条（指導及び指示）に求めるかによって、法的効果が違ってくることに注意しなくてはならないであろう。自立支援プログラムを自治事務たる27条の2の「相談及び助言」に根拠をもつものとすれば、法定受託事務たる27条の「指導及び指示」とは明らかに異なるのであるから、受給者が自立支援プログラムへの参加を拒否したり、計画内容に従わないときに発生する効果は、単に支援計画の変更がなしうるのみであって、提示された自立支援プログラムに従わないことを理由として、保護の停・廃止といった不利益処分は課すことができないという解釈が成り立ちうる[15]。そうすると、自立支援関係の相談・助言は、保護の開始や停廃止といった行政処分とはまったく無関係なものとして理解されるので、これを全面的に社会福祉法人やNPO等に委託することも可能となろう。

　これに対して、就労自立支援プログラムは、27条の2の相談・助言規定に根拠をおくものではなく、27条の規定も関係してくることがある事業だと理解する場合には違った解釈にならざるをえない。すなわち就労自立支援プログラムは、生保法1条の「自立助長」に法的根拠を置き、同法4条1項「能力の活用」、60条「能力に応じて勤労に励む義務」の判断基準となるものであり、それをもって保護の開始や継続が決定され、27条の指導・指示をもってしても改善が見込めない場合には、指導・指示違反として、62条3項の規定により保護の変更、停止又は廃止ができるという考え方によれば、相談・助言の内容とそれに対する被保護者の対応によっては、行政処分に結びつく可能性があるのであるから、自立支援プログラムの外部委託も安易に認めるわけにはいかないということになるのではないか[16]。

　ところで、この問題は従来から論争になっていた生活保護費支給業務とケースワーク業務の分離論・一体論とも関係してくる。分離論とは、例えば、

　現行の医療扶助は国民健康保険法へ、高齢者・障害者等の保護受給者への
ケースワークは各福祉法の定める福祉サービスへと移行させ、生活保護法は
純粋な金銭給付法として純化させ、年金や各種手当法を補完する補足的所得
保障給付として再編成するという考え方である[17]。これによって、保護受給
者のスティグマの軽減、ケースワーカーの専門性の確保と負担軽減が図られ
やすくなる。この立場からすれば、必ずしもケースワーク業務を現行のよう
に福祉事務所職員に限定する必要がなくなるので、社会福祉士会、社会福祉
法人、NPO法人等への民間委託も推奨されるべきという方向に動くことに
なろう[18]。

　さらに、分離論には保護費決定者とケースワーク従事者とが同一であるこ
とへの疑問も含まれている。ケースワークに対する受給者の態度次第では、
保護費の停・廃止へとつながる可能性があるからである。これに対して、要
保護者へのケースワークは、その個人の心身の能力、生活歴、心身の状況、
生活環境、親子・親族関係、自立支援の必要性と程度など多くの要素を考慮
して行われなくてはならず、その的確なアセスメントに基づいて保護費が支
給されるのであるから、最低生活保障とケースワークは一体のものとして取
り扱われなければならないというのが一体論である[19]。この点、就労自立支
援プログラムの創設のきっかけになった社会保障審議会福祉部会「生活保護
制度の在り方に関する専門委員会」報告書が、保護受給者の自立支援プログ
ラムへの「取組にまったく改善が見られず、稼働能力の活用等、保護の要件
を満たしていないと判断される場合等については、保護の変更、停止又は廃
止も考慮する」と提言して以来、ケースワーク業務と保護費支給との関係は
いっそう親密になったものとみることができよう。

　逆に、自立支援プログラムの実施によりケースワーク業務の外部委託化が
推進されたとみる向きもあるが（例えば生保法55条の7の創設）、これは高
齢者に対する相談・助言や、稼働能力のある受給者でも保護費の支給にまっ
たく関わらない純粋な生活上の相談・助言等の活動は、より専門性の高い民
間機関に委ねることも可能であるという考え方によるものである。被保護者
就労支援事業の外部委託可能規定（55条の7）はこのような趣旨で設けられ
た規定と理解すべきである。

　しかしながら、就労自立支援とは無関係な高齢者であっても、受診命令に
従わない場合などは、指導・指示に続いて、最終的には保護の停・廃止とい
うことはありうるのであるから、相談・助言活動であっても保護費の支給に

関連する部分がないとはいえない。相談・助言のすべてを民間委託できるとするのではなく、どこまでが委託できるのか、そのあたりの境界線ははっきりさせておく必要はあろう。

Ⅳ　ケースワーカーの非正規職員化

　ケースワーク業務の外部委託と、ケースワーカーの非常勤職員化は、専門性の確保という観点よりは、財源対策および人材確保対策、さらにケースワーカーの負担軽減対策という側面の方が大きい。そのため、どの福祉事務所においても福祉事務所職員の非常勤職員化が進んでいるのも事実である。ただ、外部委託は法的には請負であり、福祉事務所から委託先に直接指示ができないとされているが、非常勤職員は雇用関係にあるので福祉事務所長の指揮・監督が及ぶといった違いもある。

　大阪市の場合、2019（令和元）年度では、生活保護関係職員のうち、非常勤職員は、高齢者世帯訪問嘱託（244人）、資産・扶養調査嘱託（48人）、適正化担当嘱託（68人）、年金裁定請求支援等嘱託（30人）、医療適正受診推進嘱託（24人）、事務嘱託（92人）であり、全体の約3割（28.6％）を占めている。特に高齢者世帯が増えていることに伴い、高齢者世帯訪問嘱託が年々増加しているという。これは、高齢者世帯は介護保険などの他の制度で支援がなされることが多くなったので、ケースワーカーによる支援はその分控えてもよいという考え方によるものだとされており、その結果、大阪市のケースワーカーの充足率は70.5％まで低下している[20]。

　また、訪問嘱託職員には社会福祉主事の資格をもたない職員もおり、職員の専門性にはかなりの差があること、および、ケースワーカーとの情報共有の点でも問題があることが指摘されている。さらに、非正規職員の数は厚労省の監査ではケースワーカーの標準配置指数には換算されないし、非正規職員による家庭訪問は正規の訪問実績とはならないので、「少なくとも年2回は訪問する」（厚生労働省保護実施要領）という条件も満たしていないのではないかという報告がなされている[21]。

　福祉事務所のケースワーカーには大学を出たばかりの未経験者かつ無資格者がなっているという現実をみて、その「専門性」を確保すること、あるいは、専門家で補うという意味を込めて、社会福祉法人等の専門機関への外部委託を行ったり、社会福祉士といった資格をもった人材を非常勤職員として

採用するというのであれば、それほどの批判も起きないかもしれない。長年社会福祉法人やNPO法人等で面接・相談業務に携わってきたOB等を非常勤職員として採用しても技術的な差異はないという意見もあるからである。しかし、福祉事務所の非常勤職員の実態をみると必ずしもそうなってはいない。かえって、訪問先で受給者から質問を受けても、「自分は本職のケースワーカーではないのでわからない」というような逃げの対応になってしまったり、嘱託職員とケースワーカーとの意思疎通・連絡・情報共有ができていない場合があるなどの問題点が指摘されている[22]。

　外部委託と非常勤職員化とを比較してみると、自治体側の意見としては、一般に、外部委託よりも非常勤職員化の方がどちらかといえば抵抗感が少ないように見受けられる。しかし、それでも非常勤職員化に賛成という意見は20％程度にすぎない[23]。非常勤職員は、委託の場合と違って、雇用関係にあり、福祉事務所に所属する公務員であるので、福祉事務所長の指導の下に一体的な行動ができるという点が違いなのかもしれないが、それでも、非常勤職員化によって個人情報の保護や被保護者との信頼関係の構築などに不安を感じている自治体も多い。また、非常勤職員については、「働き方改革」のもとで、正規職員との不合理な格差を是正し、賃金・手当・賞与などの点で不合理な取り扱いがないように、処遇改善策をとることが各自治体に求められている。そのことにも真剣に取り組まなければならない。非常勤職員の専門性を重視して資格のある者を非常勤職員として採用するのであればなおさらのことであろう。

V　おわりに

　ケースワークの外部委託や職員の非常勤化よりも、まず正規の職員を増やして、ケースワーカーの標準数を満たすことが先決だという主張はもちろん正論であろう。しかし、現在の生活保護行政を取り巻く社会・経済状況をみる限り、そのような主張の実現化は低いような気がする。それならば次の策として、ケースワーク業務の外部委託・非常勤職員化について、現行生活保護法、社会福祉法上それが許されるか、許されるとしたらどこまでなのかという議論を整理して、弊害が出ないようにすることが重要ではないのか。

　まず、生保法19条4項は、保護の実施機関は保護の決定及び実施に関する事務をその管理に属する行政庁に限り、委任することができるとなっている

から、まず、ケースワーク業務は「保護の実施」に該当するかどうかの議論がありえよう。ケースワーク業務は「保護の実施」に含まれるとなれば、委託先は福祉事務所長に限られることになる[24]。また、就労自立支援プログラムの法的位置づけとも関連するが、場合によっては、就労相談・助言を受けての被保護者の行動次第で、自立の方向に向かったり、あるいは、その反対に、結果的には、保護の不利益処分にも結び付くことがあるという見解に立てば、ケースワークと最低生活保障は一体的なものであり、安易な委託には反対せざるを得ないという立場になろう。

　次に、「現業を行う所員は、所の長の指揮監督を受けて、…事務をつかさどる」（社福法15条4項）という規定、福祉事務所には社会福祉主事を置き、その社会福祉主事が生活保護法に関する事務を行うという規定（社福法18条）、社会福祉主事は知事または市町村長の補助機関であるという規定（生保法21条）との関連も考慮しなくてはならない。これらの規定から、「現業を行う所員（ケースワーカー）」は公務員でなくてはならないとみるのが普通の解釈であろう[25]。そうだとすれば、非常勤職員は公務員であるからこの要件を満たすとみるのか。それでは、外部委託された者は、公務員ではないがケースワーカーの補助的役割としての位置づけであるので、上記規定にいう「生活保護法に関する事務」には当たらないとみるのか、そのあたりのこともはっきりしていない。

　現行法制度のもとでは、ケースワーク業務全体を委託することはできないという点では一致をみているようであるが、それでも、上記、生活保護法・社会福祉法との関係で、どのような立場の職員にどの範囲での業務を委託ないしは担当させることができるのかについて、もう少し明確な棲み分けをする必要がありはしないか。当然に守秘義務や個人情報保護についてもはっきりとさせておかなくてはならないことは言うまでもない。それがなされないままに、このまま外部委託と非常勤職員化がどんどん進んでいけば、いつか弊害も起きてくるかもしれない。弊害が大きくなれば、当然にして、従来から議論の的になってきたケースワーク業務と保護費支給業務との分離論・一体論も含めて、いっそのこと法改正まで視野に入れた生活保護法抜本改正の検討の方向に進んだ方が賢明なのかもしれない。

【注】

1）社会福祉主事の任用資格は、大学等において社会福祉に関する科目を３科目以上履修していることという極めて緩やかな要件であり、その科目には、家政学、栄養学、経済学、法学などの社会福祉とはかなりかけ離れた科目も含まれており、俗に「三科目主事」などと呼ばれてその専門性に疑問がもたれてきた。田畑洋一『公的扶助論』（学文社、1999〔平成11〕年）51-52頁。

2）大阪市公正職務審査委員会は、平成30年度の大阪市の査察指導員170名のうち、社会福祉主事の資格を有する者は68名（40.0％）、ケースワーカー852名のうち有資格者は608名（71.4％）であるという報告を受けて、これは社会福祉法違反であるので、大阪市に対して具体的な配置計画を策定するよう求めている（平成30年11月26日勧告）。岸和田市も同様の勧告を受けている。

3）社会福祉法15条４項では、ケースワーカーの業務として、「家庭を訪問し、…面接し、本人の資産、環境等を調査し、保護の必要の有無及びその種類を判断し、本人に対し生活指導を行う等の事務」と規定されているが、生活保護法にはケースワーカーの業務の範囲に関する規定はない。

4）2019（令和元）年度の大阪市の被保護世帯数は11万4590世帯であり、これを852人のケースワーカーで担当しているので、ケースワーカー１人当たりの平均担当世帯数は134世帯となっている。谷口伊三美「ケースワーカー業務の外部委託化─大阪市の実施体制から考える」賃金と社会保障 No.1754（2020〔令和２〕年５月下旬号）35-36頁。

5）厚生労働省「福祉事務所人員体制調査」2016（平成28）年。なお、生活保護担当職員だけでみると、査察指導員で社会福祉主事資格を有している者は82.7％、ケースワーカーでは82.0％である。

6）平成30年度大分市包括外部監査報告書「生活保護等に関する事業について」（平成31年３月）
大分市ホームページ
https://www.city.oita.oita.jp/o233/shisejoho/kansa/documents/30houkatsu.pdf
桜井啓太「福祉事務所の人員体制をめぐる近年の状況」賃金と社会保障 No.1745・46（2020〔令和元〕年１月合併号）19頁。

7）桜井啓太「生活保護ケースワーク業務の外部委託化提案の経緯とこれから」賃金と社会保障 No.1754（2020年５月下旬号）８頁。牧園清子「生活保護と民間委託」松山大学論集25巻２号（2013〔平成25〕年）153-154頁。

8）2010（平成22）年、「構造改革特区提案受け付け」（第４回）の際に、民間団体「市民でつくるヨコハマ若者応援特区実行委員会」が、生活保護の申請受理・実質的決定までも、NPO法人に委託する特区方式を提案している。さすがに申請受理・支給決定まで全面委託することについては厚労省も拒否しているが、その際に、ケースワークの一部は民間委託してもよいとの見解を述べている。桜井、同上書、９頁。

9）この会議の席上、全国知事会代表の松井一郎大阪府知事は、生活保護世帯を高齢者世帯と稼働世帯に分け、65歳以上の高齢世帯のケースワークは外部委託し、ケースワーカーは稼働世帯の対応に重点化することを提案している。

10) 全国公的扶助研究会「令和元年12月23日閣議決定『生活保護におけるケースワーク業務の外部委託化』についての見解」（案）（2020〔令和2〕年9月12日）では、ケースワークの民間委託は生保法19条4項、同21条に反するという法律上の理由と、保護の決定・実施はケースワークと一体化しているという実態的理由で外部委託化に反対している。

11) 小山進次郎『改訂増補・生活保護法の解釈と運用（復刻版）』中央社会福祉協議会、1951（昭和26）年、復刻版2004（平成16）年、294頁。また、「改正法第19条は、新法制定において期待されていたが解決しえなかった積年の条件を福祉事務所の設置という特定の機構に結び付けて実現したものであり、これを発展的過程よりみれば救護法以来の伝統を一擲し新生面を開拓したことになり、生活保護制度の現代的展開の当然の帰趨とも云いうる」とも述べている（同296頁）。

12) 同上書、328頁。

13) 桜井、前掲書、注6）、22頁。

14) 被保護者就労支援事業については、従来は予算事業として行われてきたものを、法律上明文化し、生活困窮者自立支援法に基づく自立相談支援事業の就労支援に相当する支援が被保護者に対しても行えるように制度化したものである。もちろん、委託先の職員等には、委託を受けた事務に関して知り得た秘密を漏らしてはならないという守秘義務が課せられており（生保法55条の7第3項）、違反すると1年以下の懲役または100万円以下の罰金が科されることになっている（85条の2）。

15)「被保護者が自立支援プログラムを選択しない、あるいは自立支援プログラムが不調に終わったことにより指導・指示違反として保護の停廃止を行うことができないことに留意する必要がある」（岡部卓「生活保護における自立支援」社会保障法24号、2009〔平成21〕年、157頁）。「プログラム不参加や不十分な取り組みの直接的効果として保護の停廃止を行うことは、生活保護法上不可能であるということになろう。…停廃止の契機になるのは、自立支援プログラムに従わなかったからではなく、結果として保護の要件に欠くことを理由とするのである」（丸谷浩介「生活保護自立支援プログラムの法的課題」社会保障法24号、2009〔平成21〕年、188頁）。「被保護者が（就労自立）支援計画に従事しなかったことによって発生する効果は、自立に向けた支援計画の変更などであって、給付には直接影響を及ぼさないということになる」（丸谷浩介「ケースワークの法的構造」社会保障法33号、2018〔平成30〕年、82頁）。

16) 石橋敏郎『社会保障法における自立支援と地方分権―生活保護と介護保険における制度変容の検証』法律文化社、2016（平成28）年、55頁。確かに、就労自立支援プログラムに対する不服従がすべて保護の停・廃止に直結するわけではない。「就労支援プログラムによる支援を受けている際などにおける言動は、一般的な社会道徳的、倫理的規範に照らして、不穏当なものがあり、誠実さ、真剣さ、ひたむきな努力にかけていると評価されても仕方がない言動であるということができるが、…一般的な社会的規範の遵守が保護の要件とされているものではなく、また、求職活動に対する評価については、表面的な言動に捕らわれることなく、その稼働能力等に照らしながら評価すべきものであるから、（当該被保護者の）不穏当な言動等をもって、直ちに稼働能

力活用意思がないと判断すべきは…相当ではない」（東京高裁平成27年7月30日判決、賃金と社会保障 No.1648）という判示もある。しかし、ここで述べられていることは、当該被保護者や生活困窮者のもつ具体的な稼働能力や生活環境を考慮して、「稼働能力活用要件」を判断すべきであると言っているのであって、就労自立支援プログラムへの取り組み姿勢は保護の不利益処分の理由にはまったくならないと言っているわけではない。どのような言動が稼働能力活用の意思を疑わせることになるのか、その当事者のもつ特別の事情を考慮したうえで、どう判断するかの問題である。したがって、自立支援プログラムと保護費支給という行政処分とは関連を有していると言わなくてはならない。

17) 河野正輝「生活保護法の総論的課題」社会保障法7号、1992（平成4）年。「かくして、精神的ないし人格的自立の助長という考え方を推し進めれば進めるほど、福祉サービスは非権力的な社会福祉法の部門へ吸収統合され、生活保護は補完的所得保障給付へ純化されるほかなくなるのである」（同73頁）。

18) 清水浩一「社会福祉改革と生活保護法『改正』の展望―新しいソーシャルワーカー像を求めて」賃金と社会保障 No.1355、2003年10月上旬号。「一般に『外部化』は、効率化に名を借りた、公的責任の後退と安上がりの福祉の手段と考えられてきた。この点は否定できないであろう。しかし、福祉事務所と社会福祉主事の実情をみたとき、『外部化は論外』と言い切れるだろうか。あるいは、将来に期待を持てるだけの展望があるかといえば、かなり疑問である」（同11頁）。

19) 吉永純「生活保護ケースワーク民間委託の問題点―現行法制、給付とケースワーク、現場の意見を踏まえた考察」賃金と社会保障 No.1754、2020（令和2）年5月下旬号、28頁。

20) 谷口、前掲書、注4）、35-36頁。

21) 同上書、38頁。この点に関して、2017（平成29）年12月5日の「国と地方の協議」で、大阪府は次のような提案をしている。①最低年2回としていた家庭訪問調査を年1回とする。②ケースワーカー標準配置数のなかに、非常勤の高齢者世帯訪問員等も含めて計算する（桜井、前掲書、注7）、18頁）。これは、法律の基準に現実を近づけていこうとするのではなく、現実に基準を合わせていこうという提案である。

22) 全国公的扶助研究会見解、前掲書、注10）。

23) 厚生労働省保護課「令和元年度生活保護担当指導職員ブロック会議資料・ケースワーク業務の負担軽減について」（賃金と社会保障1748号、2020年2月下旬号）を分析した結果、外部委託に賛成の自治体は7.2％、反対が44.8％、非常勤職員化については、賛成が22.4％、反対が23.2％であるとの分析がある。委託に反対の理由としては、委託では福祉事務所側からの指導ができなくなり、組織としての指導に一体性がなくなるなどがあげられている。吉永、前掲書、注19）、29-30頁。

24) 吉永、前掲書、注19）、25頁。

25) 公的扶助研究会見解、前掲書、注10）。

第４部

新型コロナウイルス感染症の長期化と新たな社会保障政策

第１章

コロナ感染症被害の長期化と新たな所得保障政策

I　はじめに

　2019（令和元）年11月22日に中国湖北省武漢市で原因不明のウイルス性肺炎が確認されて以来、新型コロナウイルスはまたたくまに世界を席巻していった。2020（令和２）年３月11日、世界保健機関（ＷＨＯ）は、パンデミック（世界的大流行）を宣言している。2020（令和２）年９月23日現在、患者数は世界で3161万5836人、死者は97万1116人と報告されている（熊本日日新聞2020年９月24日）。日本国内でも、感染者数８万732人、死亡者は1538人に及んでいる（2020〔令和２〕年９月23日現在）。新型コロナの感染拡大は、世界的規模で、経済、雇用、社会、文化、教育、交通、生活など国民生活のほぼすべてにわたって甚大な影響を与えており、しかもそれが長期化する傾向が明らかになってきた。いまや、これまでの制度や仕組み、既存の対応の仕方では通用しない重大事態が発生していることを誰もが認識せざるを得なくなってきている。すなわち、これまで常識と思ってきた生活様式とそれを支えてきた組織や仕組みを再考して、コロナ感染下における「新たな制度や生活様式」を構築していく必要性が問われているのである。

　所得保障の分野では、市町村を通じて国民１人当たり10万円を一律に支給する特別定額給付金（新型コロナウイルス感染症緊急経済対策関連）の申請手続きが、2020（令和２）年８月から10月にかけて開始された。１回きりの一時金ではあるが、すべての国民に対して無条件で支給されたという点では、いわば日本で初めてのベーシック・インカム（Basic Income、最低所得保障給付）とも言えるような給付である。コロナ感染が拡大・長期化するにつれ、世界中で、すべての国民に対して生活保障を目的とする一定額の給付を継続的に支給すべきであるというベーシック・インカム導入の議論も高まってきている。

　生活保護制度に関しては、厚生労働省は、2020（令和2）年7月1日、同年4月の生活保護申請は2万1486件で、前年同月に比べて24.8％の増加であることを発表している（熊本日日新聞2020年7月2日）。生活保護申請増加の要因は、緊急事態宣言による休業要請の影響で生活に困った人たちの申請が増加しているという分析を行っている[1]。第二のセーフティネットが十分ではないわが国においては、雇用を喪失した人たちが生活保護を申請してくる状況は今後も続くものと予想される。

　またコロナの影響は、介護・福祉の分野でも深刻である。まず施設にせよ在宅にせよ、介護・福祉サービスは、利用者との身体的・精神的両面での密接な接触を通じて提供される対人サービスである。したがって、コロナ感染を恐れて、提供者も利用者もサービスの提供・利用を控えるようなことになっては、ただちに利用者の生存にかかわるゆゆしき事態を招きかねない[2]。人材の確保も急を要する。高齢者福祉施設で新型コロナウイルスの集団感染（クラスター）が発生し、職員が不足する事態に備え、16県が他の施設から応援職員を派遣する体制を整備したことが報道された（熊本日日新聞2020年8月14日）。

　しかし、それでなくても人員不足に悩む介護・福祉施設にとっては、他施設への応援体制を整えることすら容易ではない。また、コロナ対策の中心的存在ともなった保健所については、コロナ感染拡大後、仕事量が一気に増大し業務に滞りがみられることから、保健所職員の人員増強に加え、外部委託などで業務を効率化するなどの体制強化に取り組むように全国知事会が報告書をまとめている（熊本日日新聞2020年8月25日）。

　このように、新型コロナウイルスの蔓延は、わが国の所得保障制度ならびに保健・医療・福祉等のサービス給付制度全般にわたって、点検やその見直しを迫る結果となった。いまだ先の見えない事態のなかで、さまざまなコロナ対応策がとられているが、それがどのような効果を持ったのか、まだまとまった検証ができる段階にはない。時間が経てば、おそらく一定の成果とともに課題についても明らかになっていくであろう。しかし今後、コロナ禍による生活困難の問題をどのように解決していったらよいのか、全ての面で前例のない出来事なので、わが国でも手探り状態での対応があと数年間は続いていくことになろう。

　本稿では、所得保障というごく限られた分野についてではあるが、現在混沌としているコロナ対策事業のなかで、どのような方策がとられたのか、ど

れくらいの効果が上がるとみられるのか、残された課題はなにか等について、若干の検討を加えてみたいと思う。議論の中心には、新たな所得保障政策として登場してきたベーシック・インカム（Basic Income）を置くことにしたい。なにぶん、現在進行形の施策ばかりであり、充分な資料や検討材料がないなかでの検証であるので、概して論証が断片的かつ不十分なものにならざるを得ない。このことをはじめにお断りしておきたい。

II　ベーシック・インカムの考え方

　ベーシック・インカム（以下、BI と略す）という考え方が登場してきたのは18世紀末のことだといわれている。その発端としては、イングランドの哲学者・思想家トマス・ペイン（1737〜1809年）と、同じくイングランドの哲学者・思想家トマス・スペンス（1750〜1814年）を挙げる人が多い。トマス・ペインは1796年の著書『土地配分の正義』のなかで、人間は21歳になったら仕事の元手として15ポンドを、50歳になったら年金として10ポンドを国から給付されるべきであると提案している[3]。また、トマス・スペンスは、それをさらに進めて、著書『幼児の権利』（1797年）のなかで、税金の一部は「男だろうと女だろうと、結婚していようが独身だろうが、生後 1 日の乳児であろうが年寄りであろうが」、年 4 回、国民の間に平等に分配されなくてはならないと書いている[4]。ここから考えると、BI 構想には220年以上にも及ぶ歴史があることになる。

　BI には、その導入の仕方によってさまざまな形態、およびその変型が考えられるが、まずは BI の典型的・基本的な姿を見ておこう。1986年に BI に興味を持つ個人や団体によって設立された「ベーシック・インカム欧州ネットワーク」は、その活動を全世界に広げるために、2006年、その名称を「ベーシック・インカム地球ネットワーク」（The Basic Income Earth Network、BIEN）と改称し、その後も BI に関する普及・広報・教育・研究活動を続けている。そこには、BI について次のような定義がなされている。

　「ベーシック・インカムとは、資産調査や就労要件を課すことなく、無条件で、すべての国民に対して、個人を単位として、定期的に支払われる現金給付のことをいう」（Basic Income is a periodic cash payment unconditionally delivered to all on an individual basis , without means-test or work requirement.）[5]。

　まず、なんといっても BI の最大の特徴は、国民全員に対して、選別することなく「無条件」で、定期的に一定の金額を現金で支給するということであろう（無条件性）。これまでの所得保障制度では、必ず、その給付を受ける際には、行政庁によってその人が本当にその給付を必要としているかどうかのニーズ判定や、支給されるための種々の要件（例えば保険料納付期間等の受給要件もしくは受給資格）を満たしているかどうかの判定が伴っていた。そうした要件がまったく取り払われて、男女、年齢、有配偶者か否か、子どもの有無、障害の有無、子どもや老親の扶養・介護の有無、収入の多寡、就労の有無、求職の意思など個々人の抱える諸事情に一切関係なく、誰にでも決まった金額を毎月支給するというのが BI の考え方である。この点で、例えば生活保護給付を受給する際に、就労することを要件とする、あるいは就労に向けての努力を要件として課す「ワークフェア」（Workfare）と対極にある政策だとも言われる[6]。ただし、BI 政策を導入するとなると、例えば、年金給付、生活保護給付、子ども手当・障害者手当など各種の手当といった既存の所得保障給付のすべてを廃止して、BI 給付に一本化するというのが基本的な姿勢である[7]。

　すべての国民に、毎月、しかもそれだけで一応の生活が維持できるだけの現金給付をするという BI 構想については、そんなことをすれば膨大な国家財源が必要になるので、実際には実現は不可能だという反対論が当初からあった。しかし、それに対して BI 賛成論者は、既存の所得保障給付をすべて廃止することによって、生活保護や年金にかかる費用が無くなり、被保険者・使用者とも保険料負担が不要になり、しかもそれをすることにより、その業務に携わってきた大勢の担当者や関係者（国・県・市町村職員等）が不要になるので、その給与・手当分を廃止した金額分、および管理コストの削減分も含めれば、BI は財政的にも十分実現可能であると言っている。すなわち BI は、これまでの所得保障給付のすべてと置き換わって国民に対する唯一の所得保障給付として構想されているのである。

　BI が唯一の所得保障給付であるとするならば、それは当然にして、個人が一定水準の生活を維持できるだけの金額でなくてはならないということになる。アイルランド政府発行の『ベーシック・インカム白書』（2002年）では次のように書かれている。BI の「給付水準は、尊厳をもって生きること、生活上の真の選択を行使することを保障するものであることが望ましい。その水準は貧困線と同じかそれ以上として表すことができるかもしれないし、

適切な生活保護基準と同等、あるいは平均賃金の何割といった表現になるかもしれない」[8]。ここでは、BIでは少なくとも最低限度の生活を営むことのできる給付水準は確保されなければならないし、できればそれ以上が望ましいとされている。具体的には、生活保護基準以上の額で、しかもぜいたくとみられない程度の金額ということであろうが、その金額については、BI論者によっても、あるいは各国の政策においてもかなりの違いがみられる[9]。

その他に、上記「ベーシック・インカム地球ネットワーク」の定義に従えば、BIの特徴として、以下のようにいくつかの点があげられる。

①BIは、世帯や世帯主に対してではなく、個人に対して支払われる（個人単位）。これまでの社会保障制度では、実際の生活は世帯を単位として営まれていることや共同生活を営む家族は生活費の一部を共通経費として節約できるなどの理由から、世帯単位で給付が行われることが多かった。例えば、生活保護制度では世帯単位の原則（生保10条）がとられているし、税制における扶養控除、配偶者控除、配偶者特別控除なども世帯単位での施策の一例であろう。BIはこれらの給付や控除をすべて廃止したうえで、完全な個人単位での給付となる。

②BIは、サービスやクーポン券といった現物給付ではなく、金銭で支払われる。したがって、その使い道に制約はない。

③BIは、一時的給付ではなく、毎月支払われる定期的給付である。

④BIは、国または地方公共団体から支払われる公的給付である。

⑤BIは、資産調査や稼働能力活用調査などの条件なしに支給される[10]。

Ⅲ　ベーシック・インカム賛成論と反対論

BI導入に対する反対論の理由は主に二つある。一つは、日々の生活を維持できるだけの一定金額を毎月全国民に給付するようなことは国家の財源からみて不可能だというものであった（財源論）。それに対する反論については、すでに記述したとおりである。二つ目は、BI導入によって一定の生活が確保されるならば、国民は働かなくなるのではないかという危惧である（道徳論）。BIに反対する意見のなかで最も多いと思われるのがこれである。この反対論には、働けるのに働かないで、国からの給付に依存して遊んで生活することはけしからんという国民感情が横たわっている。いわゆる「働かざる者、食うべからず」論、もしくは「フリーライダー（ただ乗り）」論で

ある。

　アメリカにおいて、1965年以降、AFDC（要扶養児童を有する家庭に対する扶助）[11] 受給者の数が急増したことを受けて、母親を就労へと向かわせる就労促進政策（ワークフェア政策）がとられるようになったのも、働かずに福祉（公的扶助）に依存して生活する母親に対する国民の批判がその背景にあった[12]。日本の生活保護法も、その目的に、最低生活の保障とともに、自立の助長を掲げており（１条）、これに沿って、2005（平成17）年から稼働能力のある受給者に対して就労自立支援プログラムが実施されることになった。保護受給者を就労（できれば賃労働）へと向かわせる政策はそのやり方こそさまざまであるが、概ね各国ともその方向で動いてきている。BI は稼働能力活用を求めるワークフェア政策と正反対の局面に位置しているので、なおさら批判が強い。

　これについても BI 賛成論者は反論している。ただ、その反論の根拠はさまざまである。例えば、「自然と過去からの授かりもの」説は、BI を受給できるのは、過去の人々の労働と過去から続いている自然（原材料、自然エネルギー、土地など）の恩恵であるので、その人が現在働いていようがいまいがそれは関係がないという、やや哲学的・宗教的なにおいのする説である。その他には、多少のフリーライダーの存在は必要悪として黙認すべきであるとか、BI の給付は、ぜいたくとは程遠い最低生活維持のための低い水準にとどまるであろうから、人びとはより豊かな生活を求めて結局は働くことになるだろうという説などさまざまである[13]。しかし、BI の無条件給付という性格については、つまり何もしないで BI 給付を受け続けることができるという性格に対しては、一般国民の抵抗感・嫌悪感は相当根強いものがある。

　そこで、イギリスの経済学者 A.B. アトキンソン（Anthony B. Atkinson）は、「参加所得」といういわば BI の修正版を提案している。すなわち賃金労働従事者だけでなく、労働に従事できない何らかの理由がある場合、あるいは、何らかの社会参加・社会貢献をしていることを条件として、BI を支給するというものである。その条件というのは、アトキンソンによれば、①雇用でも自営でもいいので、労働をしていること、②年金受給年齢に達している高齢者、③疾病や障害のために働くことができないこと、④失業していること、⑤公認された教育あるいは職業訓練等に従事していること、⑥家事労働に従事していること、⑦子どもの世話、あるいは、高齢者・障害者のケアをしていること、⑧地域活動や災害支援などのボランティア活動に従事し

ていること、である[14]。無条件性に対する国民感情を考慮してBIを導入しやすくするための妥協案ともいえるが、これだと、ある人の活動がBI受給要件たるボランティア活動に該当するのかどうか、それを誰がどのような基準で判定するのかという課題は残されることになる。

一方、BI賛成論者は、BI導入によって現在の社会保障制度が抱えるさまざまな問題がすべて解決すると主張している。

①保険料の滞納による無年金者、あるいは、自営業・非正規雇用に従事する低所得者は年金額が低く、結果的に、生活保護を受給せざるを得ない。そういった者、もしくは、生活保護水準以下の生活をしていながら生活保護を受けていない者（漏給者）など、制度の狭間にいて社会保障制度の恩恵を受けてない者が、BIによって救済されることになる[15]。

②BIは制度自体が極めて簡素（シンプル）であり、国民にとってわかりやすい仕組みである。現行の社会保障制度は、制度の乱立、複雑さ、細分化などの理由により、国民にとっては理解しにくいものとなっている。それが一気に解決する。

③それと同時に、年金・生活保護給付等の申請手続き・受給資格審査・給付手続きといった煩雑な行政事務が一切なくなる。生活保護行政においては、厄介な資産調査、判定が難しい稼働能力活用審査、たびたび問題となる収入認定、心身ともに気を使うケースワーク業務などの事務手続きや現業作業が完全になくなり、行政職員の負担が軽減される。当然、行政コストは格段に削減される。さらに受給者にとっては、付きまとってきた屈辱感（スティグマ）や不正受給といった現象がなくなる。

④現行生活保護法では、稼働収入があるとその分生活保護受給額が減額されるので、働かない方がよいという意識を抱くことになる（貧困の罠）、あるいは、雇用保険法では、失業給付をもらっている期間は働こうとしない（失業の罠）といった現象がある。すなわち、現行制度が結果的に就労意欲を阻害しているのである。BIではそれがなくなる。

⑤これまでの所得保障制度は、「夫は稼ぎ手であるので外で働き、妻は家庭を守り、家事をし、2人の子どもを育てる」という古典的家族形態をモデルにして、それを推奨する形で創りあげられてきた（扶養手当とか扶養控除などはその例である）。しかし現在は、単身者が増え、非婚カップルや同性婚者も認められるなど家族形態が多様化している。BIはこうした多様な家族形態に対して中立的である。

　⑥これまで、無償が当然だと思われてきた家事労働、子育て労働、自宅における介護労働、地域活動、ボランティア活動などが、賃労働と同じく、社会的に評価され、有償化されることになる。特に、家事・育児を一手に引き受けてきた女性にとっては、その労働が報いられることになる。つまり、BIによって、男女は平等に取り扱われ、家族のあり方や労働の仕方を問わず、賃労働だけでなく、家事・育児やボランティア活動なども含めて、社会的に評価されることになる。したがって、個人が賃労働だけに縛られることなく、自分の希望する生き方や生活スタイルを自由に選択できる社会の創造にも寄与することができる。

Ⅳ　コロナ感染被害の長期化とベーシック・インカム論の再燃

　BIについては、当初は、単に研究者によるユニークな所得保障理論の一つとして理解されていたようであるが、最近になって、次第に現実味を帯び始め、国の政策として導入しようとする試みがいくつかみられるようになった。フィンランド、カナダ、オランダ等の国では、一部の地域に限って、しかも対象者を限定してではあるが、BI導入の実験が行われている。2016年には、スイスでBI導入の賛否を問う国民投票が実施されたが、財源措置がはっきりしないことや既存の社会保障制度がなくなることに対する国民の不安は大きく、それに外国からの移民が増えるのではないかという懸念などから、約８割の国民が反対し、BI法案は否決されている[16]。2017年から2018年の２年間にわたって、フィンランド政府は、失業手当受給者（25歳から58歳まで）のうち2000人を抽出し、月額560ユーロ（約７万円）を無条件で支給するという実験を行い、2019年２月に実験結果の中間報告を行っている[17]。

　BIが本格的に意識され始めたのは、なんといっても2020（令和２）年に入ってからのことである。新型コロナウイルス感染症拡大による世界的な経済活動の停滞と、それによる生活困窮状態の広がりと、その長期化が原因である。日本では、2020（令和２）年４月７日、新型コロナウイルス感染症緊急事態宣言が出され、これにより人々は移動を制限され、顧客を失った外食・旅行・小売業などの業界は売り上げが激減し、事業所閉鎖・倒産するところも多数出てきた。それに伴い人員整理・解雇などによる失業者も増加した。この異常事態に対して、政府は当初、収入が著しく減少した世帯に限って30万円を支給することを考えていたが、直前になって方向転換し、国民の

すべてに対して一律10万円の特別定額給付金を支給することを決めた[18]。一時金とはいえ、日本では前代未聞のBIの発想に近い給付の実現であった。井出栄策氏（慶應義塾大学）は、この10万円の一律支給について、コロナ感染拡大により「皆、生活が苦しくなっている状況で、一部の困っている人だけを支援しようとすると社会の分断を招いてしまう。人々は誰もが普遍的に受益できる政策を求めている」として、この政策に賛同の意を示している[19]。

　各国でもコロナによる不況・貧困対策として同様な措置がとられている。例えば、スペイン左派政権は、2020年5月29日、BI制度を閣議で承認したと報道された。それによると同制度により、一人暮らしの成人には月462ユーロ（約5万5千円）の所得が保障される。家族の場合は成人か未成年かにかかわらず、1人当たり139ユーロ（約1万7千円）が加算され、世帯当たりの所得保障上限は月1015ユーロ（約12万円）となる。これでどの世帯も年間平均1万70ユーロ（約120万円）の所得が保障されるという[20]。もっとも、これはコロナ危機を契機として、あくまでもこれまでの所得が得られなくなり生活に困窮するようになった低所得者層を対象とした限定的救済策である点で、すべての国民を対象にした完全な形でのBIではないようである。

　ブラジルは、世界で唯一「市民ベーシック・インカム法」（2004年）という法律を制定した国として知られている。この法律は全文5条からなる短いもので、同法1条には、「この制度は、国内に居住するすべての国民及び最低5年以上国内に居住しているすべての外国人が、その社会経済的状況にかかわらず、毎年、金銭的給付を受領することができる権利によって構成されるものとする」[21]と規定されている。ただし、同法1条1項には、この給付は「行政庁の裁量により貧困度の高い階層の住民を優先しつつ、段階的に達成されなければならない」とあるように、貧困層から始めて、将来に向けてBIを段階的に実施していこうという目標を定めた法律であり、その実現はこれから税制改革等がなされて財源が確保されたときに実施すると書かれている。現在は、第一段階として所得制限付きの児童手当が導入されているだけのようである。また、ブラジルのマリカ市（人口約16万人）では、コロナ禍が広がるなか、人口の約4分の1に当たる約4万2000人の比較的所得の低い市民に、月300レアル（約6000円）を地域通貨で支払っているという（ブラジルの1人当たり平均所得は月862レアル）[22]。

　また、国連開発計画（UNDP）は、2020年7月23日に報告書「臨時ベーシック・インカム：開発途上国の貧困・弱者層を守るために」を発表し、そ

のなかで、世界の最貧層を対象に臨時のBIをいまただちに導入すれば、ほぼ30億人が自宅に留まられるようになり、新型コロナウイルス感染症の急増を抑えられる可能性があることを訴えている。「社会保険の対象となっていない者のなかには、非正規労働者、低賃金労働者、女性や若者、難民や移住者、障害者が多く含まれており、この人々は今回のコロナ危機で最も深刻な打撃を受けている。こうした人々に臨時BIを導入すれば、食糧を買い、医療費や教育費をまかなうための収入を提供できる」と報告書は書いている。国連開発計画のアヒム・シュタイナー総裁は、「前例のない非常事態には、前例のない社会的・経済的措置が必要です。その一つの選択肢として浮上してきたのが、世界の貧困層を対象とする臨時BIの導入です。…救済措置や復興計画の対象を大きな市場や企業のみに絞ることはできません。臨時BIにより、政府はロックダウン（都市封鎖）下にある人々に命綱となる資金を提供し、資金を地域経済に還流させて中小企業の存続を支援すれば、新型コロナウイルスの破壊的な蔓延のペースを落とさせることができるかもしれません」と語っている[23]。

　これらの国々の取り組みは、無条件にすべての国民に金銭給付を支給するというBI完全型の導入ではなく、あくまでもコロナ禍により所得が低下した貧困層を対象にしたものである。しかし、厳格な支給要件審査や資産調査なしに、あるいは世帯の状況を問わずに、一律に一定額を支給するという点で従来の所得保障給付とは明らかに異なっている。また、水害・地震・台風といったこれまでの自然災害は、ごく一部の人たちだけが被害を被っていた限定的なものであったが、今回のコロナ感染症拡大は、それとは違って世界中のほぼすべての国民がその被害を受けるような広域的災害である。しかも、その状態が今後も数年間続くであろうと予想されている（長期化）。そうするとその救済の対象者は限りなく全国民へと拡大せざるを得なくなるし、その救済期間も長くならざるを得ない。この点がコロナ被害とBIが結びつく要因でもある。また、コロナ禍で所得が著しく低下した世帯だけに特別定額給付金を支給するという方法では、どういう世帯を所得低下世帯とみるか、低下の度合いの基準をどこに置くかといった認定に時間と手間がかかってしまう。コロナ感染がまたたくまに国内に広がっていき、急速に景気が悪化し、一刻を争うような緊急事態のもとでは、とにかく簡素化された手続での迅速な対応が求められる。そのような状況下にあっては、煩雑な認定を一切不要とする一律支給のBI給付の方が適切であると判断されたものと思われる。

V　社会保障基礎理論とベーシック・インカム

　社会保障制度とは何か、何を目的としているのかについては、論者によってその定義や取り扱う範囲において多少の違いがみられるものの、それでもなお一定の共通認識があったといってよい。荒木誠之氏は、社会保障法を定義して、「社会保障とは、国が生存権の主体である国民に対して、その生活を保障することを直接の目的として、社会的給付を行う法関係である」と述べている。ここには国民の「生活保障」が社会保障の目的であることが明記されている[24]。ただし、生活保障を受ける権利をもつものはすべての国民であるが、実際に給付を受けるためには、一定の条件（受給資格）を満たしていることが必要である。

　所得保障に限っていえば、例えば、年金では保険料納付期間であったり、受給開始年齢到達であったり、生活保護では、生活困窮度を判定する資産調査であったりする。社会保険では、受給開始にあたっては、老齢、失業、労働災害、疾病、要介護などの「保険事故」が発生していることが要件となっている（ニーズ＝要保障性）。最近では、単なる金銭的給付だけでは満足な生活を送ることはできないとの認識のもと、雇用への復帰や地域貢献活動への参加など、労働市場復帰や地域社会との結びつきを構築するための施策が必要であるとする考え方（いわゆる社会的包摂）も登場してきているが、これとて受給要件を含む現行の所得保障制度（生活保護、年金等）を前提にしての議論であることに変わりはない。

　また、労働法・社会保障法を含む社会法の発展過程に関しても共通の理解が得られていた。すなわち、契約の自由を基本とする市民社会では、すべての人間を平等な存在として扱ってきたが、しかし、現実には使用者と労働者、富裕者と貧困者、健常者と障害者とでは、経済力の面でも生活力の面でも歴然とした差がある。この差を補い実質的平等を実現するために、国家は、所得の再分配を通じて、社会的弱者に対する所得保障給付や各種医療・福祉サービスを提供し、これによって「健康で文化的な生活」を保障しようとした。これが生存権（憲法25条）の思想である。しかしBIは、こうした受給要件や保険事故という概念をまったく無視して、すべての国民に一定額の金銭給付を与えるものである。したがって、社会的弱者に対する保護という社会法の発展過程とも歴史的意義とも矛盾するものとなっている。では、BIの目的はどう理解されることになるのであろうか。

　これまでの所得保障制度は、稼働能力のある者については、雇用者・自営業・農林漁業を問わず、それぞれの分野で、自ら働いて収入（賃金）を得て、それで自らの生活や家族の生活を支えるという生き方を大前提にして創られてきたし、今もそうである。もし稼得労働を何らかの理由（例えば、失業、傷病、老齢など）で喪失したり、もしくは、中断しなくてはならない事態になったときには、その喪失した賃金相当分を所得保障で補うというのがいわば常識的な理解の仕方である。しかし、BI は賃労働だけでなく、無償労働、例えば、主として女性が担ってきた家事・育児といった家庭的労働、地域住民が担ってきたボランティアなどの地域貢献活動も、費用補填の対象としているので、従来の大前提である「賃労働による生活の維持」とそれを支えるための補助的な所得保障制度という土台自体が崩れることになる。すべての国民にしかも無条件で支給される現金給付となれば、その目的は当然別のところに求めなくてはならないであろう。

　その理論的根拠としては、アメリカ、イタリア、イギリスなどで起こってきた「家事労働に賃金を」というスローガンのもとで、家事労働は人間が生活をする上で必要不可欠のものであるので、それに従事する者に対しては「社会賃金」という名目で金銭を給付すべきであるとか[25]、賃労働に従事できない障害者に対する生活手当を要求する根拠としての「生きること自体が報酬の対象になる」（ネグリ『生政治的自伝』2002年）[26]という考え方などがそれに該当することになろうか。こうなると、BI とは自国民であるということそれだけを国家が評価して、いわば自国民への報酬としてすべての国民に平等に同一金額を与える無条件給付という性格になるであろう。もっとも、外国人に対しても一定の居住期間を要件として BI を給付することはあり得よう。

　また、BI 導入の必要性を補強する材料として、将来にわたって労働環境や社会生活のあり様が大きく変化することをあげる者もいる。すなわち、従来のように労働時間と労働日で算定するような賃金体系は、以下のような理由で時代遅れであり、いまや人間の生活の営み全体が労働と関わっている以上、その全体を評価するような報酬体系を考えるべきであると主張する者がそれである。具体的には、

①仕事時間と余暇時間の区別がどんどん曖昧になり、従来の労働日という概念が変質する[27]。

②情報、コミュニケーション、協働が生産の基準になり、ネットワークが

　　組織の支配的形態となる。
　③労働関係は、これまでの安定した長期雇用から、流動的で不安定なもの
　　となる。

　ここでは、賃金というものが個人の努力だけで得られるものではなく、他
の労働者あるいは自分の家族、地域住民との協働作業によって獲得されるも
のであるという認識のもとで、それならば国民全体に対して普遍的に一定金
額が支給されるべきであるという BI の肯定論へとつながっている。
　さて、今回の日本の特別定額給付金（国民すべてに一律10万円支給）は、
どのようなものとみるべきであろうか。総務省のホームページによると、緊
急事態宣言のもと「人々が連帯して一致団結し、見えざる敵との闘いという
国難を克服しなければならない」という「新型コロナウイルス感染症緊急経
済対策」閣議決定（2020〔令和2〕年4月20日）の文章を引用しながら、
「感染症拡大防止に留意しつつ、簡素な仕組みで迅速かつ的確に家計への支
援を行なう」ことが目的であると記されている[28]。この文章の「連帯して一
致団結し…、簡素な仕組みで迅速かつ的確に家計への支援を行なう」という
表現から見ると、全国民への一律支給としたのは、①一部の国民への給付で
は国民の分断を招きかねないという理由、②すべての国民に団結意識を持っ
てもらうためという理由、および、③対象をコロナ禍によって収入が著しく
低下した世帯に限定すれば、その認定に手間と時間がかかるという三つの理
由が読み取れる。
　これは BI 賛成論者があげている理由と同じであり、このことが日本でも
BI 給付が一時的・部分的に導入されたとみる見方の根拠となっている。「家
計への支援を行なう」という文言を見る限りでは、10万円で中小零細企業・
小売業のサービスや商品を買って景気回復を図ってもらいたいという経済対
策的意図（何割か安く買える地域商品券のようなもの）よりも、収入減世帯
に対する生活保障という側面が強いようにも思われる。ただ、コロナ禍の影
響をほとんど受けない世帯や個人に対してまで、「連帯・団結意識」の高揚
のために特別定額給付金を支給する必要があったのかどうかについては、今
後も、慎重な検証が必要であろうと思われる。それは、限られた財源を有効
に使うという観点からも、あるいは財源負担が膨大になることを防ぐという
観点からも重要なことがらであろう。公務員や議員がこれに該当するかどう
かについては即断をすることはしないが、もともと所得保障を必要としない

　高額所得者などに対しては、所得制限等を設けて支給対象としない事例が多かったことは考慮される必要がありはしないか。

　一般国民の意識としては、労働能力があるのにそれを活用せずに漫然と給付を受け続けることへの抵抗感（労働要件あるいは社会貢献要件）と並んで、もともと給付を必要としていない富裕層へも給付を与える必要があるのかという疑問（要保障性の有無）は、誰もが抱いてきたところであろう。BI 導入には、それを不要とする人にまで支給するのかという疑問がやはりつきまとう。富裕層への支給も併せてやらなければ国民が「分断」されるというのであれば、要保障性の認定や受給要件を満たしているかどうかの判定を必然的としてきたこれまでの所得保障制度は根底から覆ることになる。いや、それこそが BI なのだといえばそうかもしれないが、それならば BI を社会保障制度の一態様とみられるかどうかという根本的な問いかけも次に受けることになろう。ただし、後述するように、社会保障を今回のコロナ禍を受けて「最低生活の保障」という目的を超えて、経済再建、産業復興まで考慮に入れた包括的生活再建策の一環とみるならば、公務員にも当然特別定額給付金を支給して、それで旅行に行ったり、商品を買ってもらうことで地域経済の活性化に役立ててほしいということになるのかもしれない。

　さらに論を進めていけば、BI が社会保障法学の範囲に属するのかどうか、逆に言うと社会保障法学の取り扱う範囲はどこまでかという学問上の議論は、経済・雇用・社会・文化あらゆる面で態様が変化した現代社会においてはさしたる意味を持たないことなのかもしれない。最近では、雇用か社会保障かという二者択一のやり方ではなく、低賃金の非正規雇用労働者が増加していることに着目し、低賃金を社会保障給付で補うというような政策もあってよいのではないかという提案もなされている[29]。また、これを学問的に体系づけるために労働法とか社会保障法とかの役割分担をせずに、両者の連携による対応を必要としているという意味で、新たに「生活保障法」なる概念を提唱する研究者も出てきている[30]。

　一番新しいところでは、厚生労働省が打ち出した「『我が事・丸ごと』地域共生社会」構想もそうであろう。これは、社会保障財源が厳しいなか、公助・共助に頼るのではなく、住民相互の助け合い・支え合い（互助）によって地域住民のケアを実現していこうとするものである。地域包括ケアシステムの一翼を担うものでもある。厚生労働省の文書によると、「耕作放棄地の再生や森林など環境の保全、空き家の利活用、商店街の活性化など、地域社

会・経済の抱える様々な課題について、社会保障の枠を超えて…」「地域全体が連帯し、地域の様々な資源を活かしながら取り組むことで、人びとの暮らしにも地域社会にも豊かさを生み出す」という言葉からもわかるように、地域共生社会は、広大な経済・産業分野も巻き込んで実現される「地域づくり」「地域活性化」構想である。経済の活性化まで含めた「地域づくり」構想は、これまでの社会保障法学の守備範囲からすれば、社会保障法学の対象としては容易には認めにくい事柄であろう。しかし、これを社会保障法学の範囲外とするかどうかの議論よりも、これからの社会は福祉だけでなくこうした産業活性化をも含めた総合的地域社会づくりを必要としているということを認めたうえで、ではその実現のためにはどういった具体策をとればよいかということを考えていくという方向のほうが建設的であるのかもしれない。

　災害についても同じようなことが言える。荒木誠之氏は、すべての公的給付が社会保障法に含まれるわけではないとして、「火災・風水害などに際して、応急的に生活必需品を給付する災害救助も、その目的が生活危険に対する保障というより、突発的異変についての一時的・応急的救済にあるから、給付行政の一部であっても、社会保障法とは一応区別しなければならない」[31]と述べている。災害がごくまれに、しかも狭い範囲でごく一部の国民に降りかかっていた時代とは違って、現代は地球温暖化の影響なのかわからないが、自然災害が頻発している時代である。その点、コロナは全世界的規模に及んでいる。こうした今までに経験したことのないような広範囲の災害にみまわれる時代にあっては、従来の社会保障法の範囲を超えたいわば総合的生活保障制度のような新しい給付制度が求められているのかもしれない。

VI　おわりに

　BIを社会保障制度の一部とみるのか、それとはまったく異質な新たな社会政策とみるのか、その議論はしばらく置いておくことにしよう。ただ、BIは、人間の生活と労働とを完全に切り離してしまう思想である点でやはり批判が多いのは事実である。働かずに遊んで暮らすとは何事かという国民の根強い嫌悪感がその根底にあるからである。この点、社会保障を個人の自律の尊重とその条件整備のための制度とみる菊池馨実氏の理論においても同様である。個人が主体的かつ自由に自らの生き方を追求できることを可能にするための条件整備という表現からは、まさにBIがそれではないかという

連想に結びつくのだが、しかし菊池理論においては、高齢者の地域活動参加といった事例は別にして、「自律の尊重」は、稼働能力のある者にとっては労働市場への復帰または公共作業や中間的就労への従事が求められ、それを可能にするような支援のことを指している。したがって労働能力活用とは無関係に支給される BI については賛成できないとの結論に至っている[32]。しかし、それはそれとして認めるとしても、今回は過去に経験したことのない新型コロナウイルスの世界的感染症拡大によって、どの国も経済が停滞し、多数の国民が採用内定を取り消されたり、職を失うという事態にまで陥っている。いまや仕事との結びつきそのものが困難な状況にあるのである。労働市場への復帰といっても、企業活動がこれだけ停滞していたのではそう簡単に実現しそうにない。

　それでは労働市場から切り離された人に対する所得保障はどうなるのか。こうした未曾有の事態に立ち至っては、受給要件認定を経て、それをクリアしても現実の給付までには数カ月かかるというような従来型の所得保障制度では対応できない。そうであれば、煩雑で時間のかかる受給審査を避け、早急に一定額の生活保障給付をすべての国民に支給するという BI の考え方が注目されたのは無理からぬことであったろう。だからといって、これまで支給されてきたすべての所得保障給付を廃止して、これに代えて完全型の BI を早急に導入すべきであるといっているのではない。おそらくそれは不可能であろうし、国民の賛成が得られるとも思えない。ただ、これまでの社会保障の発想では時代に適応できない部面も多々あるのではないかといっているのである。

　日本においてもここ数年災害が頻繁に発生している。もはや一部の人たちが被る狭い範囲の自然災害とは言い切れなくなっている現実がある。コロナ感染症拡大はまさにそれであろう。災害が、被害範囲においても被災期間においても、これまでとは大きく違った様相を呈しているときには、従来型の所得保障政策に一時的にでも代わる臨時の生活保障給付であったり（今回の特別定額給付金はこれに近い）、あるいは従来型を補完する永続的な部分給付の創設であったり、そういった新たな施策が求められているのではないか。さらにもっと進めて、従来の所得保障給付とはまったく別の発想に立った新しい型の総合型所得保障給付みたいなものの創設（BI はその一つであろう）でもよいのかもしれない。

【注】

1）厚生労働省は、2020（令和２）年９月８日、新型コロナウイルス感染症拡大による解雇や雇い止めが、９月23日時点で見込みも含めて６万439人になったことを公表している。９月11日時点より4856人増加し、このうち77％にあたる3762人が非正規雇用の労働者であった。これに対して、国は雇用調整助成金の日額引上げ等特例期限を2020（令和２）年12月末まで延長して対応することにしているが、感染収束の見通しは立たないまま、非正規雇用労働者にとっては厳しい状況が続いている（熊本日日新聞2020年９月25日）。

2）このため、介護事業所においては、介護という業務が、密集や密接の避けられない仕事であることから、感染防止用品（マスク、ガウンなど）の安定供給、介護従事者への特別手当の支給など、介護提供者・利用者が安心して介護サービスを提供し、また受けることができるような体制の整備を国に求める要望書が相次いで出されている。例えば、厚生労働大臣宛て全国老人保健施設協会（令和２年４月21日）、同、日本介護福祉士会（令和２年４月24日）など。詳しくは、賃金と社会保障 No.1756（2020〔令和２〕年６月下旬号）41頁以下参照。

3）山森亮『ベーシック・インカム入門―無条件給付の基本所得を考える』（光文社新書、2009〔平成21〕年２月）151-152頁。

4）同上書、154頁。

5）http://www.basicincome.org/bein/2020/9/18　武川正吾「第１章　21世紀社会政策の構想のために―ベーシック・インカムという思考実験」武川正吾編著『シティズンシップとベーシック・インカムの可能性』（法律文化社、2008〔平成20〕年）24頁以下。

6）ワークフェアについては、埋橋孝文「ワークフェアの国際的席捲―その論理と問題点」埋橋孝文編著『ワークフェア―排除から包摂へ？』（法律文化社、2008〔平成20〕年10月）15頁以下を参照。

7）武川、前掲書注５）、22-23頁。

8）山森、前掲書注３）、22頁。

9）小沢修司氏は、BI 月額８万円を提案している。その根拠は、生活保護の生活扶助基準（都会でのひとり暮らしで約８万5000円）、老齢基礎年金（満額支給で６万7000円）、障害基礎年金（１級で約８万4000円、２級で約６万7000円）などを参考にしている。小沢修司「第８章　日本におけるベーシック・インカムに至る道」武川正吾編著『シティズンシップとベーシック・インカムの可能性』（法律文化社、2008〔平成20〕年）195-196頁。2020（令和２）年、政府が創設した「基本的対処方針等諮問委員会」の委員である小林慶一郎氏（慶應義塾大学）は、コロナ対策として、１人当たり毎月10万円から15万円の給付を１年間支給すべきだと主張している。2020（令和２）年６月17日ブルームバーグ記事。https://news.goo.nejp/2020/9/18。2016年にスイスで BI 導入をめぐって国民投票が行われたが、導入推進派は、すべての成人に月2500スイスフラン（約27万円）を支給する案を提案している（結局は国民の８割が反対し否決された）。ドイツでは、2021年春から、18歳以上の国民に１カ月1200ユーロ（約15万円）の BI を３年間支給する実験を120人の応募者に対して行う予定である。毎日新聞2020

年8月26日。

10) 山森、前掲書注3)、22-23頁。

11) 要扶養児童を有する家庭に対する扶助（AFDC、Aid to Families with Dependent Children）は、1935年、連邦社会保障法の制定とともに創設されたもので、16歳未満の児童を有する母子家庭を対象としていた。1988年、家庭支援法（Family Support Act）によって、母親に対する就労促進政策が導入された。AFDCは、1996年、貧困家庭に対する一時的扶助（TANF、Temporary Assistance for Needy Families）にとって代わられることになった。詳しくは、根岸毅宏『アメリカの福祉改革』（日本経済評論社、2006年）を参照のこと。

12) 詳しくは、石橋敏郎『社会保障法における自立支援と地方分権―生活保護と介護保険における制度変容の検証』（法律文化社、2016〔平成28〕年）18-19頁。

13) BI賛成論者の反論については、詳しくは、前掲書注5)、武川、34-37頁を参照のこと。

14) 山森、前掲書注3)、214-215頁、前掲書注5)、武川、30頁。なお、アトキンソンの考えるBIは、すべての所得保障給付に代替するものではなく、公的扶助（生活保護）だけを代替するもので、社会保険による所得保障は並存するものとして構想されている。すなわち、基礎的所得保障がBIで、それ以上は社会保険方式で上積みされるというものである。山森、前掲書注3)、215頁。

15) 65歳以上の生活保護受給者のうち年金受給者が47.8%、無年金高齢者が52.2%となっている（厚生労働省2014〔平成26〕年調査）。また、厚生労働省「国民生活基礎調査」（2010年10月）から推計すると、日本の生活保護捕捉率は15%から30%台にとどまっており、日本では70%から85%の国民が生活保護基準に満たない生活をしていることがわかる。生活保護捕捉率が80%を超えているといわれるイギリス・ドイツ等欧州諸国に比べて、日本のそれは極端に低くなっている。

16) 金明中「コロナ不況を乗り切るカギ。韓国でベーシックインカム導入論が盛んに」2020年8月11日、ニッセイ基礎研究所。
https://www.nli-research.co.jp/report/detail/id=65138

17) 山森亮「フィンランド政府が2年間ベーシックインカム給付をして分かったこと」によると、今回の試みで、BI導入によって人々が働かなくなることはないという結果と、BIにより意識として法制度への信頼度が高まったことが報告されている。最終報告は2020年になるという。
https://gendai.media/articles/-/64706

18) この他に、中小法人・個人事業主向けの持続化給付金（法人200万円まで、個人事業者100万円まで）、雇用維持のために労働者に休業手当を支払う事業者に対する雇用調整助成金、事業者の家賃・地代負担を軽減するための家賃支援給付金（法人月額100万円まで、個人事業主50万円まで、いずれも6カ月分）など、さまざまな応急的・臨時的措置がとられている。

19) 週刊エコノミスト・トップストーリー「コロナ禍の今なぜ『ベーシックインカム論』なのか」2020年7月15日。
https://mainichi.jp/premier/business/articles/20200714/biz/00m/020/012000c

20）スペインはもともと財政的には厳しい国であったうえに、コロナ感染者も多く、不況に追い打ちをかける格好になっている。ただこの制度の導入については、連立与党の急進左派ポデモスの党首であるパブロ・イグレシアス副首相は閣議承認後、「今日、スペインで新たな社会的権利が創出された」と誇らしげに明言している。

21）ブラジル連邦ベーシック・インカム法（2004年1月8日法律第10835号）。同法1条2項では「給付の支給は、すべての者に同等な額で実施されなければならない。また、国家の発展程度および予算上の支出可能性を検討したうえで、各人の食料、教育及び健康維持に要する最低限の支出額に対して十分な額でなければならない」と規定されている。

22）山森亮「連帯経済としてのベーシックインカム」（世界、2020〔令和2〕年9月）91頁。マリカ市は、沖に油田を持っており、それが市の予算の70％を占めている。独自の地域通貨実現はこの財源をもとにしているという。同、92頁。

23）国連開発計画駐日代表事務所 https://www.jp.undp.org
なお、主要各国の新型コロナウイルス対策の現状については、千原則和「主要各国の新型コロナウイルス対策」（世界、2020〔令和2〕年9月）99頁以下に詳しい。

24）荒木誠之『社会保障法読本〔第3版〕』（有斐閣、2002〔平成14〕年4月）8頁では以下のように述べている。「社会保障の目的は国民の生活保障にある。社会の一員として生活をしていくうえで、収入の途を失うとか、負傷や病気にかかり、あるいは障害状態になるなど、さまざまな困難が発生する。そのような困難が現実に発生したとき、人間としての尊厳を失わないで生活ができるような手だてを社会的に講じておくのが、社会保障である」。

25）アントニオ・ネグリ（1933-）。山森、前掲書注3）、115頁以下。

26）同上書、122頁以下。

27）ハート＆ネグリ『マルチチュード』（2004年）では、次のように書かれている。「仕事時間と余暇時間との区別がどんどん曖昧になり、従来の労働日という概念が変質する。…生産の目的が問題の解決やアイデアまたは関係性の創出ということになると、労働時間は生活時間にまで拡大する傾向がある。アイデアやイメージはオフィスの机に座っているときばかりでなく、シャワーを浴びたり夢を見ているときにもふと訪れるものだからだ」。同上書、117頁。①、②、③の根拠はいずれも同上書の記述による。

28）総務省ホームページ https://www.soumu.go.jp/2020/9/24

29）笠木映里「現代の労働者と社会保障制度」日本労働研究雑誌612号（2011〔平成23〕年）44-45頁。

30）島田陽一「貧困と生活保障—労働法の視点から」日本労働法学会誌122号（法律文化社、2013〔平成25〕年）100頁以下。同様に、これまでのように生活困窮者や失業者に経済的給付を与えるだけでなく、労働市場に戻れるようにすることこそ重要であるとして、社会的包摂の立場から、雇用と社会保障を結びつける「生活保障」という概念を提唱するものとして、宮本太郎『生活保障—排除しない社会へ』（岩波新書、2009〔平成21〕年）65頁。

31）荒木誠之『社会保障の法的構造』（有斐閣、1983〔昭和58〕年12月）32-33頁。ただし、

　　　吾妻教授は災害救助法につき「広義において、国家的・公的な扶助を組織づける法規
　　として、社会保障法の一部を構成するものと見てよいであろう」（吾妻光俊『社会保
　　障法』23頁）と述べていることを紹介している。

32）菊池馨実氏は、ワークフェアの考え方に対して一定の支持を与え、その理由を以下の
　　ように説明している。「理念的に、稼働能力があるにもかかわらず、確信犯的にフリー
　　ライダーをする『サーファーの自由』を認めるべきではないという点である。この点
　　で、立法論ないし政策論として、所得調査を必要とせず、就労義務とも切り離され、
　　稼働能力のある成人も含めまったくの無条件で一律に金銭給付を行うという意味での
　　ベーシック・インカムの構想は支持できない」。菊池馨実『社会保障法制の将来構想』
　　（有斐閣、2010〔平成22〕年12月）34頁。同旨、菊池馨実『社会保障法〔第2版〕』
　　（有斐閣、2018〔平成30〕年6月）330頁。

第2章

高齢者・障害者の所得保障と
ベーシック・インカム

Ⅰ　はじめに

　高齢者・障害者の生活は、労働、所得保障、医療・介護・福祉サービス、住まい、生きがい対策などさまざまな分野からの支援によって成り立っている。慢性的な疾病を抱えがちの後期高齢者や重度の障害をもった人たちにとっては、医療・介護・福祉サービスへの依存度が高くなってくることは当然であるが、そうしたサービスを受けるためには、まずもって日々の衣食住をまかなえるための生活資金が十分であること、およびサービスを利用するための保険料や利用料が払えるだけの所得が確保されていることが前提になっている。

　超高齢社会を迎えて、社会保障費は急騰を続けており、介護給付費は2012（平成24）年では8.4兆円であったものが、2020（令和2）年度には10.2兆円（1.2倍）、医療給付費の方は、2012（平成24）年では35.1兆円であったものが、2019（令和元）年度には44.4兆円（1.3倍）と、それぞれ過去最高の額となっている。これを受けて当然国民の負担は増加の一途をたどってきた。例えば介護保険料は、制度がスタートした2000（平成12）年では、保険料負担が平均月額2911円であったものが、2020（令和2）年では6771円に、2025（令和7）年には8165円になるものと予測されており、実に2.8倍の伸びである。居宅介護サービスを受けた場合の一部自己負担は、当初は一律1割負担であったが、その後、一定所得額以上の被保険者は、2割負担、3割負担へと変更された。医療も同様に、保険料負担増と一部自己負担の見直しが進んでいる。75歳以上の後期高齢者の医療費一部負担金は、これまでは所得に応じて1割または3割であったが、2022（令和4）年後半には新たに2割負担枠が創設されることになっている。その間、介護保険についても医療保険についても、施設入居者、病院入院患者のホテルコスト代（室料）や食事代を自

己負担させるという改正も行われた。

　これに対して所得保障の方はどうであろうか。厚生年金保険法の厚生老齢年金は、2019（令和元）年度では、65歳以上の男性の場合、平均月額17万1305円、女性の場合10万8813円であるが、国民年金だけの場合は、この半分の額にも満たない。国民年金の老齢基礎年金は被保険者期間が25年以上あること、満65歳以上であることを条件に給付されるが、40年間保険料納付がある場合の満額給付であっても年額78万1700円（2020〔令和２〕年度）、月額にして６万5242円と低額である。2012（平成24）年には、25年という被保険者期間を満たしていなくて無年金となる者を救済するために、消費税増税時に合わせて被保険者期間を10年間に短縮する法改正が行われ、予定より前倒しで2017（平成29）年８月から実施された。これにより、64万人が新規に受給資格を得ることになったが、しかし被保険者期間が10年となると、当然年金額はもっと低額にならざるを得ず、2017（平成29）年度時点で、平均年額19万4800円（月額１万6233円）にすぎない。

　また障害基礎年金の額は、2019（令和元）年度時点で、１級の場合年額99万5125円（月額８万2927円）、２級の場合78万100円（月額６万5083円）であり、これに子の加算がつくとしても、やはり低い金額といわねばならない。当然、これだけでは生活ができないので、残りの生活費を就労か親族扶養か、それができない場合は生活保護を受給することによって補うことになる。2018（平成30）年度の生活保護受給世帯を類型別にみると、高齢者世帯が54.1％、障害者世帯が12.2％、あとは傷病者世帯（13.1％）、母子世帯（5.3％）と続いている。本来は、年金額が十分であれば保護受給に至らない高齢者・障害者が約７割弱を占めていることになる。さらには、生活保護水準以下で生活している者に対する捕捉率は、日本では22.9％（2018〔平成30〕年）といわれており、諸外国に比べて極端に低い数値となっている[1]。

　そこに、2020（令和２）年初頭から突然発生した新型コロナウイルス感染症の拡大が貧困への追い打ちをかけた。とりわけコロナ禍は、高齢者、障害者、ひとり親世帯、単身世帯、非正規雇用労働者など、もともと生活基盤の弱かった世帯に甚大な影響を与えている[2]。このような緊急事態を受けて、各国とも国民の生活保障、とくに所得保障について新たな政策を模索し始めた。この新たな政策のひとつがベーシック・インカム（BI）である。

Ⅱ　新型コロナウイルス感染症拡大とベーシック・インカム（ＢＩ）

　新型コロナウイルス感染症の恐怖は、2020（令和２）年１月に日本にも到達した。その後２年間、政治の中心はコロナ感染症対策一色になり、国民生活はそれに振り回されてきた。2021（令和３）年12月を迎えて、コロナ禍もようやく下火になりかけてきているが、新たな変異株「オミクロン株」も拡大の兆しがあり、まだ油断はできない。患者数は、世界的にみると2021（令和３）年10月12日現在で約２億3831万人、日本では171万2288人が感染しており、７月から始まった第５波では過去最大の感染患者が出て、医療機関は崩壊寸前の危機的状況に置かれている（熊本日日新聞2021年９月５日）。その間４回の緊急事態宣言、まん延防止等重点措置およびその延長措置が講じられた。ただ、ワクチンの接種は次第に進み、2021（令和３）年10月26日現在で２回の接種が終了した国民は全体の70.1％となっている（熊本日日新聞2021年10月27日）。

　コロナ禍によって生活が困窮した者が比較的利用しやすいのは、生活福祉資金である。通常は低所得者等に対する臨時貸付制度である総合支援資金と緊急小口資金（合わせて最大200万円）は、その対象者をコロナの影響で収入が減少した世帯にも拡大した結果、2021（令和３）年８月28日時点で、申請件数275万7388件、決定額は１兆1591億円にも及んでいる。生活困窮者自立支援法に基づく家賃補助制度である住居確保給付金については、2019（平成31、令和元）年度に比して実に34倍という脅威的な利用増となっている。さらに政府は、上限に達するなどして特例貸し付けを受けられない生活困窮世帯に対し、2021（令和３）年７月から３カ月間で最大30万円を支給する新たな給付金制度を創設した。当然、生活保護の申請も増加している。厚生労働省は2021（令和３）年９月１日、同年６月の生活保護申請は１万9478件で、前年同月と比べて13.3％増えたと発表した[3]。

　だが、既存の制度だけでは対応ができないとみた政府は、2020（令和２）年８月から、すべての国民に対して一律10万円の「特別定額給付金」を支給することを決定した。総務省ホームページによると、特別定額給付金の目的は、「緊急事態宣言の下、…人々が連帯して一致団結し、見えざる敵との闘いという国難を克服しなければならない。このため、…簡素な仕組みで迅速かつ的確に家計への支援を行う」となっている。これを見ると、コロナ禍によって苦しくなった世帯への家計の補助という貧困対策が目的となっている

ようである。ただし、対象をコロナ禍によって収入が減少した世帯だけに限定するとその認定に手間と時間がかかること、および、それでは社会の分断を招きかねないという配慮から全国民一律の給付になったという趣旨がうかがわれる[4]。

　報道によれば、特別定額給付金の７割は貯蓄に回ったとされており、貧困対策あるいは景気刺激対策としての効果については疑問視されている（熊本日日新聞2021年11月10日）。そのため、新型コロナウイルス経済対策として、18歳以下の子どもに10万円相当を給付する「子ども給付」（年収960万円の所得制限付き）については、地域通貨併用方式が導入されようとしている。すなわち、2021（令和３）年内に現金５万円の先行給付を開始し、2022（令和４）年春までに子育て関連に使える５万円相当のクーポン券を支給するという「現金・クーポン併用方式」がとられる予定になっている。

　とはいえ、一律10万円の特別定額給付金は、日本で初めてのBI導入とみるむきもある。BIとは、「資産調査や就労要件を課すことなく、無条件で（unconditionally）、すべての国民に対して、個人を単位として、定期的に支払われる現金給付のことをいう」（BI地球ネットワーク）。たとえて言うならば、10万円の定額給付金を１回きりではなく、毎月給付していくという制度である。BIは、要保障事故（貧困、疾病、失業等）という要件をまったく課すことなく、すべての国民に一律の現金給付を行うという点で、これまでの社会保障制度の常識をくつがえす発想に立っている。このために、財源的にみて実現不可能なばかりか、生活に困っていない富裕層にも支給すること、および、働かないでBIを受け取ることへの抵抗感などから、これまではさほど現実味を帯びてこなかったといってよい。

　しかし、新型コロナウイルス感染症拡大を受けて再び注目を浴びようとしている。日本維新の会は2021（令和３）年８月25日、次期衆院選の公約の土台となる政策提言「維新八策」を発表し、そのなかにBIの導入をあげている[5]。2022年３月に迫った韓国大統領選挙でも、優勢を保っているといわれる与党候補者の李在明京畿道知事が公約で、国民１人当たり年間100万ウォン（約９万5000円）のBIの支給を掲げている。BIは、いまや国の政策のひとつとして考慮されるべき制度となりつつあるといってよいであろう。

Ⅲ　ベーシック・インカムの登場する背景

　ベーシック・インカム（Basic Income、以下 BI と称する）という考え方が登場する背景にはさまざまな理由がある。ここでは、大きく二つの視点から考えてみたい。一つは、従来の社会保険・公的扶助を柱にしてきた社会保障制度が、21世紀を迎えて経済・社会・雇用・家族形態の変化に対応できなくなってきているという点である。経済成長を背景にして、そのなかで世帯主（男性）の安定雇用と高賃金・高収入が保障され、それをもって家族を扶養するという20世紀型の福祉国家制度が現在の社会情勢に合わなくなってきている。世界的にみても、かつての製造業中心の産業から情報・知識・サービス業中心の産業構造に変わりつつある（非物質的労働へのシフト）。規制緩和により経済のグローバル化も進んでいる。低成長経済のもとでいまや完全雇用は怪しいものになり、日本では非正規雇用労働者が約４割（36.7％、うち女性は68.7％、総務省統計局労働力調査2021〔令和３〕年６月時点）を占めている。

　非正規の労働者は、賃金だけをみても正規労働者の賃金の66.3％にすぎない（厚生労働省令和２年賃金基本統計調査、2021〔令和３〕年３月）。家族構成も夫婦共稼ぎ世帯が主流になり、高齢者のみ、高齢者夫婦、ひとり親、単身世帯など、多様化している。働いていながら低賃金のため生活が苦しいワーキング・プア層も出現している。こうした「新しい貧困層」の人たちや、新たな雇用形態のために社会保険制度の谷間に置かれている人たちを BI は一気に救済することができる。

　もう一つは、生存権（憲法25条）を基礎において、「健康で文化的な最低限度の生活」を保障するという従来の生活保障の考え方だけでなく、さらに「本人が自由に自分の生き方を選択し、その希望する生き方を支援する」という新たな要素を加えようとする動きである[6]。スイスは世界で初めて、BI 実施に関する国民投票が行われた国として知られているが、その際の改正案は憲法110条の「労働者保護」の部分であったことは興味深い。すなわち BI は最低生活保障のためのセーフティネットとしての位置づけ（社会権）ではなく、望まない労働からの個人の解放と無償の社会的貢献活動への参加の自由（自由権）を実現するものとして提案されたのであった[7]。つまり、BI によって一定の生活保障が実現できれば、働きたい人は働けばいいし、そうでなく地域活動（ボランティア等）に従事したい人はそれができるようにな

るという意味である（BIの金額にもよるが）。

　BI単独で賃労働からの解放を実現するというのは不可能に近いが、所得保障の役割を「最低生活の維持」という経済的な側面からだけ見てきた従来の社会保障制度の発想に対して、「生き方の自由を保障する」という新たな視点・要素を持ち込もうとしている点は注目できよう。最低生活を送れるだけの経済保障があったとしても、それだけでは十分でないので、それぞれの国民が希望する途を歩むことができるように、各種社会サービス（保育、教育、職業訓練等）の提供とその充実を国や自治体に積極的に働きかけようとする契機がそこに含まれているからである。

Ⅳ　ベーシック・インカムの限界

1　給付水準

　とはいえBIの限界も多々ある。BIの限界の第一は、BIの給付水準についてである。BIは、すべての国民に無条件で一定金額の給付を毎月支給する仕組みであるが、そのやり方については、適用対象者、給付水準、給付期間などによってさまざまなパターンがあり得る。このうち、完全型BIとは、現在の所得保障給付（例えば、年金、失業給付、生活保護、各種手当、税額控除等）をすべて廃止して、これに代わる唯一の所得保障給付として構想するものである。しかし、これには莫大な財源が必要になるので、それを確保できるのかという問題だけでなく、高額所得者にも必要なのかとか、何もしない者（怠け者）が出てくるのではないかという批判が常につきまとう。この点は、BIの金額（給付水準）をいくらにするかによって大きく左右されるところである。

　BIの金額をいくらにするかは、厚労省の高齢者単身世帯の生活保護支給月額8万870円（厚労省事例、2016〔平成28〕年、東京都）、老齢基礎年金平均月額6万5千円、住民税非課税世帯月8万3千円以下の所得などの水準が参考になろうが、小沢修司氏は、月額8万円のBI水準を挙げて、そのための予算として115兆円が必要で、所得税だけで賄うとすれば税率45%必要であるという試算を提示している[8]。原田泰氏案では、成人7万円、子ども3万円である。負の所得税の提案者であるミルトン・フリードマン（M. Friedman）は、BIの額を、1人当たりGDPの10分の1が相応しいと考えていた。この想定額でいくと、日本の平均所得は436万円（2020〔令和2〕

年９月年国税庁民間給与実態調査）なので、約44万円（月額約３万７千円）
となる[9]。BI の額が高すぎると人間は働かなくなるのではないかという BI
反対論もあるが、この水準だとそうはならない金額であろう。しかし、生活
に困難を感じていない富裕層にまで支給することにはやはり抵抗を感じる人
も多い。結局、低所得者に対する「補完型所得保障」としての BI にならざ
るを得ないというところに落ち着くのではないかと思われる[10]。

2　医療・介護・福祉サービスの無償化

　第二の限界は、BI は医療・介護・福祉等の社会サービスの無料化または
低額利用という前提なしには成り立たないということである。日本で試算さ
れている BI の金額を見てわかるように、その金額は、医療・介護・福祉
サービスの保険料・利用料（一部自己負担）等を考慮には入れていないとい
うことである。介護・福祉サービスに市場原理を導入した「新自由主義的」
な考え方からいえば、医療も同様に市場原理にゆだね、そこにかかる費用は
すべて BI で支払えばよいという構図になってくるかもしれないが、医療に
かかる費用は膨大になることもあるし、個々人の疾病の種類・態様によって
金額が違ってくるので、医療サービスの費用を一律給付の BI で賄うことは
理論的にも実際的にも無理である。現在提案されている BI の水準（月額３
万円から８万円）は、医療・介護・福祉サービスが無料またはごくわずかな
金額で利用できるということを前提にしての議論である。ここから、現在必
要とされているのは BI ではなくて、ベーシック・サービス（BS）の方であ
るという主張が現れてくる。

　井手栄策氏は、医療、介護、福祉、保育、教育等を所得の多寡にかかわら
ず誰もが必要とする普遍的サービス（ベーシック・サービス：BS）と位置
づけ、これを無償化することを提案している。井手氏によれば、BS の実現
はさほど困難ではないとの認識がある。BI の場合、月12万円を給付しよう
とすれば消費税率を62％まで上げなければならないが、BS の無償化には消
費税７％程度の増税で済むと算定している[11]。BI 論者が最初からこのこと
を意識していたかどうかは別にして、BI 導入の是非とその給付水準をめぐ
る議論のなかで、医療・介護・福祉等の社会サービスの利用が無料（もしく
はわずかな利用料負担）でなくては、現実的には BI 論が成り立たないこと
に気づかされる結果になったのである。BI 論の延長線上で、医療や介護と
いった社会サービスは、現在の社会保険方式を改めて税方式とし、保険料や

自己負担をなくす方向で考えていくという意見が再び主張されるようになったのはそのためである[12]。

　医療の無償化の問題は、1970年代に荒木誠之氏によって既に提起されていた。荒木氏は、医療を含む生活障害給付は、原則、租税方式で無料またはそれに近い軽微な負担とすべきであると考えており、それについて以下のように述べている。「障害保障給付は、労働能力を回復させることを目的とする給付の体系であるから、保険のシステムにはなじまない」「障害保障給付は、…その性質からいえば、社会がその構成員に対して当然提供すべき給付といわねばならない。したがって、費用は、原則的には、国費又は公費によって支弁すべき」「医療給付に拠出制を維持するかどうかについても根本的な検討を要する」などの記述である[13]。また、別の個所では、「現行の社会保険法が、生活障害給付である医療の現物給付を含めているのは、…医療を所得保障の一形態とみる思想のなごりにほかならない」とも述べている[14]。しかしわが国において、医療制度に関してこれまで定着してきた現行の社会保険方式から税方式への転換という提案がはたして国民的合意が得られるかどうか、および医療費用の無償化が実際に実現するのかどうか、それはかなり難しいことのように思われる。そのことは一応脇に置くとして、BI導入の議論は社会サービスの充実とその無償化（もしくはごく低額の利用料負担）抜きには成り立たないことだけははっきりしてきたといえる。

3　社会サービスの充実

　BIの限界の第三は、BIだけでは「生き方の自由」を保障し、「人生の選択を可能にする」ことを実現するのはとうてい無理だということである。BIの目的は、貧困対策と並んで、「賃労働からの解放」あるいは「生き方の選択の自由」を保障するものだとされているが、上記の支給金額（月８万円程度）では、日常生活すら成り立っていかないので、国民は、結局、賃労働に従事せざるを得ない。それどころか、仮に８万円のBIが導入されるとなると、その分だけ賃金が引き下げられてしまうのではないかという懸念や[15]、保育、教育、住宅、医療・介護・福祉等の負担が大きいのでその分を稼ぐためにつまるところ長時間労働を強いられるのではないかという不安も指摘されている[16]。低賃金・長時間労働などの解決は、BIではなく、「働き方改革関連法」（2018〔平成30〕年７月）や[17]、「ディーセントな働き方」[18]のなかで実現されていくべきものであろう。

　もちろん、若者にとっての教育、職業選択、職業訓練等、子育て世帯にとっての保育、子育て支援等、高齢者・障害者にとっての就労支援、地域生活支援等、人生のそれぞれの段階における「生き方の自由」の支援についても、一定の所得保障がその役割の一端を果たすという考え方は早くから主張されていた。ドイツの社会学者クラウス・オッフェ（Claus Offe）は、サバティカル・アカウントとして、最低3年間の就労経験を条件に、若者が職業訓練を受ける期間（10年間）の所得保障として BI を提案している[19]。これは、教育や訓練期間中に限って給付される期間限定型の BI といえる。その他、成人した若者に高等教育や事業の立ち上げ資金として一括給付を行うステークホルダー・グラント（韓国の「青年配当」[20] もこれに該当する）などもあり、こうした形での BI はベーシック・キャピタルとも呼ばれている[21]。しかし、これだけではやはり十分とはいえない。

　BI のもつ「生き方の自由」の側面、すなわち、自律や自己決定を尊重して国民の希望する生き方を支援していく制度については、BI のような所得保障制度だけでは不十分である。これらの希望の実現は、各ステージにおける様々な社会サービスによる支援に期待する以外にはない。この点で、20世紀型の福祉国家の限界を指摘し、新しく「補償から準備へ」の転換を図ろうとする「社会的投資」の思想と一部重なるところがある[22]。これは、事後的な救済とその補償という性格の強かったこれまでの社会保障制度に対して、教育や訓練を通じて、個人の能力を高めることでリスクに見舞われる可能性を低くしようという発想である。例えれば、病気になった後の治療ではなく、そもそも病気にならないように免疫を強化する予防的措置とでもいえようか。具体的には、就学前教育、高等教育、職業訓練、育児や介護といった社会サービスの充実、ひとり親世帯に対する就労支援などを「社会的投資」として奨励するものである。もちろん、この際にも、最低所得保障、育児休業期間中の所得保障、児童手当、奨学金、職業訓練期間中の所得保障などの所得保障政策も重要であることは疑いがない[23]。わが国では、人生の各年代で遭遇するリスクに対処しながら、本人の望む生き方を支援していく制度については、質・量ともにいまだ十分ではない。この点につき計画的かつ着実な整備が望まれる。

Ⅴ　労働とベーシック・インカム

　憲法27条1項は、「すべて国民は、勤労の権利を有し、義務を負う」と規定している。この「勤労の義務」の規定は、もちろん国民に労働を強制するというような積極的意味で用いられているのではない（憲法18条、強制労働の禁止）。そのため、「勤労の義務」規定は、単なる道徳的規定に過ぎないという解釈もある。しかし多数説は、消極的効果として、労働能力があり、かつ、それを発揮できる適切な就労機会が与えられているにもかかわらず、労働をしない者に対しては、生存権や労働権の保障が及ばないという限りで、勤労の義務に法的意味を認めるという考え方が一般的である[24]。

　そのために、現行生活保護法が、各種扶助を受けるための要件として「（労働）能力の活用」を求めていること（4条1項）、あるいは、雇用保険法が、求職者給付（基本手当）等を受給できるのは「労働の意思及び能力があるにもかかわらず、職業に就くことができない状態にある」場合に限定していること（4条3項）が正当化されるといわれている。つまり、これまでの社会保障制度は、労働能力ある者はまずは自ら労働することによって対価（賃金）を得て、それで自分および家族の生活を維持していくことが基本であり（「自助」）、例外的に、何らかの理由（失業、老齢、障害、疾病など）で就労ができない者に対してのみ所得保障給付が与えられるという大前提の上に成り立ってきた。BIは、まずもって自分自身の労働によって稼得するというこの大前提をまったく無視して、働かない者にも一律に給付を与えるという仕組みであったので猛烈な反発を受けたのである[25]。

　そこで、こうした批判を避けるために、A.B. アトキンソン（Atkinson）は、BIを受ける条件として、高齢者・障害者等を除いて、雇用または自営による労働、家事・育児・介護労働、あるいはボランティア等の社会貢献活動等何らかの「労働」をしていることを条件にBI給付を行うとする妥協的な考え方を打ち出してきたのである（参加所得）[26]。この提案は、一見すると、BIの本質たる「無条件性」とは矛盾する提案ともとれるが、ただし、ここでは雇用・自営業を問わず一定の所得を生み出すための有償労働だけでなく、それ以外にも、家事・育児・介護等の無償労働、あるいはボランティア等の地域貢献活動（無償労働）をも、BIを受ける条件として、賃労働と同一レベルの「労働」という概念のなかに取り込んできている点については注目される[27]。

　最近、ICT 機器の発達によって、雇用形態が変化し、コロナ禍における
テレワークの普及など就労形態も変化してきた。このような「働き方」が多
様化すると同時に、高齢者や障害者も就労可能な環境になってきたことを受
けて（「働き手」の多様化）、「労働」の価値を今一度見直そうとする動きが
みられる。すなわち、所得を生み出すという「労働」の経済的価値の側面だ
けでなく、「働くことそのもの」に意義を認め、これを「精神的価値」とし
て評価していこうとする動きである[28]。
　「高年齢者等の雇用の安定等に関する法律」（高齢者雇用安定法、1986〔昭
和61〕年）は、当初は60歳定年を企業の努力義務と規定していたが、2006
（平成18）年４月からは、①65歳までの定年延長、②定年廃止、③継続雇用
制度の導入のいずれかを活用し、希望者全員を65歳まで雇うよう企業に義務
づけることになった。また、高齢者雇用安定法の制定と同時に「シルバー人
材センター」が制度化された。シルバー人材センターは、住民、事業者、官
庁等から地域の日常生活に密着した臨時的・短期的な、かつ軽易な業務を請
け負い、それを高齢者の希望に応じて紹介する自主組織であり、有料ではあ
るもののそこでの就労は高齢者にとっての「生きがい労働」として位置づけ
られている[29]。
　最近では、同法律は、2020（令和２）年３月に改正され（2021〔令和３〕
年４月から施行）、70歳までの就業機会の確保を企業の努力義務と規定し、
さらに、①起業やフリーランスを希望する人への業務委託、②自社が関わる
社会貢献事業への従事支援などを追加している。このうち、特徴的なのは、
「社会貢献事業への従事」を企業の努力義務として課している点である。「社
会貢献事業」とは、事業主が自ら実施する社会貢献事業や事業主が委託・出
資等する団体が行なう社会貢献事業をいい、そこで就労する退職者に対して
支援するよう企業に求めているのである。具体的には、自社商品の宣伝のた
めに、企業を退職した高齢者が、各種学校に出向いて行って、自社商品を題
材にした出前授業を有償ボランティアで務める場合や、退職者が NPO 法人
会員となり、里山の維持のためビジターセンターでのガイド役を有償ボラン
ティアで務める場合等が想定されている。こうした労働は、「賃労働」とは
いえないが、ボランティア活動への従事による高齢者の生きがいや自己実現
といった精神的価値を国・企業ともに評価していこうという趣旨であると理
解できる。
　「障害者の雇用の促進に関する法律」（障害者雇用促進法、1960〔昭和35〕

年）は、障害者の雇用促進のために、企業や官公庁に一定の割合で障害者を雇用するよう雇用率を定めている法律としてよく知られている。しかし、障害者の場合、こうした雇用の形態をとらない就労もかなり多い。障害者の就労については、高齢者以上に「精神的価値」の部分が大きいところがあるといえる。例えば、障害者総合支援法上の「福祉的就労」はその例であろう。福祉的就労には、就労移行支援、就労継続支援 A 型、就労継続支援 B 型があり、このうち最低賃金法等労働法の適用がある A 型（雇用型）を除いて、就労による対価（工賃）はごくわずかな金額に過ぎない[30]。「福祉的就労」という制度には、作業能率とか生産性、指揮命令権といった賃労働に必須とされる要素が乏しく、むしろ障害者が就労することそれ自体に価値を認めている。すなわち、障害者が「働くこと」によって自己実現や社会的つながりを実感できるという「精神的価値」の重要性を認め、それを積極的に支援していくという立場である。高齢者の労働についても、賃金獲得と生計への補助というよりも、高齢が進むに従って生きがいや存在感、自己肯定感といった「精神的価値」の部分が次第に強くなっていく傾向がみられる。

　しかし、だからといって高齢者や障害者が行う労働の「精神的価値」の部分については無給または低賃金でよいと言っているのではない。むしろ、逆に経済的保障を与える方向での議論である。あまりに低い工賃ゆえに、それを改善するために、障害者権利条約（2006年）との関係で、就労継続支援 B 型にも労働法の適用を認めるべきであるという意見もある[31]。しかし、訓練等の計画に従って、「訓練」として作業に従事する障害者に対して、「労働者性」を認めて労働法の適用があるとすることには困難がつきまとう。ましてや、高齢者の地域貢献活動に対して「賃金」という発想を持ち出すことはもっと困難である。ただし、高齢者や障害者の労働の「精神的価値」の部分を具体的な金銭的対価を伴うものとして評価することが現代社会では求められるのではないかという見解には同調できる[32]。ただ、そうだとしても、そこに「労働者性」を認めて、労働法上の「賃金」として支給することにはやはり無理がある。もしこうした労働の「精神的価値」に対して何らかの対価としての経済的保障を構想するとすれば、雇用形態の違い、「労働」の種類や内容、対価としての賃金性などを問わないという意味で BI 的発想を持ち込んで、何らかの補完的所得保障制度でカバーすることも考えられてよいのではないかと思われる。

Ⅵ　高齢者・障害者のための所得補完型ベーシック・インカムの導入

　完全型のBIは、一定金額をすべての国民に無条件で定期的に給付するものであるが、その代わりに、既存の所得保障給付をすべて廃止することを条件としていた。財政的には、既存制度の廃止と行政コストの削減が図れるので導入は不可能ではないという意見もあるが、何もしないで給付を受け取ることへの抵抗感もあり、完全型BIの実現可能性は極めて低いと言わなければならない[33]。しかし、そうだとしても、BIを机上の空論だとして片づけてしまってよいものだろうか。BIは、その無条件性という性格ゆえに猛烈な批判も受けているが、別の面から考えると、無条件給付だからこそ制度の恩恵を受けていない人たち、制度の適用は受けているがその保障内容や水準が十分でない人たち、制度の狭間で不利益を受けている人たち、あるいは今まで経済的な評価を受けてこなかった「福祉的就労」等に従事する障害者、そうした人たちを所得保障制度のなかに包摂できるという利点も持っている。

　また、本来は老齢年金や障害年金で安定した生活が保障されるべき高齢者や障害者が、無年金・低年金のためにやむを得ず生活保護に頼るという悪循環を断ち切ることもできる。保険料納付が可能なのに納付しなかったために無年金者になった者へも現金を支給することへの不満や抵抗感はぬぐえないだろうが、しかし、なかには低賃金の非正規雇用に従事していたためにおのずと年金額が低額にならざるを得なかった者もいるのである。

　2014（平成26）年の厚労省の資料によると、65歳以上の生活保護受給者のうち、52％は無年金者であり、残りは年金受給者ではあるがその平均額は月額4万7千円程度である[34]。年金が生活保障としての役割を果たしておらず、生活保護がこれを代替している実態がここにある。そういう人たちがすべて生活保護制度に流れてしまっている現状を打開するには、どこか貢献とか義務とかいう受給条件をまったく課さずに一定額の現金給付を与える仕組みを導入する以外にはないのではないか。それはまた、高齢者や障害者を、生活保護受給のための資産調査、稼働能力の判定、親族扶養照会などの煩雑な手続きと、その過程で受けることになるスティグマ（屈辱感）から解放することにもつながっていく。BIの「無条件的要素」を加味した補完的所得保障制度の創設が望まれるところである。

　最近、BIを「特定の生活上の困難を設定しない」給付の一つとして位置

づけ、「要保障性」の観点からこれを考察しようとする研究が見られる。「要保障性」は社会保障を形づくる基本的要件だからである。そこでは、BIの無条件給付に対して、①いまだ現実化していないが将来的な要保障事故の発生可能性を含めて「要保障性」を認めようとする見解や、②将来、誰もが潜在的に就労機会を奪われる状況に陥る危険性があるので、それを根拠に「要保障性」を説明する見解、あるいは、③いつか他者から自分の「生き方の自由」が制約されるかもしれない可能性（要保障性）に対して、「他者からの支配」を克服または回避するために事前にBIを給付するという考え方等が紹介されている[35]。これは、無条件で全国民に給付され、かつすべての現存する所得保障制度と入れ替わる完全型BI構想を前提にしての議論であろうと思われる。

　しかし完全型BIは、もともと「要保障性」という概念を否定する議論、あるいは「要保障性」とは相容れない別次元での議論であるので、これまでの社会保障制度の枠内で考えようとすることにはどうしても違和感がある。もし、BIを強引に社会保障の枠組みに取り入れようとするならば、あえていえば、生きていくことそれ自体が「要保障性」をもっているというような説明の仕方をする以外にはないかもしれない。しかし、本稿でいう高齢者・障害者も含めて低所得者向けの補完的所得保障制度は、低年金・低所得の高齢者・障害者・低所得者に対する所得補完型給付であるので、典型的「要保障性」である「貧困」の範疇に属し、当然現行社会保障制度のなかに含まれることになる。ただ、BIの「無条件性」とは相反することになるので、BIと呼ぶのはふさわしくなくて、一種の「社会手当」に属するのではないかといわれればそうかもしれない[36]。

　現在、そして将来も、経済・社会・家族形態は変化し続けていくであろう。新しい雇用形態がまた生まれるかもしれない。それに対応するためには、保険料納付とか就労義務とか、どちらかというと厳しい受給要件を課し、その条件を満たさなかった人たちを枠外へ排除してきたこれまでの社会保障制度への問題提起として、あるいは現行制度の見直しを求める契機として、BIの考え方を一部の低所得者に部分的に導入したような仕組みを考えるのもあながち無意味なことではないように思われる。

Ⅶ　おわりに

　高齢者や障害者は、年金によって「健康で文化的な生活」を営むことができるというのが本来の所得保障の姿である。荒木誠之氏が、所得保障給付を、生活危険給付（年金、雇用保険給付、各種手当等）と生活不能給付（生活保護給付）とに分類したことの意味の一つには、「生活危険給付を充実させることによって、生活不能給付の働く余地を少なくしていく」ことが社会保障の望ましい姿であるという将来構想があったからである[37]。しかし、ここ数年、事態はそれとはまったく逆の方向に動いている。つまり、無年金あるいは年金が低額であるために、結局最終的には生活保護に頼らざるを得ないという事態である。その傾向は、年々加速化されているようにさえ見える。その後、無年金者対応策として、2017（平成29）年9月から受給資格期間を10年とする特例が施行され、これにより約64万人が年金を受給することになったが、その受給金額はわずかである。また、2019（令和元）年10月から、低年金受給者に対して年金生活者支援給付金（月額5000円が基準額、月額5030円から6288円）が支給されることになった[38]。しかし、いずれも貧困を脱するような根本的な解決策にはなっていない。

　この年金生活者支援金自体が、老齢年金受給者の場合は保険料納付済み期間等によって多少給付金額が変化することになるが（障害年金受給者にはそれはない）、もともと年金給付としての性格ではなく、低所得者対策としての部分的BI給付に近い性格のものである。そうであるならば、この際こういった断片的・つぎはぎ的な政策ではなく、他に所得獲得の手段がなく、かつ年金額の低い高齢者・障害者を対象とした常設的な補完的所得保障制度の創設が必要なのではないか。その考え方は、保険料納付や就労といった条件を付けることなく、一様に一定金額の現金給付が支給されるというBIの思想を取り入れたものに他ならない。いまや、BI的思想を取り入れなければ、所得保障制度がうまく機能していかない、そういう時代になってきているのではないかと思われる。

【注】

1）ちなみに、イギリスやドイツでは捕捉率は80％を超えていると言われている。増田雅暢・脇野幸太郎編『よくわかる公的扶助論』法律文化社、2020（令和２）年、101頁。

2）特にコロナ禍が女性に大きな打撃を与えていることについては、竹信三恵子「女性を直撃するコロナ災害―露呈した『夫＝安全ネット』政策の歪み」世界2020（令和２）年12月号、114頁以下。

3）当初、生活保護申請がそれほど急増しなかったのは、第二のセーフティネットともいうべき社会福祉協議会による生活福祉資金貸付制度および生活困窮者自立支援法による住居確保給付金の存在があったからだと言われている。布川日佐史「コロナ禍へのドイツの対応―生活保障の側面から」世界2021（令和３）年５月号、182頁。木下秀雄「日本の社会保障の転機に」木下秀雄・武井寛編著『雇用・生活の劣化と労働法・社会保障法』日本評論社、2021（令和３）年、184頁。しかし、両者は、支給期間が限定されていたり、支給が単発で、しかも支給額の上限が決められていたので、最終的には生活保護申請に至らざるを得なくなる。

4）石橋敏郎・角森輝美・紫牟田佳子「新型コロナウイルス感染症拡大下における所得保障とケア・サービスの課題」アドミニストレーション27巻１号、熊本県立大学総合管理学部、2020（令和２）年11月、10-11頁。

5）136番目の公約項目として、「『チャレンジのためのセーフティネット』構築に向けて、給付付き税額控除またはベーシックインカムを基軸とした再分配の最適化・統合化を本格的に検討し、年金や生活保護等を含めた社会保障全体の改革を推進します」とあるだけで、具体的な金額などについては記されていない。

6）菊池馨実『社会保障法（第２版）』有斐閣、2018（平成30）年、116頁では、「いわゆる『自由』の理念が…社会保障の規範的な指導理念として位置付けられる」と記述されている。また、齋藤純一「社会保障の理念をめぐって―それぞれの生き方の尊重」齋藤純一・宮本太郎・近藤康史編『社会保障と福祉国家のゆくえ』ナカニシヤ出版、2011（平成23）年、７頁では、「社会保障制度は、…人々の生の必要に対応するだけでなく、生の自由にもかかわっており、それぞれの自由な生き方を支援する」ものであると述べられている。

7）憲法改正提案理由として、「BIは、全住民が人間の尊厳に適った存在となり、開かれた生活に参加できるものでなければならない。…BIは、人々が望まないけれども所得のために行うような仕事を拒否することができ、支払いのない［アクティビティへの］参加を可能にするのに十分な金額であるべきである。『BIは基本的権利である』と推進派が言うときにも、BIは自由権として理解されている」とある。小谷英生「スイスにおけるベーシックインカム」佐々木隆治・志賀信夫編著『ベーシックインカムを問いなおす―その現実と可能性』法律文化社、2019（令和元）年、109-110頁。しかし、実際にはBI予定額は最低所得保障額であり、とうてい労働からの解放にはなりえない。同、113-114頁。ただし、この国民投票の結果、８割の国民がBI導入に反対し、その理由としては、財源の確保、既存の社会保障制度が無くなることへの不安、移民増加に対する懸念であった。

8）小沢修司「雇用・家族の変化とベーシック・インカム」家族研究年報42号、2017（平成29）年、18頁。

9）原田泰『ベーシック・インカム―国家は貧困問題を解決できるか』中公新書、2015（平成27）年、66頁。

10）宮本太郎「座談会補論・ベーシック・インカム資本主義の３つの世界」武川正吾編著『シティズンシップとベーシック・インカムの可能性』法律文化社、2008（平成20）年、240頁。宮本太郎「序章・困窮と孤立をふせぐのはいかなる制度か」宮本太郎編著『転げ落ちない社会―困窮と孤立をふせぐ制度戦略』勁草書房、2017（平成29）年、27-28頁。

11）井手英策「財政とベーシックインカム」佐々木・志賀・前掲書・注７）66頁。藤田孝典「貧困問題とベーシックインカム」佐々木・志賀・前掲書・注７）37頁。

12）森周子「ベーシックインカムと制度・政策」佐々木・志賀・前掲書・注７）149頁。

13）荒木誠之『社会保障法［三訂版］』ミネルヴァ書房、1977（昭和52）年、59-60頁、63頁。

14）荒木誠之『社会保障法読本［第３版］』有斐閣、2002（平成14）年、259頁。

15）今野晴貴「ベーシックインカムを日本で導入しようというならば」世界2020（令和２）年９月号、120-121頁。

16）今野晴貴「労働の視点からみたベーシックインカム論―なぜ『ＢＩ＋ＡＩ論』が危険なのか」佐々木・志賀・前掲書・注７）。

17）働き方改革関連法は、2018（平成30）年７月６日公布され、2019（令和元）年５月１日から順次施行された。長時間労働の是正、非正規雇用労働者に対する不合理な差別待遇の是正等の内容が盛り込まれている。

18）山本忠「ディーセントな働き方と生活保障のための課題」社会保障法36号、2021（令和３）年、50頁以下。

19）菊池英明「ベーシック・インカム論が日本の公的扶助に投げかけるもの―就労インセンティブをめぐって」武川・前掲書・注10）、128頁。

20）韓国の青年配当とは、城南市で、2016年１月から施行された制度であり、24歳の青年を対象に１人当たり年間100万ウォン（約９万5000円）に相当する地域通貨を支給するものである。ソウル市でも19歳から29歳までの未就労の青年を対象に、毎月50万ウォンを最大６カ月間支給する「青年支援活動事業」が実施されたことがある。詳しくは、孔栄鐘「韓国におけるベーシック・インカム」佐々木・志賀・前掲書・注７）、127-128頁。

21）宮本太郎『生活保障―排除しない社会へ』岩波書店、2009（平成21）年、130-131頁、宮本・前掲書・注10）、武川編著、238頁。

22）「社会的投資」論については、濱田江里子「知識基盤型経済における社会保障―社会的投資国家の可能性」思想2020（令和２）年８月号、150頁以下。宮本太郎「社会的投資戦略を超えて―資本主義・福祉・民主政治をむすび直す」思想2020（令和２）年８月号、57頁以下。

23）近代社会が求めている知識基盤型経済のもとで、新しいアイデアやIT機器を利用し

た新規サービス業に従事できる能力を身につけることによって雇用との結びつきを強めようとする考え方には一部承服できないところがある。労働集約的・対人的労働である医療・介護・福祉分野が取り残されるおそれがあるからである。リスクに対する免疫を強化するために、人生のさまざまな段階で先行投資を行い、将来の社会参加を容易にするという考え方には賛同できる。濱田・同上書、154-155頁。

24）樋口陽一・佐藤幸治・中村睦男・浦部法穂著『注解法律学全集2　憲法Ⅱ（第21条～第40条）』青林書院、1997（平成9）年、（中村睦男執筆）195-196頁。野中俊彦・中村睦男・高橋和之・高見勝利著『憲法Ⅰ〔新版〕』有斐閣、2000（平成12）年、（野中俊彦執筆）502頁では、勤労の義務は「『社会国家の根本原理を定めたもの』、すなわち『働かざる者は、食うべからず』の原理とその根本を同じくする」とあり、菅野和夫『労働法〔第10版〕』弘文堂、2012年（平成24）年、22頁では、勤労の義務について、「平易にいえば、国は働かない者の面倒を見る義務はないという方針の表明である。すなわち、国は労働意欲をもたない者のために生存を確保するための施策を講じる必要がない、との政策上の指針を表明したものである」と述べられている。

25）菊池・前掲書、注6）、74-75頁。シティズンシップ（市民としての地位・権利）の視点からも、BIを受け取る国民は、利益だけを享受し（権利）、その前提となる何らかの貢献（義務）を果たしていないという点（互酬性あるいは互恵性）で批判されている。田村哲樹「シティズンシップとベーシック・インカム」武川・前掲書・注10）、90-92頁。武川正吾「21世紀社会政策の構想のために―ベーシック・インカムという思考実験」武川正吾編著『シティズンシップとベーシック・インカムの可能性』法律文化社、2008（平成20）年、34頁。

26）山森亮『ベーシック・インカム入門―無条件給付の基本所得を考える』光文社新書、2009（平成21）年、214-215頁、30頁。武川・同上書、30頁。秋元美世「ベーシック・インカム構想の法的検討」日本社会保障法学会編『新・講座・社会保障法』第3巻『ナショナルミニマムの再構築』法律文化社、2012（平成24）年、132頁。参加所得の条件としては、雇用・自営での労働、疾病やケガによる労働不能、障害による労働不能、失業、教育や職業訓練への参加、子ども・高齢者・障害者に対するケア労働、ボランティア活動（社会貢献活動）である（山森、214頁）。しかし、参加所得構想については、誰が、どのような基準で、BIを受けるに値する「社会貢献活動」であると認定するのかの判断が難しいとの指摘については、秋元、133-134頁。

27）フランスの社会学者A.ゴルツ（Gorz）は、ボランティアなど社会貢献活動に従事するだけでは、社会へ完全に参加していることにはならず、資本主義社会においては、人間が尊厳をもって社会生活に参加するには有償雇用につくことが不可欠であると説いていることの紹介として、小沢修司「ベーシック・インカム論と福祉社会の展望―所得と労働の関係性をめぐって」福祉社会研究第2号、2001（平成13）年、43頁。しかし、個人の生き方の自由に重点を置けば、それが賃労働であろうがボランティア活動であろうが区別されないことになる。

28）丸谷浩介「イノベーティブな共生社会に向けた社会保障法」社会保障法36号、2021（令和3）年、109頁。

29) 馬渡淳一郎「生きがい労働」河野正輝・菊池高志編『高齢者の法』有斐閣、1997（平成9）年、88頁以下。

30) 永野仁美『障害者の雇用と所得保障』信山社、2013（平成25）年、74頁によれば、就労継続支援A型（雇用型）事業所の平均工賃が月額10万1117円であるのに対して、B型の場合、わずかに月額1万1876円にすぎない。

31) 障害者権利条約27条1項（a）には、「あらゆる形態の雇用に係るすべての事項に関し、障害を理由とする差別を禁止すること」と規定されており、福祉的就労が「あらゆる形態の雇用」に該当するとなれば、労働法の適用が認められるべきだということになろう。詳しくは、永野・同上書、74頁の注120）を参照。

32) 丸谷・前掲書、注28）、109頁。

33) BIは財源面で実現不可能とする意見については、宮本太郎『生活保障─排除しない世界へ』岩波新書、2009（平成21）年、142頁。今野・前掲書・注13）、118-119頁。これに対して、BIは、現行の所得保障給付（年金、生活保護、各種手当など）と税制上の各種控除制度を全廃することに加え、社会保険料の負担がなくなる、あるいは、複雑な給付手続きがなくなり、行政コストが大幅に削減されるので、十分に実現可能性があるとする意見もある。原田泰・前掲書・注9）、116頁以下。武川正吾「21世紀社会政策の構想のために─ベーシック・インカムという思考実験」武川正吾編著『シティズンシップとベーシック・インカムの可能性』法律文化社、2008（平成20）年、32-33頁。小沢修司「日本におけるベーシック・インカムに至る道」同上書、195頁以下。小沢・前掲書・注8）、18-19頁。

34) 厚生労働省「生活保護受給者の年金受給状況」（2014〔平成26〕年）。2019（平成31）年度末における時点で、国民年金だけを受給している高齢者の場合、平均年金額は月額で、男性が5万6431円、女性が5万1042円であり、単身高齢者の場合にはこの金額で生活を維持することは難しい。本澤巳代子「国民皆年金ではないの？─単身高齢者の増加と貧困リスク」増田幸弘・三輪まどか・根岸忠編著『変わる社会福祉の論点（第3版）』信山社、2021（令和3）年、164頁。

35) 林健太郎「特定の生活困難を設定しない給付について要保障性を想定できるか─パレイスのベーシック・インカム構想を題材にして」社会保障法第37号、2021（令和3）年、51-55頁。学会シンポジウムの質疑応答の中で、「労働」から出発したBIに議論はその本質をとらえていないのではないかとか、低賃金で働く労働者もいれば、もともと持っている富や財産をもとに不労所得で莫大な金額を稼ぐ者もいるのをどうとらえるのかとか、生きていること自体を要保障性の問題としてとらえることができるのではないかという意見が出されている。同、61-65頁。

36) 例えば児童手当は従来から「社会手当」と呼ばれて、社会保険と公的扶助の中間的性格のものと位置づけられてきた。しかし、BIは対象者を限定しないことに特徴があるのであって、受給資格が限定されている社会手当とは区別されなくてはならない。したがって、高齢者に対する最低保障年金構想（2009〔平成21〕年の民主党政権時代に民主党が掲げた年金改革案・国庫負担による一律7万円の年金保障）も所得の高い人には給付されないので、性格としては社会手当に近い。

37）荒木誠之『社会保障法読本 [第3版]』有斐閣、2002（平成14）年、257頁。荒木誠之
　　『社会保障法 [三訂版]』ミネルヴァ書房、1977（昭和52）年、58頁。

38）年金生活者支援給付金の対象者は、老齢年金の場合、前年の収入が88万1200円以下の
　　者、障害年金の場合は、472万1000円以下の者である。

第3章

アフターコロナのベーシック・インカム論

I　はじめに

　2020（令和2）年1月15日、日本国内で初めて新型コロナウイルス感染症患者が確認されてからはや3年を迎えようとしている。その間、コロナ感染は収まるところをしらない。患者数は、世界的にみると2021（令和3）年10月12日現在で約2億3831万人、日本では171万2288人が感染しており、7月から始まった第5波では過去最大の感染患者が出て、医療機関は崩壊寸前の状況に置かれている（熊本日日新聞2021年9月5日）。その間、4回の緊急事態宣言、まん延防止等重点措置およびその延長措置が講じられているが、事態は一向に好転の兆しをみせていない。ただ、ワクチンの接種は次第に進み、2021（令和3）年10月26日現在で2回の接種が終了した国民は全体の70.1％となっている（熊本日日新聞2021年10月27日）。

　当然にして経済活動への悪影響は計り知れない。製造業・小売業・観光・交通運輸・宿泊・飲食業などほぼすべての経済分野にわたって大打撃を受け、倒産2027件（2021年9月2日現時点、東京商工リサーチ）、解雇・雇い止め労働者数11万326人（2021年7月9日時点、厚生労働省）など過去最悪の状況を呈している。企業の休業手当の一部を助成する雇用調整助成金は、助成率拡充、要件緩和、申請期間の延長などの特例措置を続けながら、2021（令和3）年9月2日時点で、439万8118件の決定件数（厚生労働省ホームページ）となっている。緊急事態宣言やまん延防止等重点措置で休業・時短を余儀なくされた飲食店や小売店およびその取引業者等に対する補償金（協力金、補助金、支援金など自治体により名称は違っている）の措置も特例や延長が続いている。当然のことながら、コロナ禍対応のために財源は逼迫してきており、既に雇用保険料率の引き上げが議論になっている（熊本日日新聞2021年9月9日）。

　コロナ感染症拡大の影響は、とりわけ非正規雇用労働者、女性労働者、ひとり親世帯、低所得世帯など経済的基盤の弱い人たちに強く現れている。例

えば、通常は低所得者等に対する臨時貸付制度である総合支援資金と緊急小口資金（合わせて最大200万円）は、その対象者をコロナの影響で収入が減少した世帯にも拡大した結果、2021（令和３）年８月28日時点で、申請件数275万7388件、決定額は１兆1591億円にも及んでいる。生活困窮者自立支援法に基づく家賃補助制度である住居確保給付金については、2019（平成31、令和元）年度に比して実に34倍という脅威的な利用増となっている。さらに政府は、上限に達するなどして特例貸付を受けられない生活困窮世帯に対し、2021（令和３）年７月から３カ月間で最大30万円を支給する新たな給付金制度を創設した。当然、生活保護の申請も増加している。厚生労働省は2021（令和３）年９月１日、同年６月の生活保護申請は１万9478件で、前年同月と比べて13.3％増えたと発表した[1]。

　新型コロナウイルス感染拡大が長期間かつ広範囲にわたり、多くの国民が生活困難に陥っているときに、上記のような既存の制度による断片的・部分的な対応策では限界があり、もっと全体的・総合的に対処できる新しい型の所得保障政策はないのかという要望が湧き上がってくる。この要望に応えようとするのが「ベーシック・インカム」（最低所得保障給付。以下、BIと表示）である。2020（令和２）年８月から、日本では、住民基本台帳に記録されているすべての住民（外国人を含む）に対して１人一律10万円（事業費約12兆8800億円）の「特別定額給付金」の支給が実施された。この特別定額給付金は１回限りの実施であったが、金額をいくらにするかは別にして、これを毎月すべての住民に給付していくというのがBIの考え方である。

　BIについては、既に1980年代に世界規模の組織ができ、いくつかの国で部分的な実験も行われていたが、今回の新型コロナウイルス感染拡大を受けて、にわかに注目を浴びるようになった。日本維新の会は2021（令和３）年８月25日、次期衆院選の公約の土台となる政策提言「維新八策」を発表し、そのなかにBIの導入をあげている[2]。2022年３月に迫った韓国大統領選挙でも、優勢を保っている与党候補者の李在明京畿道知事が、公約で国民１人当たり年間100万ウォン（約９万5000円）のBIの支給を掲げている。

　このようにコロナ禍を契機として再評価されようとしているBIであるが、この制度は、単なる低所得者対策としてだけではなく、他の分野（例えば、労働、ジェンダー、地域活動分野など）への影響も大きく、政策論としても法律論としても、多くの問題を含んでいる。本稿では、BIのさまざまな分野への影響とその評価について、すべてを議論することはとうてい無理であ

るので、ここでは、BI と現行の社会保障制度の考え方との違いに焦点を当てながら、「新しい社会的リスク」[3] と呼ばれる最近の現象なども考慮に入れつつ、BI の意味やその評価、導入の可否などについて議論をしてみたいと思う。

II　ベーシック・インカム、その内容、背景、考察の視点

1　ベーシック・インカムとは何か

　BI の定義について、BI 地球ネットワーク（2006年設立）は次のように述べている。

　「BI とは、資産調査や就労要件を課すことなく、無条件で（unconditionally）、すべての国民に対して、個人を単位として、定期的に支払われる現金給付のことをいう」。

　具体的に言えば、今回の特別定額給付金10万円を、1 回きりではなく、今後とも毎月すべての国民に給付し続けていくという制度を意味する[4]。ただ BI については、適用対象者、給付水準、給付期間、他の所得保障給付との関係など様々な態様が考えられているので、まずは、完全型の BI 構想を想定して、それに対して検討を加えるのがわかりやすいように思われる。

　完全型 BI というのは、第一に、現在の所得保障給付、例えば、年金、生活保護、児童手当・児童扶養手当等の各種手当、税制上の税額控除等の給付を全部廃止して、すべて BI に一本化するものである。第二に、就労の有無や資産調査といった条件がまったく課されないで（無条件）、すべての国民に、毎月、給付されるということである。第三に、その給付水準は、それだけで「健康で文化的な最低限度の生活」が営めるに十分な金額でなくてはならないということである[5]。

　これに対して、最低保障水準を満たしていない低額の給付を支給する場合を部分型 BI と呼ぶことが多い[6]。さらに、適用対象者を限定している場合（例えば、低所得者、高齢者、児童など）[7]、および受給に何らかの条件を課している場合（例えば、就労、社会的活動など）を含めて、これを「条件付き BI」と呼んで完全型 BI と区別しているようである。

2　ベーシック・インカムの登場する背景

　BI が登場する背景には、これまでのように適用対象者ごとに分立した社

会保障制度では、そこからはじき出されたまま放置される人たちが出てくるという問題意識がある。また、非正規雇用のために、働いていても貧困状態のままに置かれている労働者（ワーキング・プア）や女性のひとり親家庭の貧困も深刻な課題となってきた。さらに、そうした貧困世帯には、育児、介護といった家庭内労働を負担している世帯もある。いまや、これらの問題に応えることのできる新しい社会保障政策はないかと各国が模索していた時に、その方策の一つとして BI が注目されるようになったのである。

　戦後の社会保障制度の基礎となった考え方は、1942年にイギリスで発表された「ベバリッジ報告書」であろう。そこでは、所得保障制度の中核には社会保険制度が据えられている。そして、例外的措置として、全額公費で賄われる公的扶助制度（生活保護制度）があるが、これには資産調査やそこからくるスティグマ（屈辱感）がつきまとう。また、これまでの社会保障制度は、経済成長を背景にした安定雇用と家族を養うのに十分な賃金、それを前提とした「男性稼ぎ主モデル」を描き、男性に扶養される妻（専業主婦）と２人の子どもたちという構図のもとに制度設計されてきた。

　しかし、いまやその基盤となってきた社会経済情勢・家族構成が大きく変化してきている。世界的にみても、かつての製造業中心の産業から情報・知識・サービス業中心の産業構造に変わりつつある（非物質的労働へのシフト）。規制緩和により経済のグローバル化も進んでいる。低成長経済のもとでいまや完全雇用は怪しいものになり、また、日本では非正規雇用労働者が約４割（36.7％、うち女性は68.7％、総務省統計局労働力調査2021〔令和３〕年６月時点）を占めている。非正規の労働者は、賃金だけをみても正規労働者の賃金の66.3％にすぎない（厚生労働省令和２年賃金基本統計調査2021〔令和３〕年３月）。家族構成も夫婦共稼ぎ世帯が主流になり、高齢者のみ、高齢者夫婦、ひとり親、単身世帯などの増加にみられるように多様化し、とりわけ高齢者・ひとり親・単身世帯に貧困化の波が押し寄せてきている[8]。

　こうした社会・経済・家族の変化と、それに起因する「新しい生活困難層」に対して、従来の社会保障制度は、十分には機能しなくなっているという認識がもたれるようになる。日本の生活保護制度の捕捉率は22.9％（2018〔平成30〕年）と諸外国に比べて極めて低くなっているし、資産調査や稼働能力活用要件など生活保護受給に至る壁は依然として高い。老後の生活保障の要である国民年金については無年金者や低年金者もかなり多い。その他にも、医療保険における正規雇用・非正規雇用間の格差問題、最近増加してい

る雇用類似の働き方をする独立自営業者（フリーランス、クラウドワークなど）の労働条件保護や雇用保険・労災保険適用問題など、社会保障制度の恩恵を等しく受けていない人たちの存在がクローズアップされてきた。また、賃金や昇進・昇格における男女間の格差、家事・育児・介護労働負担の女性への偏りは以前とあまり変わっておらず、これに対する女性たちの不満も大きい。

　地域福祉の分野では、近年、厚生労働省が、地域での支え合い・助け合いの仕組み（「我が事・丸ごと地域共生社会」構想）を推奨しており、地域社会での住民の自発的な地域貢献活動（ボランティア等）に期待する機運も高まってきている。しかし、こうした地域貢献活動の担い手になろうとする住民は少ない。ワークライフ・バランス（労働契約法3条3項）や働き方改革推進法（2018〔平成30〕年7月）により長時間労働の是正が叫ばれてきているが、これも実現しているとは言い難い[9]。これに対して、BIは、行政による煩雑な手続きもなく、雇用形態や家族形態にも関係なく、中立で、貧富を問わずすべての住民に対して平等に給付されるという点で、実に単純・明快な制度である。BIは、現在の各国が抱えているこうした複数の課題を一気に解決する「特効薬」あるいは「切り札」として期待されて登場してきたのである。

3　ベーシック・インカムをどのように考察するか

　BIの効果は、単に社会保障制度の改革だけでなく、労働者の働き方や労働条件への影響、男女平等やジェンダーの問題、障害者問題、ボランティア等社会活動への評価、果ては環境問題まで、人間生活のほとんどをカバーする幅広い分野に及ぶとされている。しかも根底には、人間とは何か、なぜ労働は必要なのか、どういう人生を送ることが幸せなのかなど人間の生き方そのものに対する価値判断が横たわっている。そのなかには、当然人間の尊厳や自由、平等といった法学の基礎とされている法的価値判断が含まれている。したがって、ここではBIのどの部分をとらえて、どの角度からの考察をするのかを明確にしておかなくてはならない。例えば、労働の分野では、BI導入によって、非正規労働者にとっては賃金の上積みになり、労働者は、労働条件の悪い企業では無理して働かなくてもよくなり、労働時間も短縮され、ワークシェアリングも容易になるという肯定論もある[10]。

　これに対して、逆にBI導入によって、最低賃金のまま働かされたり、BI

支給分だけ賃金が引き下げられたりする結果になるのではないかとか[11]、低賃金の介護・福祉分野にはますます人が集まらなくなるのではないかとかの不安の声も聞く。BIによって所得が多少増えたとしても、それをはるかにしのぐ保育・介護・住宅費用の負担があるのであって、それを稼ぐために、結局、労働者は長時間労働を強いられることになるといった反対論もある[12]。

　また、BI導入によって、労働者の「自由」や「自律」が保障されるので、賃労働に縛られることなく、ボランティア等社会貢献活動に専念できるという意見もある。「家事・育児・介護労働に賃金を」というフェミニズム運動の歴史を支えてきた女性たちの要望にも応えることができる[13]。さらに、もっと広範囲に及ぶ展開として、BIによる賃労働からの解放と生活様式の変換によって、これまでの経済成長を支えてきた大量生産・大量消費という悪しき動きを抑え、その結果として、温暖化などの地球環境破壊現象を食い止めることができるという主張もある。

　しかし、ここでは広範囲に及ぶBIの影響についてすべて論じることはできない。財源を確保できるかの問題は別にして[14]、BIが最も違和感を持たれているのは、「無条件性」の部分である。これまでの社会保障制度には、何らかの生活困難を抱えた「要保障者」の存在があり、その要保障者も、給付を受けるためには、社会保険であれば、保険料の納付、要保障事故の発生といった受給要件があり、公的扶助であれば、生活困窮状態の認定の他に資産調査や稼働能力活用といった条件が課されていたからである。こうした生活困難が発生していない者にまでなぜ給付をするのか、あるいは高額所得者に対する給付は不要ではないかという疑問は誰もが抱くところであろう。そこで、本稿では、「無条件性」と「自由」ということに限定してBIを論じることにしたい。

Ⅲ　ベーシック・インカムの「目的」をめぐって

1　ベーシック・インカムと「無条件性」、「自由な生き方」の保障

　制度や政策には、必ずそれによって実現しようとする目的がある。BIが「無条件で」一定金額をすべての国民に交付するという驚くべき提案をしたその目的は何であろうか[15]。一つは、貧困対策、すなわち「最低生活保障」という生存権実現のための目的があろう。BIがあれば、生活保護を受けていない生活困窮者の救済が可能となり、生活保護受給に関しても、資産調

査・扶養照会からくるスティグマの除去や煩雑かつ厳格な行政手続きがなくなり、迅速な救済が実現できるからである。あるいは、ワーキング・プアと呼ばれる低賃金労働者や母子世帯の生活資金に対する上乗せ効果もある。

　しかし、こうした目的を実現するものとして BI をとらえると、富裕層にまで BI を支給することの意味を問われるし、働けるのに何もしないで BI を受け取る者への抵抗感が抱かれることになる。したがって、BI 賛成論者は、こうした、「怠け者」「フリーライダー（ただ乗り者）」に対する給付の理由づけに苦心することになる[16]。こうした批判を避けるために、A.B. アトキンソン（Atkinson）のように、高齢者・障害者等を除いて、雇用、家事・育児・介護労働、あるいはボランティア等の社会貢献活動をしていることを給付条件とする考え方（参加所得）がでてくる[17]。しかし、こうした条件を付けるとなると、完全型 BI を想定した場合、その本質たる「無条件性」と矛盾することになる[18]。

　だが、BI にはもう一つ、「個人の自由な生き方を保障する」という別の目的がある。むしろ、この方が BI の特徴かもしれない。従来、所得保障制度は、それが防貧であれ救貧であれ、生存権を根拠にした最低生活保障のための給付であると理解されてきたし、現在でもその理解は一般的であろう。やがて、そのような理解では、受給者たる国民はいつまでたっても保護を受ける客体に過ぎず、一方的に給付を受けるという受動的な立場に置かれたままである。そこで、自らの意思で生を切り開いていく積極的・能動的な人間像を描き、そうした人間の生き方を可能にするための条件整備が社会保障であるとする主張が現れる[19]。根拠となるのは生存権ではなく幸福追求権（憲法13条）である。

　しかし、「生き方の自由の保障」といっても、人間のおかれた立場はそれこそ多種・多様であり、また、どの視点から議論するのかによって状況は大きく違ってくる。例えば、BI は低所得者、障害者、高齢者、児童などを平等に扱い、一律に同じ金額を給付するとはいっても、それぞれの生活上のニーズが違ううえに、希望する生き方もさまざまである。同一金額の給付を平等に受けたとしても、そもそもの必要経費が違うので享受する側の「自由」には格差が生じる[20]。果たして BI は、労働と所得を切り離すことによって、労働者を賃労働から解放し、低賃金・長時間労働など労働条件の悪い仕事には就かないという選択を労働者にもたらすのであろうか。ボランティア等の社会貢献活動に従事するという生き方の選択を本当に可能にするのであ

ろうか（脱賃労働主義）[21]。もしそれを可能にするとなれば、BI の金額はとてつもない高額になり、財政上実現不可能なものにならざるを得ない[22]。それはまた、負担や貢献といった義務からも解放される「自由」を意味するのであろうか。BI 導入により働かない国民が出てくるのではないかとか（BI の金額にもよるが）、何もしないで夢ばかり追い続ける人がてくるのではないかという道徳的な批判[23]は、それがその人の選んだ人生であり、選択の自由だとすれば当たらないことになりはしないか。しかしそうだとすれば、BI やワークフェアの上位概念であるとされる「社会的包摂（social inclusion）」[24]の考え方とも対立する部分もありはしないか。

　だが、こうした数々の疑問は、BI が個人の「生き方の自由」を単独で完全に実現しようとするものと仮定しての話であって、その不可能性だけをもって BI を無用の空論だと片付けることは早計に失しよう。BI が持っている「自由」の意味はもう少し検討を要する。スイスは世界で初めて BI に対する国民投票が行われた国として知られているが、その際の改正案は憲法110条の「労働者保護」の部分であったことは興味深い。すなわち、BI は最低生活保障のためのセーフティネットとしての位置づけ（社会権）ではなく、望まない労働からの個人の解放と無償の社会的貢献活動への参加の自由（自由権）を実現するものとして提案されたのであった[25]。

　所得保障において自由の側面を強調する意味は、少なくとも二つあろうか。一つは、例えば生活扶助の場合のように、給付された金額の使途について干渉されない権利や一定の生き方を強制されない権利があろう（他者からの干渉を排除する権利）。厚生労働省による「我が事・丸ごと地域共生社会」構想[26]は、住民相互の助け合い・支え合いによる地域福祉の実現を目指すものである。もちろん、地域貢献活動に従事する住民の自由は尊いものであるが、同時に地域活動には参加せず個人的趣味を楽しむ自由も保障されなくてはならない[27]。ただ、これをさらに進めると、例えば生活保護受給者の就労自立支援プログラムとの関係でみると、就労支援を希望せずに保護費だけを受け取りたい者にはそれも「自由」として認められることになろうか[28]。そうすると、当然にして就労自立支援プログラムへの積極的取り組みがみられない場合には、それを理由として保護費を停止・廃止することはできないという結論に至る[29]。ここでは、再び国民は権利とともに義務や負担をも引き受けなければならないというシティズンシップ論や、社会保障における「労働」の意味が問われてくることになろう。また、現行社会保障制度は、被用者と

自営業者では、年金・医療・労災・雇用保険等において、適用や給付内容に違いがみられる。一定の生き方を強制されない「自由」といったときに、国民の職業選択の際に、より有利な被用者保険への傾斜が働くとすれば、それは中立的な社会保障制度とはいえない[30]。社会保障のなかに「自由」概念を持ち込む意義は、就労形態による格差の存在を是正することや、就労に向けての努力を受給要件とする現行給付のあり方に疑問を投げかけることであるとみれば、この意味では、BIはその解決策の一つであることは間違いない。

　「自由」を強調することによってもたらされるもう一つの側面は、もっと積極的に、人間には自らの希望に沿ってその能力に応じて人生を切り開いていく「自由」があるので、それを実現するために、国家に対して種々の条件整備を迫るという側面である。ここには、教育、進路・就職相談、職業訓練といった職業選択とその実現のための支援もあれば、家事・育児・介護といった家庭責任を支援する措置、あるいは老後の過ごし方や生きがい等に関する支援等が考えられる。人生のなかで、重要な選択を迫られる時期は年齢や家族構成によって違ってくるので、その時期をターゲットにしたBIというのも考えられる。例えば、若者がある職業に従事するにあたって必要な技術や知識を得るための訓練期間の生活費として支給する場合や[31]、高齢者だけを対象にした老後の生活保障としてのBIがそれである。

　もちろん、こうした所得保障による支援も重要であるが、むしろ時期を限る支援であれば、本質的には、本人が希望する生き方をサポートするための社会的サービス（教育、保育、職業訓練等）の充実が中心となろう。職業教育や職業訓練といった日本の社会サービスは、その質と量において十分ではないし、また利用者の属性や個別性に十分配慮したサービスとはなっていない。この点では、福祉国家の限界を指摘し、これからは社会保障のような事後的救済ではなく、教育や職業訓練、育児や介護に対する社会サービスの充実、女性やひとり親世帯に対する積極的就労支援などによって、国民の能力を高め、こうした事前的措置の拡充によって容易に生活困難に陥らないようにするという「社会的投資」論と共通した認識があるといえる[32]。ここでは、本人の欲する生き方を実現するための手段や方法が確保されているかの問題であるので、むしろその内実は、自由権というより、そのための適切な所得や社会サービスの提供を要求する社会権の分野に属することになろう。

2　ベーシック・インカムの法的根拠

　ただ、こうした個人の生き方の自由とそれを実現させるための条件整備への要請の法的根拠を憲法13条の幸福追求権に求めるのか、憲法25条の生存権に求めるのかはまだ議論の余地があるのではないか。憲法25条は、あくまでも「最低限度の健康で文化的な生活を営む権利」と規定されているので、生存を維持するための最低限の生活の保障を想定しているとみられてきたむきがある。そこには最低生活を営めない人々の選別（要保障性の判定）が必然的に伴う。したがって、要保障性の判定をまったく必要としない完全型のBI は生存権では説明がつきにくいので[33]、その根拠を幸福追求権（憲法13条）に求めることは可能であろう。より高水準の給付や社会サービスによる積極的な支援を求めるために幸福追求権を持ち出すことについてはそれなりに理解できる。しかし生存権にも、単なる最低生活を維持するための経済的保障だけでなく、就労機会の確保や社会とのつながり（社会的包摂）の支援整備を求める権利が内包されているという考え方もある[34]。

　日本の社会保障法の議論は、確かに個人の「自由」や「自律」といった視点を欠いていた。「自律」や「自由」という概念を持ち込むことによって、その人の望む人生を実現させるための種々の給付やサービスの提供を国に要請するという効果をもたらすことはありえよう。しかしそうなると、そこには、雇用、教育、住宅、交通・通信等多種・多様な分野が含まれることになるので、従来の社会保障法の範囲や体系を大きく超えてしまう。これはいわば周辺領域をも取り込んだ政策論としての広義の社会保障法といえよう[35]。しかし、このことによって従来の狭義の社会保障法が対象としてきた「生活保障」の拡充が薄れることがあってはならない。むしろ、最近の日本の「貧困化」と「格差拡大」の現状を見る限り、まずもって実現すべきは、人たるに値する生活、人間の尊厳を保つことのできる生活水準の確保であるといわなくてはならない。コロナ禍にあってはなお一層そのことが明らかになった。安定的な生活保障基盤が築かれてこそ、個人は人生への希望が持てるようになる。「生活保障」が十分確保された段階に到達してこそ、初めて個人の意思を尊重した支援を求める「自由」がその効果を発揮できるようになる。その意味では、後述する低所得者を対象とした補完型 BI は生存権を根拠とした「生活保障」制度として位置づけられることになる。

3　ベーシック・インカムと医療・福祉・介護サービス

　仮にBIを導入するとしても、医療・福祉・介護といった社会サービスをどうするかは重要な論点である。市場経済を最優先する新自由主義の立場からは、現在行われている現物給付方式を解体して、すべて市場サービスとし、BIで得た所得でそのサービスを購入すればよいという意見になろうが、これは極論であって、BIによって社会サービス全部の費用を賄うことはとうてい無理である[36]。社会サービスは、もともと所得の多寡にかかわらず誰もが必要とする普遍的ニーズであるというところから出発している普遍主義の制度である。所得保障制度であるBIでこれを代替することはできない。実際の生活においては、保育、教育、医療、福祉、介護にかかる負担が大きいのであって、BIよりも基礎的社会サービス（Basic Service、BS）の充実の方が先決だという意見や、社会サービスが無料または低額で実施されているという前提がなければBIを論ずることに意味がないという意見は圧倒的に多い[37]。その展開の延長線上で、医療や介護といった社会サービスは、現在の社会保険方式を改めて税方式とし、保険料や自己負担をなくす方向で考えていくという意見も見られる[38]。

Ⅳ　新型コロナウイルス感染症対策とベーシック・インカム

1　コロナ禍のような長期・広範囲のリスクに対応する新たな所得保障制度の確立

　新型コロナ感染症が拡大した2020（令和2）年以降、先進各国がとった対応策には、ほぼ共通したものがみられる。医療機関への緊急支援、雇用を維持するための企業への助成金（休業補償）、失業者に対する失業手当の増額や延長、中小零細企業および自営業者に対する資金援助、貧困世帯に対する臨時の給付などである。こうした対応策は、コロナ以前の経済状況に戻すことや、従前の日常生活を取り戻すための緊急措置という性格が強い[39]。しかし、欧米諸国のなかには、今回のコロナ禍をきっかけに新たな社会保障制度を構想していくべきだという主張もあり、その一つとしてBIがとりあげられている[40]。

　日本は、他国にはない、すべての国民に対して所得制限なしに一律10万円の現金給付を行ったが（特別定額給付金）、これはあくまでも緊急事態下での一時的な家計補助を目的としたものであり、本格的なBIを展望したうえ

での施策ではない[41]。また、コロナ禍で生活保障資金として活用されたものに、都道府県社協を窓口とする生活福祉資金貸付制度（総合資金、緊急小口資金）がある。コロナ禍が長期化するに従い再貸付や申請期間の延長などで対応してきたが、もともと貸付制度である以上、貸付金額には限度があるうえに（最大200万円）、償還期限が10年以内と決められている。

　コロナ禍が長期化すれば償還は不可能なことは目に見えている。これでも対応しきれないとみた政府は、新たに「新型コロナウイルス感染症生活困窮者自立支援金」（単身6万円、2人世帯8万円、3人以上世帯10万円、3カ月間）を創設した。しかし、この支援金には、市町村民税非課税世帯、預貯金が100万円以下、ハローワークでの求職活動という受給要件が付されていたために、利用者は1割程度しかいないと報告されている。生活保護制度の利用はこれよりももっとハードルが高い。そこで厚生労働省は、コロナ感染症特別対策として、生活保護申請に対して稼働能力活用の判断を一時留保することや自動車保有条件の緩和[42]、および保護申請を躊躇させる要因になっている扶養照会の緩和等の特例措置を通知している[43]。しかし、これらの対応策はやはり臨時的・部分的・つぎはぎ的なものでしかない。生活保護を除くこれまでの低所得者のための所得保障は、受給期間が短く限られていたり、さまざまな受給要件がついていたりして、結局、普遍的・恒久的な生活保障機能を果たせないことも明らかになった。コロナ禍対応のための特例策としてではなく、これをきっかけに新たな総合的・重層的な生活保障制度の創設が求められている。

2　所得補完型条件付きベーシック・インカムの導入

　無条件で支給され、かつ既存の所得保障制度を廃止してそれにすべて置き代わる完全型のBIの導入については、理論的にも批判が多く、また実現可能性は極めて低い[44]。将来構想に向けては、やはり現行制度を前提にして、そのうえで現行制度の修正で対応できるものはそれを行い、加えて、低額な給付とならざるを得ないだろうが新たな補完的給付の創設、および緊急時に対応した緊急臨時型所得保障制度の創設を前提にして議論することが現実的であろう。

　社会保険関係については、フリーランス等も含めて非正規労働者にも正規労働者と同じ被用者保険の適用を拡大していく。生活保護については、稼働能力活用は避けられないとしても、今回のコロナ対策の経験を生かし、それ

を緩和して「生活困窮状態」にあるかどうかを優先するような判断が求められる。それ以外の低所得者については、例えば、継続的に給付される補完的BI給付を創設して、現在の生活福祉資金制度等はこれに吸収させることが望まれる。高齢者に関しては、無年金者・低年金者に対して補完的BIを支給する。

　2014（平成26）年の厚労省の資料によると[45]、65歳以上の生活保護受給者のうち52％は無年金者、残りは年金受給者ではあるがその平均額は月額4万7千円程度である。年金が生活保障の役割を果たしておらず、生活保護がこれを代替している実態がある。所得保障の将来展望としては、生活危険給付（年金等）を充実させることにより、生活不能給付（生活保護）の適用対象者を少なくしていくことであるはずなのに[46]、コロナ禍を受けて事態は逆の方向にさらに進みつつある。年金保険料納付が可能なのにしなかった者への不満は残るだろうが、非正規雇用での低賃金や雇い止めによる保険料免除期間の長期化などの理由により低年金を余儀なくされた者もいる。こうした事態に対しては、やはりどこか「無条件性」を持ったBI的要素を加味しなくては根本的な解決は難しい。さらに、今回の新型コロナ感染拡大で住居確保給付金が異常な伸びを見せたことを重視して、住宅手当創設に向けた検討も必要であろう。対象者を誰にするか、所得制限の金額をいくらにするか、給付水準をどの程度とするかの問題は残されるが、少なくとも、生活困窮者、高齢者、障害者、ひとり親世帯、子どもに対する所得保障制度（年金、生活保護、各種手当等）の見直しは急務であろう[47]。

　これに加えて、新しいリスク（コロナ感染症拡大も含めて）に対応する緊急臨時型所得保障給付の創設も欠かせない。現行の社会保障制度は、男性稼ぎ主の労働による所得の喪失・中断をもたらす生活危険を社会保険でカバーし、それ以外の生活不能給付は全額公費による公的扶助で賄うこととされてきた。これに対して、近年では所得の喪失・中断ではなく、所得は継続しているのだが、新しいリスク（非正規雇用、ひとり親、育児・介護による費用負担など）に抗しきれないための低所得者層が増加してきた。

　今回のコロナ禍はこうした人たちの存在を顕在化させ、この人たちへのセーフティネットが整備されていないことを白日のもとにさらす結果となった。また、コロナ禍は今まで想定していた一部の不運な人だけが被る一時的・短期的な災害という災害救助制度の仕組みにも疑問を投げかけている[48]。地球環境の悪化に伴って、災害が頻発し、いまや地震・風水害は誰もが被る

危険になりつつある。しかも、放射能災害など長期化するものもある[49]。上記の補完的 BI に加えて、自然災害も含めて、支給要件が比較的緩やかで、かつ長期的な支給も可能となるような条件付き緊急臨時型 BI を制度化する必要がありはしないか。

3　社会サービスの拡充

　コロナ禍によって、国民は所得保障制度だけでなく、医療・福祉・介護といった社会サービスの一層の拡充が必要であることを再認識させられることになった。増え続けるコロナ感染症患者を前に、危険と隣り合わせで治療にあたる医療機関の医師・看護師・その他の関係者の奮闘ぶりと苦悩は連日報道されている。これに対して政府は、コロナ患者の入院の場合、医療機関の診療報酬の増額、空床確保などのための緊急包括支援交付金、患者と接する医療従事者や職員に対して慰労金（最大20万円）を支給するなどの臨時対応策をとった。

　また、疫学検査、自宅待機、ホテル療養、入院など患者の容態に応じた調整等を担当する保健所は人手不足で職員の疲労は限界に達している。都道府県は保健所の職員を増員しているが仕事量に追いついていないのが現状である。背景には、医療費抑制のための地域医療構想による病床数の削減や公的・公立病院の統廃合、保健所の統廃合、医師や看護師の慢性的不足といった事情がある[50]。介護・福祉施設にも同様の慰労金（例えば、介護職員1人当たり5万円または20万円）が支給されることになったが、もともと、保育・介護・福祉の分野は、長年、低賃金などの労働条件の低さのゆえに、深刻な人手不足に陥っており、それがコロナ禍でさらなる苦境に立たされているというのが実態である。

　今後とも保育・介護・福祉労働者の労働条件の改善のための努力が求められる。さいわいなことに、2回あるいは3回のコロナワクチンの接種はすべての国民に無料で提供されることになり、その結果、接種率は世界でトップクラスの伸びである。コロナ禍を機に、被用者と自営業者とで適用を違えている医療保険制度のあり方の見直しや[51]、感染予防等公衆衛生の社会保障への位置づけの再検討など、医療制度のあり方を今一度考え直す機会としたい。

4　人生の各ステージに対応する個別的支援策の整備

　社会保障の「自由」の側面、すなわち、自律や自己決定を尊重して国民の

希望する生き方を支援する制度については、BIのような所得保障制度だけでは不十分である。劣悪な労働条件のもとでは働きたくないという希望の実現や、労働時間の短縮、非正規雇用労働者の労働条件の向上といった課題は、BIではなく、「ディーセントな働き方」改革のなかで実現されていくべきであろう[52]。この点で、20世紀の福祉国家の限界を指摘し、新しく「補償から準備へ」の転換を図ろうとする「社会的投資」の思想と一部重なるところがある。

　これは、事後的な救済とその補償という性格の強かった社会保障制度に対して、教育や訓練を通じて、個人の能力を高めることでリスクに見舞われる可能性を低くしようという発想である。具体的には、就学前教育、高等教育、職業訓練、育児や介護といった社会サービスの充実、ひとり親世帯に対する就労支援などを「社会的投資」として奨励するものである。もちろんこの際にも、最低所得保障、育児休業期間中の所得保障、児童手当、奨学金、職業訓練期間中の所得保障などの所得保障政策も重要であることは疑いない[53]。わが国では、人生の各年代で遭遇するリスクに対処しながら、本人の望む生き方を支援していく制度については、質・量ともにいまだ十分ではない。計画的かつ着実な整備が望まれる。

V　おわりに

　20世紀型の福祉国家と社会保障制度がいまや「機能不全」を起こしているという主張があちこちでみられる。そこまで言えるかどうかは別にして、少なくとも、社会・経済・家族形態が変化して、失業・疾病・老齢といった伝統的な社会的リスクとは違った「新しい社会的リスク」（非正規雇用労働者・ひとり親世帯の貧困・フリーランス等）が指摘され、その対応が迫られているのは事実である。その矢先に、突然、新型コロナウイルス感染症拡大という異次元の大災害が発生し、社会保障改革への圧力が一気に高まったというのが現在の状況であろう。

　コロナ災害は2年もの長期に及んでおり、それによる経済の混乱、国民の生活困窮状態は今もなお続いている。政府は、これに対して既存の制度を活用し、給付の増額・延長を繰り返すことによって対応しようとしてきたが、しだいにその限界が明らかになってきた。このような時期に、無条件給付を銘打ったBIが脚光を浴びることになったが、その「無条件性」ゆえに、BI

にはいまだに抵抗感が強い。しかし、われわれは、現行制度のままではその恩恵を受けない人や谷間に置かれる人々が常に存在し、その人たちの生活困窮がコロナ禍によって一層明確になってきたことも目の当たりにした。もはや、生活困窮者・低所得者層には一定の給付を無条件に与える BI 的発想を取り入れなければ、社会保障がうまく機能しないことがわかってきた。保険料納付や就労といった貢献なしに、BI を受給することの正当化は、前述した理由付けのほかに、「生きていることが労働だ」とする考え方や[54]、少なくとも消費税の負担という形で市民としての貢献を果たしているという考え方などが考えられようが、この点は今後の検討を待ちたい。

　もうひとつは、コロナ感染症のような未経験かつ広範囲の災難や自然災害との関係である。今後、想像もつかなかったような事態がいつ起こるかわからない。また、地球温暖化の影響で自然災害も多発しており、これからも、多くの国民が自然災害の被害を受けることが予想される。もはやこれらの生活事故は「一部の国民だけが被る不運」では済まされなくなっている[55]。こうした事態に対処するためには、BI の持つ普遍性を取り入れた補足的・補完的な所得保障給付の創設による重層的セーフティネットの構築以外にはないように思われる。それは、日常時での所得上積み給付の他に、緊急時に迅速に対応するための臨時給付として、所得制限付きであるが、災害救助法も含めたような緊急臨時型 BI を新設することを望みたい[56]。

　当初、BI はこれまでの社会保障の常識から見れば「得体のしれない際物」と映った。しかし、大部分の国民が長期にわたって生活危機を経験しているこの時期に、国民全体をカバーし、しかも簡素でわかりやすい BI の考え方は、説得力を持ち始めている。BI を現行社会保障制度の不備や矛盾を指摘し、その修正を迫る重要な考え方のひとつとして捉えて、現行制度の見直しを図ることは意義のあることであろう。ただし、その際に忘れてはならないことがある。こうした補完型 BI および緊急臨時型 BI 給付は、医療・福祉・介護および住宅手当などの社会サービスが万全であり、かつ、無償または低料金で利用できるという基盤の上にしか成り立っていかないということである。コロナ禍は、医療・福祉・介護分野の再整備と人材不足の解消が緊急を要する課題であることをわれわれに教えてくれた。同時に、それが所得保障の基盤であることも教えてくれたのである。

【注】

1) 当初、生活保護申請がそれほど急増しなかったのは、第二のセーフティネットともいうべき社会福祉協議会による生活福祉資金貸付制度および生活困窮者自立支援法による住居確保給付金の存在があった。布川日佐史「コロナ禍へのドイツの対応—生活保障の側面から」（世界2021年5月号）182頁、木下秀雄「日本の社会保障の転機に」木下秀雄・武井寛編著『雇用・生活の劣化と労働法・社会保障法』（日本評論社、2021年）184頁。しかし、両者は、支給期間が限定されており、支給が単発で、しかも支給額の上限が決められていたので、最終的には生活保護申請に至らざるを得なくなる。

2) 136番目の項目として、「『チャレンジのためのセーフティネット』構築に向けて、給付付き税額控除またはベーシックインカムを基軸とした再分配の最適化・統合化を本格的に検討し、年金や生活保護等を含めた社会保障全体の改革を推進します」とあるだけで、具体的な金額などについては記されていない。

3)「新しい社会的リスク」とは、従来、男性稼ぎ主モデルのもとに家計を支える男性の疾病・失業・老齢などを社会保障の対象とするリスク（旧社会的リスク）としてきたことに対して、近年の非正規雇用、ワーキング・プア、ひとり親世帯、育児や介護のケアを行う世帯などが背負っている貧困などの新たな生活事故を指している。濱田江里子「知識基盤型経済における社会保障—社会的投資国家の可能性」（思想2020年8月号）153-154頁。過去の対策では十分対応できないものとして、新型コロナウイルス禍も「新たな社会的リスク」といえるかもしれない。

4) BIの金額をいくらにするかは、厚労省の高齢者単身世帯の生活保護支給額月8万870円（厚労省事例、平成28年、東京都）、老齢基礎年金月6万5千円、住民税非課税世帯月8万3千円などの水準が参考になろうが、ここでは、説明の便宜上、特別定額給付金の月額10万円をBI水準とする。小沢修司教授は、月額8万円のBI水準を挙げて、そのための予算として115兆円が必要で、所得税だけで賄うとすれば45％という試算を提示している。小沢修司「雇用・家族の変化とベーシック・インカム」（家族研究年報42号、2017年）18頁。原田泰教授案では、成人7万円、子ども3万円である。負の所得税の提案者であるミルトン・フリードマンは、BIの額を、1人当たりGDPの10分の1が相応しいと考えていたとある。日本の平均所得は436万円（令和2年9月年国税庁民間給与実態調査）なので、約44万円（月額約3万7千円）となる。原田泰『ベーシック・インカム—国家は貧困問題を解決できるか』（中公新書、2015年）66頁。ただ、BIの額が高すぎると人間は働かなくなるのではないかという反対論もあり、BIの水準については、難しい政策的な判断が必要である。結局、低所得者に対する「補完型所得保障」としてのBIにならざるを得ないという見解もある。宮本太郎「座談会補論・ベーシック・インカム資本主義の3つの世界」武川正吾編著『シティズンシップとベーシック・インカムの可能性』（法律文化社、2008年）240頁、宮本太郎「序章・困窮と孤立をふせぐのはいかなる制度か」宮本太郎編著『転げ落ちない社会—困窮と孤立をふせぐ制度戦略』（勁草書房、2017年）27-28頁。

5) アイルランド政府『ベーシック・インカム白書』（2002年）では、BIの「給付水準は、尊厳をもって生きること、生活上の真の選択を行使することを保障するものであるこ

とが望ましい」とある。山森亮『ベーシック・インカム入門—無条件給付の基本所得を考える』（公文社新書、2009年）22頁。ただし、BI の金額は、医療・介護・保育・教育・住宅といった社会サービスがどれだけ充実し、どれだけの負担で済むかによって大きく左右される。

6）森周子「ベーシックインカムと制度・政策」佐々木隆治・志賀信夫編著『ベーシックインカムを問いなおす—その現実と可能性』（法律文化社、2019年）139頁。ここでは、特定の集団を対象にした BI を条件付き BI と呼んでいる。また、十分な生活保障金額に達していない BI を「過渡的 BI」と呼び、完全型 BI 至る過渡的な位置づけで説明する論者もいる。武川正吾「21世紀社会政策の構想のために—ベーシック・インカムという思考実験」武川・前掲書・注４）29頁。

7）例えば児童手当は従来から「社会手当」と呼ばれて、社会保険と公的扶助の中間的性格のものと位置づけられてきた。しかし、BI は対象者を限定しないことに特徴があるのであって、受給資格が限定されている社会手当とは区別されなくてはならない。したがって、高齢者に対する最低保障年金構想（2009〔平成21〕年の民主党政権時代に民主党が掲げた年金改革案国庫負担による一律７万円の年金保障）も所得の高い人には給付されないので、性格としては社会手当に近い。

8）特にコロナ禍が女性に大きな打撃を与えていることについては、竹信三恵子「女性を直撃するコロナ災害—露呈した『夫＝安全ネット』政策の歪み」（世界2020年12月号）114頁以下。

9）コロナ禍での保健所職員・公務員あるいはエッセンシャルワーカーの長時間労働だけでなく、時短・休業を求められている民間事業所にあっても、残業が激増している場合がある。在宅でのテレワークでも、半数以上の労働者が、通常より長時間労働になったと答えている。連合「テレワークに関する調査」（2020年６月）。

10）本田浩邦「可視化されたベーシックインカムの可能性」（世界2020年９月号）114-115頁。森・前掲書・注６）142頁。

11）今野晴貴「ベーシックインカムを日本で導入しようというならば」（世界2020年９月号）120-121頁。

12）今野晴貴「労働の視点からみたベーシックインカム論—なぜ『BI ＋ AI 論』が危険なのか」佐々木・志賀・前掲書・注６）７頁。

13）山森・前掲書・注５）66頁以下。

14）BI は財源面で実現不可能とする意見については、宮本太郎『生活保障—排除しない世界へ』（岩波新書、2009年）142頁、今野・前掲書・注11）118-119頁。スイスでは BI 導入をめぐって国民投票が行われたが（2016年）、76.9％の反対で否決されている。その理由は財源問題、既存の社会保障制度がなくなることへの不安、移民が増えるなどである。小谷英生「スイスにおけるベーシックインカム」佐々木・志賀・前掲書・注６）105頁。これに対して、BI は、現行の所得保障給付（年金、生活保護、各種手当など）と税制上の各種控除制度を全廃することに加え、社会保険料の負担がなくなる、あるいは、複雑な給付手続きがなくなり、行政コストが大幅に削減されるので、十分に実現可能性があるとする意見もある。原田泰・前掲書・注４）116頁以下、武

川・前掲書・注6）32-33頁。小沢修司「日本におけるベーシック・インカムに至る
道」武川・前掲書・注4）195頁以下、小沢・前掲書・注4）18-19頁。

15）秋元美世「ベーシックインカムの法的検討」日本社会保障法学会編『新・社会保障法
講座第3巻ナショナルミニマムの再構築』（法律文化社、2012年）で、「BIは権利と
の関係では目的というよりは方法の問題である」（139頁）と述べて、両者を混同しな
いように注意している。同旨、秋元美世「シティズンシップとベーシック・インカム
をめぐる権利の理論」武川・前掲書・注4）82頁。

16）例えば、現在の生活が成り立っているのは、過去からの天然資源のおかげであるから、
現在何もしない者にも給付されるべきであるという「外的資源論」あるいは「自然と
過去からの授かりもの説」や、現在働いている高賃金労働者は、企業側の都合によっ
て（新しい労働者を採用すると訓練コストがかかるなど）、低賃金の労働者のおかげ
で雇用を維持されているのであり、その賃金の差額はBIとして低賃金労働者が受け
取ってもよいとする「雇用レント論」などがある。詳しくは、秋元・同上書・127-
129頁、武川・注4）34-37頁を参照。

17）山森・前掲書・注5）214-215頁。武川・前掲書・注4）30頁。シティズンシップ（市
民としての地位・権利）の視点からも、BIを受け取る国民は、利益だけを享受し（権
利）、その前提となる何らかの貢献（義務）を果たしていないという点（互酬性ある
いは互恵性）で批判されている。田村哲樹「シティズンシップとベーシック・インカ
ム」武川・前掲書・注4）90-92頁、武川・前掲書・注4）34頁。

18）生活保護給付を受ける条件として、就労もしくは就労に向けての努力を求めるワーク
フェア（Workfare）に対して、BIが対極にあるといわれるのはそのためである。

19）菊池馨実『社会保障法（第2版）』（有斐閣、2018年）116頁。「いわゆる『自由』の理
念が…社会保障の規範的な指導理念として位置付けられる」と続けている。また、齋
藤純一「社会保障の理念をめぐって―それぞれの生き方の尊重」齋藤純一・宮本太
郎・近藤康史編『社会保障と福祉国家のゆくえ』（ナカニシヤ出版、2011年）7頁では、
「社会保障制度は、…人々の生の必要に対応するだけでなく、生の自由にもかかわっ
ており、それぞれの自由な生き方を支援する」ものであると述べている。

20）BIによって所得の平等は確保されたとしても、自由の格差を解消することはできない。
例えば、障害のない人は目的地まで徒歩で行けるが、障害者はタクシーを利用せねば
ならず費用がかかる。同じ所得でも生活上の自由の広がりには格差が生じる。志賀信
夫「ベーシックインカムと自由」佐々木・志賀・前掲書・注6）156頁。

21）フランスの社会学者A.ゴルツ（Gorz）は、ボランティアなど社会貢献活動に従事す
るだけでは、社会へ完全に参加していることにはならず、資本主義社会においては、
人間が尊厳をもって社会生活に参加するには有償雇用につくことが不可欠と説いてい
る。この紹介は、小沢修司「ベーシック・インカム論と福祉社会の展望―所得と労働
の関係性をめぐって」（福祉社会研究第2号、2001年）43頁。しかし、個人の生き方
の自由に重点を置けば、それが賃労働であろうがボランティア活動であろうが区別さ
れないことになる。

22）BIによってのみ賃労働と所得を切り離すことはできない。むしろ労働条件の悪化を

招く恐れがあると説くものに、佐々木隆治「ベーシックインカムと資本主義システム」佐々木・志賀・前掲書・注6）183頁。

23）フリーライダーの存在は、BIを否定することにはならないという考え方として、BIは、夢追い人のように愚行に過ぎないとみられるものであっても最低限の報酬を支払う制度である（原田・前掲書・注4）154-157頁）。「自由」に価値を認める以上、BIの悪用（ただ乗り等）があっても受忍すべきである。一定数の悪用者が存在することは、自由の代償である（田村・前掲書・注17）93頁）など。

24）座談会「ワークフェアとベーシック・インカム―福祉国家における新しい対立軸」における宮本太郎発言、武川・前掲書・注4）221頁。ワークフェアとBIの上位概念は「社会的包摂」といっても、両者では「包摂」の仕方は違っている。ワークフェアは、公的扶助を受給する要件とすることによって、最終的には賃労働へと向かわせ、労働市場に包摂するという方向性で考えられている。これに対して、BIは賃労働だけでなくボランティア等の社会的活動も視野に入れて「包摂」を考えようとしている。さらに、そもそも所得が欠如して貧困状態に置かれていては、賃労働をはじめとして種々の活動ができないではないかというのが生活保障の出発点であり、一定の所得が保障されてはいるが、本人が孤立していて社会とのつながりがないという場合の「社会的包摂」は、地域福祉や社会教育に期待するところが大きい。

25）提案理由として、「BIは、全住民が人間の尊厳に適った存在となり、開かれた生活に参加できるものでなければならない。…BIは、人々が望まないけれども所得のために行うような仕事を拒否することができ、支払いのない[アクティビティへの]参加を可能にするのに十分な金額であるべきである。『BIは基本的権利である』と推進派が言うときにも、BIは自由権として理解されている」とある。小谷・前掲書・注14）109-110頁。しかし、実際にはBI予定額は最低所得保障額であり、とうてい労働からの解放にはなりえない。同、113-114頁。

26）厚生労働省・地域共生社会実現本部「『地域共生社会』の実現に向けて（当面の改革工程）」2017（平成29）年2月7日。

27）自由選択社会は、働かない自由を選択する余地を残すべきである。小沢修司「座談会補論・ワークフェアとベーシックインカム、福祉国家における新しい対立軸」武川・前掲書・注4）245頁、同旨、田村・前掲書・注17）105頁。その意味では、BI受給に地域貢献活動を要求する「参加所得」の考え方も、ボランティアを強制することになりかねないので「自由」の侵害ということになるという意見につき、小沢・前掲書・注21）44頁。

28）「真に自由な意思で就労支援を受けることあるいは受けないこともまた法的に保護されるべき利益に値するのである」。丸谷浩介「イノベーティブな共生社会に向けた社会保障法」社会保障法第36号（2021年）106頁。

29）社会保障審議会福祉部会「生活保護制度の在り方に関する専門委員会報告書」（2004〔平成16〕年12月15日）では、被保護者の就労自立支援プログラムへの「取り組みにまったく改善がみられない場合には、保護の変更、停止又は廃止も考慮する」とある。これに対して反対意見は、布川日佐史「生活保護法における自立支援と稼働能力活用

要件」社会保障法24号（2009年）176-177頁。

30) 笠木映里「労働法と社会保障法」論究ジュリスト28号（2019年）26頁では、働き方が多様化した現在、社会保障法体系のなかで、雇用労働者と自営業者との区別を維持する意義はあるのかどうかという問題提起がなされている。

31) 菊池英明「ベーシック・インカム論が日本の公的扶助に投げかけるもの─就労インセンティブをめぐって」武川・前掲書・注4）128頁は、ドイツの社会学者クラウス・オッフェ（Claus Offe）は、サバティカル・アカウントとして、最低3年間の就労経験を条件に職業訓練を受ける期間（10年間）の所得保障としてBIを提案していることを紹介している。これは、教育や訓練期間中に限って給付される期間限定型のBIといえる。その他、成人した若者に高等教育や事業の立ち上げ資金として一括給付を行うステークホルダー・グラント（韓国の「青年配当」もこれに該当する）などもあり、こうした形でのBIはベーシック・キャピタルとも呼ばれている。宮本太郎『生活保障─排除しない社会へ』（岩波書店、2009年）130-131頁、宮本・前掲書・注4）238頁。韓国の青年配当については、孔栄鐘「韓国におけるベーシック・インカム」佐々木・志賀・前掲書・注6）127-128頁。

32) 「社会的投資」論については、濵田江里子「知識基盤型経済における社会保障─社会的投資国家の可能性」（思想2020年8月号）150頁以下。宮本太郎「社会的投資戦略を超えて─資本主義・福祉・民主政治をむすび直す」（思想2020年8月号）57頁以下。

33) 秋元・前掲書・注15）130頁。

34) 唐津博「シンポジウムの趣旨と総括」労働法24号（2014年）103頁。

35) 菊池馨実「新しい社会保障法の構築に向けた一試論」小宮文人・島田陽一・加藤智章・菊池馨実編『社会法の再構築』（旬報社、2011年）234-235頁。

36) こうした新自由主義的BIでは、「究極の自己責任社会を生む」との指摘は、井手英策「財政とベーシックインカム」佐々木・志賀・前掲書・注6）72頁。

37) 藤田孝典「貧困問題とベーシックインカム」佐々木・志賀編・前掲書・注6）37頁。志賀・前掲書・注20）163頁。井手・同上書・67-68頁。今野・前掲書・注12）16頁。

38) 森・前掲書・注6）149頁。荒木誠之氏は、医療を含む生活障害給付は、原則、租税方式で無料またはそれに近い軽微な負担とすべきであると考えていた。荒木誠之『社会保障法［三訂版］』（ミネルヴァ書房、1977年）59-60頁、63頁、荒木誠之『社会保障法読本［第3版］』（有斐閣、2002年）259頁。

39) 千原則和「主要各国の新型コロナウイルス対策」（世界2020年9月号）99頁以下。

40) 本田浩邦「可視化されたベーシックインカムの可能性」（世界2020年9月号）106頁。

41) 総務省ホームページによると、特別定額給付金の目的は、「緊急事態宣言の下、…人々が連帯して一致団結し、見えざる敵との闘いという国難を克服しなければならない。このため、…簡素な仕組みで迅速かつ的確に家計への支援を行う」となっている。これを見ると、対象を、コロナ禍によって収入が減少した世帯に限定するとその認定に手間と時間がかかること、および、それでは社会の分断を招きかねないという配慮がうかがえる。石橋敏郎・角森輝美・紫牟田佳子「新型コロナウイルス感染症拡大下における所得保障とケア・サービスの課題」アドミニストレーション27巻1号（熊本県

立大学総合管理学会、2020年11月）10-11頁。

42）厚生労働省社会・援護局保護課事務連絡「新型コロナウイルス感染防止のための生活
保護業務等における対応について」令和2年4月7日。

43）厚生労働省社会・援護局保護課事務連絡「扶養義務履行が期待できない者の判断基準
の留意点等について」令和3年2月26日。厚労省は、これまで、目安として20年間音
信不通の親族には照会不要としていたが、「10年程度」に改めた。また、①親族が高
齢や未成年、②家庭内暴力（DV）の要件に加え、今回新たに、③本人が親族に借金
をしている、④相続をめぐり対立している、⑤縁が切れていて関係が著しく悪いな
どの場合も照会不要と例示した。木下秀雄氏は、これをさらに進めて、扶養照会は、
生活保護申請者の合意が得られない場合には行わないことを求めている。木下秀雄
「日本の社会保障の転機に」木下秀雄・武井寛編著『雇用・生活の劣化と労働法・社
会保障法—コロナ禍を生き方・働き方の転機に』（日本評論社、2021年2月）189頁。

44）菊池・前掲書・注19）330頁、同『社会保障の将来構想』（有斐閣、2010年）34頁、木
下・同上書、189-192頁。

45）厚生労働省「生活保護受給者の年金受給状況」（平成26年）。その後、無年金者対応策
として、2017（平成29）年9月から受給資格期間を10年とする特例が施行され、これ
により約64万人が年金を受給することになったが、その金額はわずかである。また、
2019（令和元）年10月から、低年金受給者に対して年金生活者支援給付金（月額5000
円が基準額）が支給されることになった。しかし、いずれも貧困を脱するような根本
的な解決策にはなっていない。

46）荒木誠之『社会保障法読本［第3版］』（有斐閣、2002年）257頁、荒木誠之『社会保
障法［三訂版］』（ミネルヴァ書房、1977年）58頁。

47）BIは所得制限等一切の条件がないことが特徴であるので、ここで所得制限付きのBI
という用語の使い方は矛盾といえばそうである。その意味ではむしろ「社会手当」と
呼ぶことが正しいかもしれない。

48）荒木誠之氏は、「火災・風水害などに際して、応急的に生活必需品を給付する災害救
助も、その目的が生活危険に対する保障というより、突発的異変についての一時的・
応急的救済にあるから、給付行政の一部であっても、社会保障法とは一応区別しなけ
ればならない」（『社会保障の法的構造』有斐閣、1983年、32-33頁）と述べている。
これに対して、吾妻光俊氏は、災害救助法も社会保障法の一部を構成すると考えてい
る。吾妻光俊『社会保障法』法律学全集（有斐閣、1957年）23頁。

49）地球環境悪化による自然災害の増加や感染症拡大などを「新しい自然的リスク」と呼
ぶ研究者もいる。宮本太郎「社会的投資戦略を超えて—資本主義・福祉・民主政治を
むすび直す」（思想2020年8月号）57頁。

50）伊藤周平「新型コロナ危機と医療・介護政策の課題—現実化した医療・介護崩壊の背
景と今後の政策課題」賃金と社会保障1756号（2020年6月）17頁以下。

51）健康保険と国民健康保険の統合となると、健康保険料における使用者負担をどうする
かという問題が残される。

52）山本忠「ディーセントな働き方と生活保障のための課題」社会保障法36号（2021年）

50頁以下。

53）近代社会が求めている知識基盤型経済のもとで、新しいアイデアや IT 機器を利用した新規サービス業に従事できる能力を身につけることによって雇用との結びつきを強めようとする考え方には一部承服できないところがある。対人的労働である医療・介護・福祉分野が取り残される恐れがあるからである。リスクに対する免疫を強化するために、人生のさまざまな段階で先行投資を行い、将来の社会参加を容易にするという考え方には賛同できる。濱田・前掲書・注３）154-155頁。

54）山森・前掲書・注５）122頁。

55）木下秀雄氏は、イギリスの19世紀末から20世紀初頭にかけての社会保障制度の創設は、コレラや天然痘の感染症の拡大が契機になったと書いている。木下・前掲書・注41）175-176頁。

56）例えばの話であるが、高齢者には最低保障年金額７万円に満たない差額、もしくは、生活保護費に満たない差額を所得補完型 BI として、それ以外については、今回の低所得者向けの生活支援臨時給付金年額30万円の額を参考にして、現在の所得に上乗せするための月額２万円から３万円の定期的な所得補完型 BI 給付の創設が考えられる。緊急臨時型 BI については、総合支援資金と緊急小口資金（合わせて最大200万円）をもとに最高月額15万円程度の給付金制度の創設はどうだろうか。ただし、低所得者に限った給付であり、支給金額は原所得で足りない部分を補うものとする。しかし、生活福祉資金貸付制度などをこれに吸収させるとはいえ、財源をどうするかの問題は残される。

第４章

コロナ感染症拡大を受けての
特例措置と社会保障法

I　はじめに

　新型コロナウイルス感染症の脅威に悩まされ続けてはや３年が経とうとしている。今年（2022〔令和４〕年）末にはインフルエンザとの同時流行の可能性が指摘されており、政府は、１日当たりの感染者数を最大でコロナ45万人、インフルエンザ30万人と想定していることが報道された。長期にわたるコロナ禍は国民生活や働き方に大きな影響を与えると同時に、これまであまり意識されてこなかった感染症予防・公衆衛生の分野に再び国民の目を向けさせることになった。

　公衆衛生については、これまでは、伝染病予防・感染拡大防止など社会防衛を目的とした患者隔離等の規制行政を中心とする法分野であり、基本的に社会保障法とは別個の法体系に属すると考えられてきた。ただ、公衆衛生のごく一部を構成する個人的な疾病予防サービス（予防接種、健康診断等）だけが社会保障法の範囲に取り込まれるというのが通常の理解であった。いずれにせよ、公衆衛生の分野は社会保障法が積極的に取りあげることはしてこなかったといってよい。しかし、2020（令和２）年１月以降、新型コロナウイルス感染症の世界的大流行（パンデミック）が、その認識を一変させることになった。コロナ感染症拡大は、患者数、重症化度、感染の世界的な範囲、その期間の長さ、社会経済生活に及ぼす長期にわたる甚大な影響など、すべての点においていまだ経験したことのない大惨事をもたらすこととなった。

　医療分野が受けた打撃も計り知れないものがある。2021（令和３）年夏の「第５波」の頃から、入院が必要な重症の患者であっても病床が足りず、医療機関が入院を断らざるを得ない「医療崩壊」現象が起きはじめ、自宅療養中の人のなかにも容体が急変して医療サービスを受けられないまま死亡するといったケースも頻発した。国民皆保険が事実上機能しなくなる危機に見舞

われたのである。医療に従事する関係者も初めての得体の知れないウイルスを相手に、恐怖心と闘いながら、緊急かつ窮迫した事態のなかで、身体的にも精神的にも追い詰められた状態で仕事に携わらなければならない日々が延々と続いた。これに対して、コロナ対応病院に対しては診療報酬の加算のほか、2020（令和2）年5月にはコロナ対応に追われる医療機関の従事者に最大20万円を支給する「新型コロナウイルス感染症対応従事者慰労金」の交付など優遇策が講じられることになった。

　感染症対策の中心的役割を担った保健所の業務も同様に過酷をきわめた。感染検査、症状の把握、入院・ホテル隔離・自宅療養などへの患者の振り分け、それぞれの状態を常に把握したうえで患者への食糧配付その他の生活支援、すべての患者の病状記録等を行う業務が全部保健所に任されたため、保健所はパニック状態に陥った。職員には想像を絶するような過重労働がなお続いている。2022（令和4）年9月26日から新型コロナウイルス感染者の発生届を高齢者ら重症化リスクの高い人に限定する全数把握の簡略化が全国一律で実施されたが、それでも保健所業務の繁忙は変わっていない。最近では、将来をも見通した恒常的な感染症対策として、病床確保などを地域の中核病院に義務付けることを内容とする感染症法などの改正案が2022（令和4）年10月25日、衆議院本会議で審議入りした。都道府県と中核病院が事前に病床確保に関する協定を結び、これに反した病院は診療報酬を減じる場合があるなど、事実上の強制力をもった強引な感染症病床確保策といえる。

　想定外のコロナ感染症拡大とはいえ、所得保障の分野も含めて政府のとった対策は、国民の視線からみれば、いかにもその場しのぎのつぎはぎ的対応に見えたであろう。しかも、その効果がハッキリとは見えてこなくて将来が見通せないなどの多くの批判を浴びることとなった。コロナ禍もいいかげんこれで終わりにしてほしいが、しかし地球温暖化、グローバル経済といった現在の地球環境の急激な変化の様子からみれば、いつまた同様の感染症災害が起きないとも限らない。

　そこで、本章では、①感染症対策も含めた疾病予防について、従来の社会保障法学はどのような位置づけを与えられてきたのか、「医療保障」論と「生活障害給付」（荒木説）との関係をもとに考える、②疾病予防・介護予防を社会保険法（医療保険法・介護保険法）のなかに取り込んで実施することの適否、③予防措置に対する保険者・事業所・被保険者たる個人へのインセンティブ、ディスインセンティブ付与の妥当性、④所得保障対策としてのコ

ロナ感染症特例措置の適否などにつき検討を加えた後、最後に、⑤コロナ禍を契機にわれわれは何を学ぶかにつき考えていきたいと思う。すなわち、今回のコロナ感染症拡大は現行の医療制度や所得保障制度の不備や矛盾を顕在化させることになり、そのことによって、早急の制度改革をせざるを得なくなった。そこで、これをきっかけに将来の感染症拡大に対応できる新たな社会保障制度の構築に向けての模索の動きなどにつき、荒木理論の考え方を織り交ぜながら、若干の考察を加えたいと思う。約3年間にわたる個別的・具体的な医療保障対策・所得保障対策のそれぞれの個別施策については、その有効性や妥当性にいくつかの疑問点はあるものの、その評価は別の機会に譲りたいと思う。

II　「医療保障論」と「生活障害給付」

　20世紀初頭までの公衆衛生は、結核等感染症対策が中心であり、それは個人的予防対策というより社会防衛的な要素が強く、社会保障とはまったく別の規制行政の一分野だと見られてきた。また、要保障事故が発生していない段階に属する「予防」は社会保険医療の対象ではないとされてきたし、現在でも原則としてはそうである。「予防」が社会保険医療への接近を来すようになったのは、①死亡に至るような疾患が、従来の感染症から生活習慣病と呼ばれる慢性疾患へと変化し、それらは、心筋梗塞や脳血管疾患といった重篤な疾患に結びつくことが医学的に証明され、それらのリスクを負った人の把握がかなりの確率で可能となってきたこと（疾病構造の変化）、②医療費の増大に対して、それを抑えるために予防の重要性が認識されるようになったことである。こうした変化を受けて、これまでの治療中心の医療を改め、予防に重点を置いた予防・治療・リハビリテーションの一貫した包括的医療体制の確立が主張されるようになる。これがいわゆる「医療保障論」の考え方である[1]。

　ところが、1965（昭和40）年の段階で、荒木誠之氏は、社会保障体系の柱の一つとして「生活障害給付」という新しい概念を立て、「医療給付を治療のみに限定せず、予防からリハビリテーションまでを含んだ包括的な体系のなかに位置づけ、それを法制度面でも明確にすることが必要である」と述べて、医療保障論と同様の主張をしている[2]。さらに続けて、生活障害保障給付は、生活障害を取り除き労働能力を回復させることを目的とする給付の体

系であるから、保険のシステムになじまない[3]。「障害保障給付は、生存権維持の基礎的条件である労働能力＝所得能力の回復または維持のための給付である。その性質からいえば、社会がその社会構成員に対して当然提供すべき給付といわねばならない。したがって、障害保障給付の費用は、原則的には、国費又は公費によって支弁すべきものである」[4]と述べ、医療給付は社会保険方式ではなく、無料またはそれに近い社会サービス方式に切り替えることが望ましいと一貫して主張している[5]。それにもかかわらず、「医療保障論」に対しては、「医療保障論は、論理的に医療保険の否定に行き着くものであろうと思われる。医療を保険の枠から解放して、社会サービスの方式に切り替えるとき、疾病の予防・治療・リハビリテーションが実質的に一貫した体系を与えられるからである」とこれに真っ向から反対する立場を表明している[6]。

　今となっては想像する以外にはないのだが、予防・治療・リハビリテーションの一貫した医療体制の確立そのものには賛成なのだが、福祉サービスとは別立ての「医療保障」だけを独立させることの意味は何かという疑問から始まり、むしろ「医療保障」という新たな概念を社会保障法体系のなかに立てる必要はなく、福祉サービスも含めた「生活障害給付」の一内容として説明されるべきだということが反対の理由であろうか。それとも、医療保障論によって予防と治療を連結するのであれば、社会保険方式から脱して公費による社会サービスへの転換が必要になるので、結局新たな制度構築という立法論にならざるを得ないというその点を批判の根拠にしているのか、そのあたりは定かではない。

　だが、荒木氏自身も、社会保険方式は一般に所得保障に適した保障方法であって、医療や介護・福祉サービスの提供は「保険になじまない」という考え方をどこかで持ちながら、他方で、社会保障法の体系を構築するうえでは、社会保険の技術を使うかどうかは立法選択の問題であって給付の性質を変えるものではないとも述べている。そのことと「医療保障論」に対する批判とは一見矛盾しているのではないか。このことは、老人保健法に対する評価と介護保険法に対する評価とがまったく違った視点とトーンで描かれていることにも表れているように思われる[7]。

　荒木氏には、もともと社会保険方式＝所得保障のための方式という考え方があり、そのことは医療保険が成立する初期の段階では、医療保険は明らかに労働者の医療費負担の補償だったとの記述からも見て取れる。しかし、社

会保障法の体系化には、どうしても社会保険と公的扶助、社会福祉という従来からの制度別体系を否定して、給付の性格を本質的なメルクマールにした給付別体系にする必要があるという考えから、社会保険方式をとるか税方式にするかは政策の選択の問題だという説明をせざるを得なくなったと思われる。しかし、保障方法の問題は絶対的ではないにしても、給付の性質から望ましい方法というものがあることは常に念頭にあったであろう。社会保障法という学問分野を確立するための体系論を構築するうえでの最優先的基準（「要保障性の構造と程度、給付の性質」）と、各給付（荒木氏でいえば所得保障給付と生活障害給付）に適した保障方法あるいは財源調達方法があるということとは区別して、特に後者の論点についてもう少し詳しい説明を聞きたかったというのが感想である。

　次に、予防と医療との関係についてである。現在では、予防を医療費抑制策として位置づけることがいわば常識となっているが、当時は、まだそのような意識ではない。「生活障害給付」はその目的を「労働能力の回復」においているので、傷病が治癒したとしても、運動機能障害が残っていれば労働能力は回復していないことになる。そこで労働能力が回復するまではリハビリテーションの措置が必要になるということで、治療とリハビリテーションの結合関係についてはすんなりと説明がつく。一方、予防と治療が結びつく理由については、荒木論文では、明確に述べた部分はないように思われる。わずかに「保健給付（疾病予防給付）」という項目で「健康を維持し疾病を予防するための保健給付は、疾病の発生後における医療給付と不可分の関係にある」と述べているのみである[8]。そこでは、人類の共通の願いとしての「まずは健康であること」（健康権）、それがかなわなかったときだけ医療給付により健康を回復させるという当然のことを指しているように思われる。

　その点よりも、荒木理論が投げかける問題は、「予防」に関する給付は公費によるべきであって、それと「治療」を有機的に結合させようとすれば、医療制度全体を社会サービス方式に切り替える以外にはないといったことの方であろう。社会保険はあくまでも要保障事故発生後の事後的救済のための仕組みであり、要保障事故発生前の対応である予防とは相容れない。だから、もし両者を結びつけるとすれば社会保険方式からの解放しかないという論理展開になるのだろうか。だとすれば、最近の傾向である社会保険制度の枠内で、社会保険制度を利用した各種の「予防給付」の提供には反対の立場ということになろうか。「一切の医療給付を一元化して、包括的医療法を設け、

あわせて疾病の予防を目的とする給付（伝染病予防のための予防接種や一般的定期健康診断等）をもこれに包摂することが望ましい」[9]という文章をみると、「包括的医療法」とあり、「包括的医療保険法」という表現ではないところをみると、社会保険の枠内での「予防」は当時は考えられていなかったと思われる。

　しかし、現在では、疾病構造の変化、生活習慣病対策の重要化等の新しい社会状況が生まれている。医学的に疾病の危険を生ぜしめる一定のリスク集団の把握が容易になったこともあり、いまや「予防」についての医療保険の役割にも新たな要素が付け加わろうとしているとみることもできる。ただ、生活習慣病の予防は、その人の食生活・運動・生活のリズム等個人的責任の部分が多々あるので、それをその人が支払う保険料で賄うことにはそれなりの理由が成り立つかもしれない。ただ、これとて個人責任とはいえない遺伝的要因や労働・生活環境的要因もあるので確定的なことはいえないであろう。ましてや、今回の新型コロナ感染症の世界的拡大は、個人的責任の話ではない。医療保険に今回のコロナ感染症予防の役割を担わせることは不可能といってよい。

Ⅲ　予防と社会保険

　「予防」という用語には、大まかにいって二つの意味がある。一つは健康保持・早期診断・早期治療といった個人的な疾病「予防」に関することである。もう一つは今回の新型コロナウイルス感染症のように全国的な規模で感染拡大防止のための措置をとる社会防衛的な意味での感染症「予防」である。ここでは前者の意味での「予防」について社会保険との関係を考えてみたい。前者の予防はさらに以下の3段階に分けることができる。

①第1次予防とは、疾病にかからないための予防であり、健康教育などの健康増進事業と、予防接種などの防御的処置がこれに含まれる。
②第2次予防は、発症の初期段階での早期発見と早期治療による疾病の悪化防止活動を指す。
③第3次予防は、疾病が発症した者に対して、治療を施し、心身機能の維持・回復をはかることをいう。

　③は予防というより重症化防止に向けた「治療」の段階（介護保険でいう

と要介護度重度化防止）であるので、ここでは①と②を「予防」として取り扱うことにする。社会保険は、相互扶助の考え方のもとに同質的な保険集団を結成し、一定の保険事故（傷病、障害、要介護など）の発生を要保障事由とし、それに対する事後的救済を図るリスク分散の仕組みとして考案されたものである。そのためいわば事前的防御策である「予防」を社会保険の枠内に取り込むことについては否定的な意見が多かったといえる[10]。それだからこそ、予防と治療を結びつける「生活障害給付」にあっては、社会保険の枠からの解放（社会サービス方式化）が必要条件とされたのである。

　しかし、膨張を続ける医療費用・介護費用を抑えなくてはならないという喫緊の政策課題を受けて、政策のレベルでは、学説に先行する形で現行社会保険制度の枠内での予防施策が次々と実施されていった。例えば、労災保険法のなかに「第二次健康診断等給付」（2001〔平成13〕年）、介護保険法には「新予防給付」（2005〔平成17〕年改正）、「介護予防・日常生活支援総合事業」（2014〔平成26〕年改正）、高齢者医療確保法には「特定健康診査・特定保健指導」（2006〔平成18〕年）というように相次いで「予防」のための給付が新設されることになったのである。もちろん学説においては、社会保険の目的と構造からいって、こうした「予防」給付を社会保険の枠内で実施することには抵抗を感じるという意見が出されている[11]。

　他方で、メタボリックシンドローム等、そのまま放置すれば心臓疾患・脳血管疾患といった「深刻な保険事故に結びつきかねない事前の事態」を保険事故として位置づけ、それに対する健康診断や保健指導などを保険給付として提供することが可能ではないかと考える意見もある[12]。生活習慣病は、がん・脳卒中・心臓病等との因果関係が強く、それは食生活・飲酒・喫煙・運動等の本人の日頃の生活態度と深く関わっていることが明らかになってきている。いわば、生活習慣病には本人の健康管理に対する「責任」に属する部分がある。したがって、それを本人自身が保険料を拠出した社会保険制度によってカバーすることはありうることかもしれない。しかし、がん・脳卒中・心臓病等も本人の健康に関する心構えや生活態度とは関係のない遺伝因子や生活環境、外的要因（職場でのストレス）等によって起こる場合があることもはっきりしている。ましてや、今回のコロナウイルス感染症のように、本人の責任を問うことは難しい事態にあっては、これを社会保険の領域で対応することはおよそ考えにくいことである。

　近年、「感染症から生活習慣病へ」と医療の中心的課題が変化し、それに

絡めて予防の一部を社会保険制度のなかで運営していこうとしている動きがある。これに対して、コロナ禍は再び「感染症」の脅威をすべての人々に知らしめることになったし、それは社会保険による予防とはまったく違った災害級レベルの問題であることを明確にした。コロナ感染症の猛威を前にして、次々と対応策が打ち出されていったが、いずれも弥縫策にすぎないという批判も受けている。コロナ禍の経験を基にして、これまでとは違った感染症予防対策の必要性と、その根拠となる考え方、社会保障法との関係等、新たな仕組みや新制度への発想、そういったものがいま求められているように思われる。

IV　予防推進のためのインセンティブ・ディスインセンティブ

1　保険者に対するインセンティブ・ディスインセンティブ

　さらに問題なのは、予防促進を図る場合に、予防に努める保険者、事業者、被保険者への利益提供（インセンティブ）、あるいは努めない者への不利益対応（ディスインセンティブ）がありうるかどうか、ありうるとしたらどのような方法と態様が可能なのかということである。2008（平成20）年4月に施行された高齢者医療確保法では、医療保険の保険者に対して、40歳から74歳までの被保険者および被扶養者を対象とした特定健診、特定保健指導の実施を義務付け、その実施率に応じて各保険者が負担する後期高齢者支援金の拠出額を、90％から110％の範囲で、加算または減算する仕組みが導入されている（高齢医療121条2項）。もっとも、健保と国保では、そもそも特定健診・特定保健指導の実施率には最初から大きな格差があったのであり、その実態を無視して特定健診等の実施率だけを単純に比較したり、それとはまったく無関係な後期高齢者支援金とをからめるやり方には当初から批判の声が強かった[13]。協会けんぽでは、特定健診・特定保健指導の実施率のほか、後発医薬品（ジェネリック薬品）の使用割合、保健指導対象者の減少率、要治療者の医療機関受診率などの評価指標に基づいて全支部（都道府県単位）の努力の程度に関する順位付けを行い、上位23位の支部に対して報奨金を交付することで、その支部の保険料率を引き下げるという対応がとられている。これとて問題なしというわけではない。

2　サービス提供者に対するインセンティブ・ディスインセンティブ

　介護保険制度では、介護報酬は要介護度が高くなればなるほど増額される仕組みとなっているので、介護事業所側からみれば、要支援・要介護度の改善に対する職員の意欲が湧きにくいという難点があることが当初から指摘されていた。そのため、最近では、医療・介護・福祉の分野では、予防も含めて「自立支援」のやり方や取り組み姿勢に関して実施機関や事業所に対する成果（アウトカム評価）、およびその成果に基づく優遇措置・不利益措置が次第に導入されてきている。2018（平成30）年には、医療介護報酬同時改定にあたり、利用者の要支援・要介護状態が改善された事業所への成功報酬加算制度が導入された。例えば、通所介護（デイサービス）では、日常生活に必要な動作の維持・改善の度合いが一定の水準を超えた場合、その事業所に対する報酬に加算することとし、反対に状態改善に消極的な事業所には報酬を減額するというものである。しかし、これに対しては、事業所が加算をとろうとするあまり、「特養において利用者の意に反して栄養剤を投与し、リハビリを重ね、歩行器で歩かせることを強いるような」事態が危惧されるといった批判がなされている[14]。

3　被保険者個人に対するインセンティブ・ディスインセンティブ

　少なくとも第１次予防（健康教育、健康増進活動、予防接種など）については、これを被保険者個人の法的義務とすることは個人の生活領域への過度の介入につながり、プライバシーの侵害となる可能性が高いので望ましくない。特定健診・特定健康指導が保険者には義務付けられているが、被保険者には「勧奨」にとどまっているのはそのためである[15]。疾病予防促進のために、被保険者本人に対して何らかのメリットを与える処置については、その方法と程度によっては、許容される余地があるかもしれないが、予防に努めないという理由で個人にディスインセンティブを設けることについては極力慎重でなければならないであろう。メリット付与といっても、疾病率が高く、医療機関への受診が多い者とそうでない者との間に保険料に差をつけるといったリスク別保険料は、私保険ならばともかく、社会保険ではその趣旨から許されるはずはない。予防に努める者とそうでない者とのリスク別保険料も同様に否定される。だが、特定健診・特定保健指導が保険者の義務とされていること、「持続可能な医療保険制度を構築するための国民健康保険法等の一部を改正する法律」（2015〔平成27〕年５月）により、保険者が行う保

健事業のなかに、予防・健康づくりに関する被保険者の自助努力への支援が追加されたこと（国保82条など）、健康増進法（2002〔平成14〕年公布、2条）、がん対策基本法（2007〔平成19〕年4月施行、6条）、介護保険法（4条1項）などに、健康維持やがん検診、能力の維持増進に対する国民の努力義務が定められていることなどから考えても、一定の対象者に対して過度にならない程度の内容でのインセンティブは許されるのではないかという意見が多い[16]。

　厚生労働省の「個人の予防・健康づくりに向けたインセンティブを提供する取組に係るガイドラインについて」（2016〔平成28〕年5月18日）によれば、①インセンティブの報酬の内容を個人の価値観に合わせて、魅力的なものとすることが必要（健康グッズ、社会的な表彰、商品券等）、②金銭的な価値が高すぎる報酬の付与（現金給付等）は、報酬を得ることのみが目的化しやすく、慎重に考えることが必要との認識が示されており、具体的事例として、健康づくりを行うとポイントがたまり、協力店舗からお得なサービス（洗車半額、マッサージの割引等）が受けられるなどの事例は適当との通知が出されている[17]。

　一定期間（例えば1年間）医療給付を1回も受けなかった者に対する報奨金として金銭給付を与えること（無事故払戻し）や品物の贈呈は、その者の健康づくりへの努力の成果かどうかその関係がはっきりしないし、事実上の保険料減免の性格を有するので勧められない[18]。自己負担の性格については、財源の確保、濫受診の防止のほか、サービスを受給した者とそうでない者との公平を図るという目的もある。確かに、介護サービスにおいても、施設入所者と在宅でのサービス受給者との間の不公平感をなくすために、部屋代と食事代を施設入所者から徴収するということは行われた。しかし、医療サービスは手術や苦痛を伴う治療がかなりの部分を占めており、受診者とそうでない者との「不公平感」は介護サービス利用者のそれとはかなり違っているのではないか。

　最近の疾病状況の変化から社会保険に健康づくりまで含めた新たな役割を担わせる政策を強化していくのか（前者）、あるいは、従来のように社会保険は要保障事故発生後の対応という立場を堅持して、個人的予防については、あくまでも啓発の領域に留められるべきであると考えるのか、また感染症拡大の防止など国や自治体が積極的施策を行う必要があるときは、その費用は公費による負担とするという考えに立つのか（後者）。荒木理論のその当時

の立場からいえば明らかに後者の方であろう。

　インセンティブ・ディスインセンティブの議論は、最近の社会保障のキーワードである「自立支援」およびその根幹をなす個人の「自律支援」とも関係しているように思われる。荒木氏の「生活保障」理論は、要保障者の意思や希望を重視するというより、現在置かれている生活困難状態（貧困、失業、疾病、老齢など）そのものに重きをおいて、その状態を取り除き、その者に健康で文化的な生活（生存権）あるいはそれ以上の生活水準（生活権）を国が直接保障するという基本的立場に立ってつくられている[19]。もちろん要保障者の意思を無視した生活保障はあり得ないだろうが、少なくともそこには要保障者の意思や行動が給付に影響を与えるという発想は希薄である。

　ところが、「自立支援」という用語には、「自立」という最終目標に向けて、給付提供者にも、受給者にも、ある理想的な意思や行動が積極的に求められるという意味合いが含まれているように思われる。例えば、労働能力のある生活保護受給者であれば、経済的自立に向けて就労自立支援プログラムに意欲的に取り組むとか、傷病者・要介護者であれば、身体的自立に向けて積極的にリハビリを受け回復に励むとか、サービス提供者側からみれば機能回復のためのより効果的な方法を開発していくとか、そういった積極的行動が各自に要求されることになる。そうなれば、それぞれの取り組み姿勢によって、保険者にも事業所にも被保険者にもインセンティブやディスインセンティブというものがありうるかもしれない。ただし、「社会保障の第一義的な目的が国民の生活保障であるとしても、より根源的には、『個人の自律の支援』が社会保障の目的である」[20]となれば、少なくとも上記のような自立に向けた積極的取り組みを希望しない受給者に対して一定の行動を要求し、その対応の仕方によって不利益を与えることはできないことになろう[21]。

　こうした違いを考慮するならば、インセンティブ・ディスインセンティブの考え方は、荒木氏の「生活保障」理論からは直接導き出しがたい施策であるといえよう。とはいえ荒木「生活保障」理論は、あくまでも財政事情がそれほど窮迫していなかった当時の理論であって、社会保障財政の危機的状況を受けて社会保障制度の持続可能性が叫ばれている現在では、保険者、事業者、受給者のそれぞれに自立に向けての努力を問わざるを得なくなっている、そういう事態にまで追い詰められているといえるのかもしれない。

4　給付制限

　被保険者が、正当な理由なく予防接種を受けないことや健康維持に努めないこと、介護保険の新予防給付を受けないことなどの結果、その後に疾病を自ら招くことになってしまったり、要介護度を悪化させたりした場合に、自己責任を追及して、給付を制限する、あるいは、自己負担を重くするといった不利益を課すことはできるのであろうか。医療費・介護費の急増とそれを負担する現役世代層の減少、それによる社会保障財政の危機を目前にして、さらに進んで、予防や自立支援に積極的に取り組まずに自ら疾病を招いた者に対しては、医療費を自己負担すべきであるという発想（悪行税、sin tax）も出てきている[22]。いわゆる自己責任による給付制限の問題である。

　健康保険法116条（自己の故意の犯罪行為）、117条（闘争、泥酔又は著しい不行跡）、119条（正当な理由なしに療養の指示に従わなかった場合）、介護保険法64条（自己の故意の犯罪行為、正当な理由なく要介護状態等の程度を増進させたとき）等では、被保険者の責めに記すべき事由により事故を自ら招くことになった場合、あるいは要介護状態を悪化させた場合には、保険者は、給付の一部または全部を行わないことができると規定されている[23]。この規定は、被保険者が、明らかに故意による事故（酒酔い運転、無免許運転、自殺等）を発生させた場合に適用されるものであって、予防接種や予防給付の受給を拒否した者、あるいは、健康維持に努めない者に対して適用されるものではない（少なくとも第1次予防ではそうである）。また、自殺でもそれが精神的疾患による場合には例外扱いとなっているし、喧嘩・闘争、泥酔、著しい不行跡といってもその行為に至った事情、背景、相手方、程度等に違いがあり、それをどう客観的な統一基準で評価するのかとか、あるいは「その一部の支給を制限する」といってもどの程度の制限にするのかなど、実際の局面では困難な判断を迫られることが多い[24]。医療が国民生活を維持するうえでの基礎的条件であることを考えると、この規定の適用は制約的でなければならないし、ましてや、疾病予防においてこの規定が適用される余地はないといってよい。

V　コロナ対策と行動規制、病床確保

　わが国の感染症対策は伝統的に三つの法律を中心に展開されてきた。水際防止対策としての「検疫法」、感染症予防および治療のための「感染症法」

（「感染症の予防及び感染症の患者に対する医療に関する法律」）、そして免疫対策としての「予防接種法」である。その他、保健所の設置根拠法である「地域保健法」など関係法令も多い。

　新型コロナウイルスは、下記特別措置法により「指定感染症」（2021〔令和３〕年２月まで）とされ、感染症法上の１類（エボラ出血熱、ペストなど）に準じた扱いとなり、都道府県知事は、患者に対して入院・就業制限・対物措置（消毒や立入制限、交通遮断など）等の措置をとることができるようになっている。その後、2021（令和３）年３月からは「新型インフルエンザ等感染症」に変更され、感染症法上の２類相当（結核、ジフテリアなど）に加えてより広い措置がとれる位置づけとなった[25]。医療費については、社会保険医療が適用され、残りの自己負担分は公費で賄われる。予防接種法上は、国民が「受けるよう努めなければならない」ところの勧奨接種（集団予防目的のA類疾患）であり、かつ「臨時」予防接種に位置づけられる。接種費用は、通常は無料または一部自己負担（自治体および疾病によって異なる）であるが、新型コロナウイルス感染症に関しては特例で国が全額負担することになっている。

　新型コロナウイルス感染拡大が確認されてから、政府によって2020（令和２）年２月に出された学校の臨時休校要請や大規模集会の自粛要請は、法的根拠や法的強制力のないものであったが[26]、2020（令和２）年３月、2021（令和３）年２月の「新型インフルエンザ等対策特別措置法」改正により、新型コロナにも同法適用の道が開かれ、一定の法的措置をとることができるようになった。大きくは「緊急事態宣言」と「まん延防止等重点措置」とに分かれる。緊急事態宣言は、全国的なまん延を抑えるための対応であり、爆発的な感染拡大および深刻な医療提供体制の機能不全を避けるため、原則、都道府県単位で知事が事業者および住民に各種の「要請」を行うことができるものである。事業者には、時短要請・休業要請ができ、正当な事由なく要請に応じない場合「特に必要があると認めるときに限り」、知事は「命令」を出すことができ、その事業者名を公表することができる（特措法45条３項、５項）。また、この命令に従わなかった場合に30万円以下の過料を科すことができる（79条）。地域住民に対しては、外出自粛要請、イベント開催制限・停止要請などを行うことができる（46条）。住民に対する措置については、緊急事態およびまん延防止等重点措置ともに罰則はない。まん延防止等重点措置（原則、６カ月以内）は、特定地域（原則、市町村単位）のまん延を防

止するもので、感染者の急増および医療提供体制における大きな支障の発生を避けるために、知事は事業者に対して時短要請をすることができる。命令や事業所名公表、過料（20万円以下）については緊急事態宣言と同様である[27]。住民に対しては、営業時間以外に当該業態に属する事業が行なわれている場所にみだりに出入りしないことなどの要請ができる（36条の６第３項）。休業要請・時短要請によって影響を受けた事業者に対しては、2021（令和３）年２月の特措法改正により、国は財政上の支援を効果的に講ずるものとされている（63条の２第１項）[28]。

　個人に対する規制では、感染症拡大防止のためにコロナ感染者に対する罰則規定を盛り込むための感染症法改正案が議論されることになった。これまでの新型コロナ対策では、65歳以上の高齢者など重症化リスクの高い者には「入院勧告」、軽症者等については「宿泊療養」か「自宅療養」に分ける仕組みであったが、宿泊療養・自宅療養に関しては法的位置づけが与えられていなかった。そこで、宿泊療養者・自宅療養者であっても、要請に従わなかった場合、入院勧告の対象になることを明記し、勧告、入院措置を経て罰則による強制への道を開くことになった。

　当初、2021（令和３）年１月15日に示された厚生労働省による感染症法改正案では、①知事による入院措置を拒否したり、入院先から逃げ出した場合は、１年以下の懲役または100万円以下の罰金、②保健所による感染経路を割り出すための疫学調査に、正当な理由なく応じなかったり、虚偽の申告をした場合には50万円以下の罰金を科すという規定になっていた（2021〔令和３〕年１月22日閣議決定）。しかし、専門家会議では、刑罰を科すのは重すぎるのではないかという反対意見が出て、その後の国会の議論の中でも同様の意見が相次ぎ、結局、①の場合は50万円以下の過料、②の場合には30万円以下の過料という行政罰に変更されて、2021（令和３）年２月３日に成立、２月13日から施行された[29]。同時に検疫法も改正され、海外からの入国者に対して自宅待機を要請する権限等が明文化された。

　コロナ予防ワクチン接種については、予防接種法附則７条に定める特例に基づき、臨時的に行う予防接種とみなされ（６条１項）、厚生労働大臣は、知事を通じて市町村長に対し臨時に予防接種を行うよう指示することができるとなっている。予防接種費用については、予防接種法では「接種を受けた者又はその保護者から実費を徴収することができる」ようになっているが（28条）、コロナワクチンに関しては特例で国が全額負担することになった

（附則７条３項）。この予防接種は市町村長または知事による「勧奨」の対象であり、対象者は接種を受けるように努めなければならないことになっている（接種法８条１項、９条１項）が、実際に接種を受けるかどうかは個々人の判断に委ねられている。しかし、各種社会経済活動への参加にワクチン接種証明書の提示を条件にするとなると、事実上のワクチン接種強制となり、接種をしていない人への不利益取り扱いになりかねない。これは、感染拡大防止という公衆衛生上の課題と個人の自由や権利との調整をどこで図るかという困難な問題への対応につながる。

　2022（令和４）年６月15日に新型コロナウイルス対策を検証する有識者会議の報告書が公表された。病床確保のための医療機関の協力についての法的措置が不十分であったこと、かかりつけ医が組織的に関わる仕組みがなく、発熱外来や自宅療養者への医療体制が手間取ったこと、検査体制の不備、特措法に基づく行動制限の要請を行う場合の情報提供など、2009（平成21）年の新型インフルエンザ流行時の経験が反映されていないとして、医療機関に対する権限強化、および、政府に一元的に対策を指揮する司令塔的組織を整備すること等が提言されていた。これを受けて、政府は、一連の改革に乗り出した。

　まず、今回のコロナ禍で一部の医療機関では発熱患者を受け入れない対応をとったところがあり、この反省の上に、厚労省は、「かかりつけ医」の役割を法律上明確にして、受診先を確保するための医療法改正案を2023（令和５）年の通常国会に提出する予定である[30]。また、アメリカ疾病対策センター（CDC）をモデルとした、疫学調査や臨床医療を一体的に取り仕切る専門家組織「日本版CDC」の創設、および、有事に企画立案や総合調整機能を担う「内閣感染症危機管理庁」の新設など、感染症対策の司令塔機能の強化策を表明した。医療機関に対する権限を強化するための医療法、感染症法、予防接種法、検疫法など改正一括法案（「感染症の予防及び感染症の患者に対する医療に関する法律等の一部を改正する法律案」）の方は、2022（令和４）年10月に審議入りしている。その内容はおよそ以下のとおりであるが、医療機関や国民の行動にかなりの制限や規制を加える内容となっている。

　①新型コロナによる医療の逼迫の経験から、病床の確保を公立・公的病院、大学病院などの「特定機能病院」および診療所と連携する「地域医療支援病院」にも義務付け（これらを「中核病院」と称する）、これに従わ

　ないと指定承認の取り消しとそれに続いて収入にあたる診療報酬の減額
　措置がとられる場合がある。
②医師や看護師に加え、歯科医や臨床検査技師、救急救命士らによるワク
　チン接種も認める。
③水際対策で、感染が疑われ、状況を報告しない帰国者への罰則を創設。
④国が、マスクをはじめ医療物資の生産などを事業者に要請、指示できる
　ようにする。
⑤医療人材派遣等の調整の仕組みを整備し、医療人材について、国による
　広域派遣の仕組みやDMAT（災害派遣医療チーム）等の養成・登録の
　仕組みを整備する。
⑥保健所の体制機能や地域の関係者間の連携を強化し、都道府県と保健所
　設置市その他関係者で構成する連絡協議会を創設するなどである。

　感染拡大の防止の観点からも感染者の治療の観点からも、緊急時の病床確
保は必須の整備事項であろうが、現在も、看護師をはじめとして医療従事者
の慢性的不足が問題となっている。コロナ患者受け入れ病棟も看護師等従事
者に感染者が出て十分な対応ができなかったという話や、重症患者に対する
人工肺機器（ECMO）を機能させるには６～７人近くの担当者が必要であ
るが、その確保が難しいという報道も目にした。単なる病床確保だけで片付
く問題ではない。また、臨床検査技師や救急救命士らによるワクチン接種は
医師法に抵触しないのかなどの疑問も拭いきれない[31]。状況を報告しない帰
国者への罰則規定もその適用次第では自由や権利への過度の侵害になりはし
ないかという不安もある。なお、この感染症法等一括改正法は、2022（令和
４）年12月２日に成立し、一部を除き2024（令和６）年４月１日から施行さ
れることになった。
　また、今回のコロナ禍による医療逼迫は、医療費抑制のための病床削減を
狙って現在も続けられている地域医療構想および保健所の統廃合が大きく影
響しているという側面もある。1994（平成６）年、それまでの保健所法が
「地域保健法」へと改正され、その後、保健所の統廃合が進められていった。
保健所数は1994（平成６）年には847カ所あったものが、2020（令和２）年
には469カ所（55.4％）に半減している。保育所職員数も1990（平成２）年
の３万4571人から2016（平成28）年には２万8159人（81％）へと削減されて
いる[32]。

　公立・公的病院の統廃合も同様である。2007年12月、総務省が、公立病院等の統廃合を含む「再編・ネットワーク化」の改革指針を打ち出して以来、2019（令和元）年には、採算性がとれていない全国の424の公立・公的病院名を公表し、統廃合を含む病院機能の見直しを求めていた。ところが、2022（令和４）年４月には、総務省はこれを撤回し、代わりに2024（令和６）年３月までに病院の経営強化計画を作成するよう要請した。新型コロナの受け入れで各地の公立病院等が大きな役割を果たしたのが要因とみられている。

Ⅵ　所得保障分野での特例措置

　所得保障の分野でも、コロナ感染症拡大の影響を受けて、新たな給付の創設、従来の給付の適用範囲の拡大、給付額の増額、適用基準の緩和、給付期間の延長などの特例措置がとられた。

1　特別定額給付金

　新たな給付としては、コロナ感染症拡大による所得の喪失を補うため、2020（令和２）年８月から10月にかけて全国民を対象にした１人一律10万円の特別定額給付金があげられよう。この給付の目的は「簡素な仕組みで迅速かつ的確に家計への支援を行う」ことであった。すべての国民への一律給付はわが国では初めての試みであったが、そこには、一部の国民への給付となれば国民の分断を招きかねないこと、コロナ禍の影響で収入が減少した世帯だけに限定すればその認定に時間がかかることなどの理由があげられていた。ただし、特別定額給付金の７割は貯蓄にまわったとされており、貧困対策あるいは景気刺激対策としての効果については、疑問視されている（熊本日日新聞2021年11月10日）。特別定額給付金については、コロナ禍の影響を受けない公務員労働者や高額所得者にも支給することへの疑問は呈せられたが、日本で初めてのベーシック・インカム（BI）の試みかと注目された。

2　雇用調整助成金

　労働基準法26条では、「使用者の責めに帰すべき事由による休業の場合においては、使用者は休業期間中当該労働者に、その平均賃金の百分の六十以上の手当を支払わなければならない」と規定している。この使用者による休業手当の負担を担保するものとして雇用保険法に雇用調整助成金制度が設け

られている。今回のコロナ禍において政府からの休業要請や時短営業要請による休業が「使用者の責めに帰すべき事由」にあたるかについては議論の余地があろうが（現に天災事変による休業は使用者には帰責事由はないと解されてきた）、全国的に休業が頻発した事態を受けて、特例措置として雇用調整助成金が支給されることとなった。すなわち、雇用保険法の雇用調整助成金は、本来は「景気の変動、産業構造の変化その他の経済上の理由により」、事業活動の縮小を余儀なくされた事業主が、雇用の維持を図るための「休業手当」に要した費用の一部を助成する制度である。

　雇用調整助成金は、雇用二事業（雇用安定事業、能力開発事業）の雇用安定事業の一つとして位置づけられ、費用は事業主のみが負担する保険料だけで賄われている（国庫負担が入っていない）のが特徴である。これが特例措置により、新型コロナ感染症の影響を受けた事業主に対しても適用されることになり、2020（令和２）年４月１日から、適用範囲の拡大、助成率および上限額の引き上げ等を内容として、期限の延長を繰り返しながら2022（令和４）年11月30日までの予定で実施されている[33]。今回のコロナ禍では、雇用保険法本体の失業等給付よりも、雇用調整助成金の活躍の方が目立っていて、そのことによって結果的に失業が防止されたという見方が強い。注目すべきは、雇用保険の被保険者ではない所定労働時間が20時間未満の労働者等にも雇用調整助成金の適用が拡大されたことである（緊急雇用安定助成金）。さらに、同様に雇用保険の被保険者のうち休業手当の支払いを受けることができなかった労働者（時短営業・シフト勤務削減等で勤務時間が減少した労働者等）および、被保険者でない者に対しても、「新型コロナウイルス感染症対応休業支援金・給付金」が設けられたことも特記すべき事項である（当初は日額１万1000円が上限、2023（令和５）年２月まで延長）。

　受給者の範囲が拡大し、受給者数も増大するとなれば、当然、それまでの使用者負担による雇用二事業の財源だけでは足りなくなる。そこで、雇用調整助成金、緊急雇用安定助成金および休業支援金・給付金については、本体である失業等給付の積立金から借入をすることになり、それでも不足する分については、一般会計からの労働保険特別会計雇用勘定への繰り入れによる支援（国庫負担）がなされた[34]。すなわち、「新型コロナウイルス感染症等の影響に対応するための雇用保険法の臨時特例等に関する法律」（令和２年法律第54号）により、雇用保険制度の安定的な財政運営を確保するため、雇用調整助成金等に要する費用の一部として、一般会計から繰り入れること、

および、雇用安定事業に要する経費を積立金から借入ることができることが明記された。なお、雇用調整助成金、緊急雇用安定助成金および休業支援金・給付金に関しては、事業主が申請しない場合は労働者個人の申請も認められている。

　問題は、雇用保険法の適用対象者の範囲のことである。いかにコロナ感染拡大という緊急事態とはいえ、被保険者資格のない者も対象者として被保険者と同様の給付を与えることについては、社会保険の本質論からも財源の問題からも、疑問が呈されるところであろう[35]。財源については、現に雇用安定基金は2020（令和２）年度末で枯渇してしまい、2022（令和４）年８月には雇用調整助成金は累計で６兆55億円を超え、雇用保険財政は危機的状況に陥っている。2022（令和４）年10月からは労働者の保険料率をこれまでの0.3％から0.5％に、2023（令和５）年４月には0.6％に引き上げるほか、日額上限額を引き下げること（例えば、中小企業の場合、１万２千円を９千円に、現行10分の９の助成率を３分の２に切り下げる）、適用対象事業所の縮小（売上高減少５％以上を10％以上に変更）などの財源対策を行い、2023（令和５）年２月以降はこの特例を廃止する方向で検討されている。こうした雇用保険財政の危機的状況を受けて、政府は安定化を図るため、さらなる国費の導入を検討しているとの報道もなされている。

　荒木氏によれば、雇用調整助成金等については、これは「被保険者ではない事業主への助成、援助を行う事業であり、失業労働者に対する生活保障給付ではない。社会保障法としての要素はきわめて乏しい」[36]という評価になろうが、しかしコロナ禍では、雇用調整助成金、休業支援金・給付金等は、事業主への助成を通じた間接的給付とはいえ、実際には労働者に対する重要な生活保障給付となったことに間違いはない。しかも、パート・アルバイト等に支給される緊急雇用安定給付金および休業支援金・給付金は、労働者個人による申請が認められており、純粋な事業主への助成という範疇を超えて実質的には休業労働者に対する生活保障給付の一つとなっている。

　今回のコロナ禍による休業・失業については、雇用保険制度の本体である「失業等給付」が活用されたのではなく、附帯事業とされていたところの「雇用安定事業」（雇用二事業の一つ）が重要な役割を果たしたことも見逃せない特徴である。コロナ禍による「休業・半失業・失業」といった要保障事故に対して、雇用保険法が十分機能していない状況が明らかになったという見方もありえよう[37]。

3　小学校休業等対応助成金

　小学校休業等対応助成金は、小学校等がコロナ感染拡大で休校となった場合、子どもの世話をするために保護者に有給の休暇（賃金全額給付）をとらせた事業主に対して助成するものである[38]。保育所、幼稚園、小学校等のほか、障害を持った子どもの場合は中学校、高校も含まれている。雇用保険の被保険者の場合は、上限額9000円（まん延防止等重点措置地域の場合は１万5000円）、被保険者でない場合（週の所定労働時間が20時間未満の者等）には上限額１万5000円であったが、その後１万2000円、8355円と減額されている。

　個人的な業務委託契約等で仕事をしている個人事業者（フリーランス等）に対しては「小学校休業等対応支援金」が支給されており、こちらの方は１日当たり4100円でスタートして、その後4177円に増額されている。助成金・支援金ともに、事業主が手続きをしない場合は個人申請が認められている。雇用調整助成金と同様、被保険者以外の者も適用される点、個人申請が可能な点、また、コロナ禍による児童の世話のための特別の有給休暇創設という点で、従来の雇用保険の枠内からはかなりはみ出した内容の給付となっている。

4　持続化給付金

　中小企業、小規模事業者、フリーランス、個人事業者、農林漁業者などに対する持続化給付金は、コロナ禍の影響で事業収入が50％以下に落ち込んだ者に対して、2020（令和２）年５月から2021（令和３）年２月までの申請期間に申請すると、中小企業は上限200万円、フリーランスを含む個人事業主には上限100万円が支給されるものである。このほか、家賃の３分の１～３分の２を援助する家賃支援給付金（法人月額100万円まで、個人事業主月額50万円まで、いずれも６カ月が限度）もある。2020（令和２）年11月の段階で、持続化給付金の支給総額は約5.3兆円に達している。

5　生活福祉資金貸付制度

　都道府県社会福祉協議会が実施主体となっている低所得者向けの生活福祉資金貸付制度のうち、緊急小口資金と総合支援資金については特例により再貸付や期間の延長が行なわれた。2021（令和３）年３月末までに緊急小口資金と総合支援資金の貸付が終了した者に対して、再貸付が実施され、通常最

大６カ月120万円であったものが、追加で最大３カ月60万円の借り入れが可能となり、緊急小口資金と合わせて最大200万円まで借りられることになった（ただし、生活困窮者自立支援法の自立相談支援機関による支援を受けることが条件である）。なおこの特例措置は2022（令和４）年12月で打ち切りとなる予定である。しかし、特例貸し付けの利用額はすでに１兆円を超えており、そのうち、返済免除分が約1295億円、免除申請は貸付件数の35％を占めており、生活を立て直せない人たちが相当数に上っている実態が明らかとなっている（共同通信全国調査2022年10月23日、熊本日日新聞2022年10月24日）。

6　住居確保給付金

　生活困窮者自立支援法上の住居確保給付金は、本来は、離職・廃業等によって住居を失うおそれのある生活困窮者に対して、３カ月を原則として（最長９カ月）、家賃相当額を支給する制度である。これに関しても、コロナ感染拡大による特例措置として、2020（令和２）年４月からは、離職や廃業には至っていないが休業等による収入減等により住居を失うおそれがある者に対しても支給することとなった。2020（令和２）年度の新規申請者については、最長９カ月の支給期間を12カ月まで延長し、その後、３カ月の再支給ができるようにした。住居確保給付金の利用者数は、2020（令和２）年度は2019（令和元）年度の34倍（熊本県は75倍）という驚異的な利用率の伸びとなっている。日本においては住宅保障の後進性が早くから指摘されていたが、今回の住居確保給付金の異常な伸びがその課題をより際立たせる結果となった。再支給の申請期限は2023（令和５）年３月まで延長されることが決まっており、さらに、厚生労働省は2022（令和４）年11月の生活保護・生活困窮者自立支援制度の見直しに向けた報告書案のなかに、住居確保給付金の新型コロナ特例措置の恒久化を検討することが盛り込まれている（熊本日日新聞2022年11月15日）。

7　生活保護行政における特例措置

　生活保護法の申請、要件、親族照会等についても、行政通知によって新型コロナウイルス感染症の特例措置がとられている。厚生労働省は、2020（令和２）年４月の事務連絡により、稼働能力の活用について、緊急事態措置の状況にあって就労の場所を探すことが困難などの事情がある場合には、稼働

能力判定を留保できることや、自動車の保有につき弾力的な運用を行うよう各福祉事務所に通知している[39]。また、生活保護申請をためらう原因の一つとなっていた親族照会につき、親族照会を不要とする事例として、従来は20年程度音信不通の場合となっていたものを10年程度に緩和するとか、親族から借金をしている場合、親族との関係が不良の場合、DVを受けている場合などの新たな照会不要要件を追加している[40]。

8　その他の特別の給付金

　そのほかに、子育て世帯の生活支援として、児童手当の受給者に対して１人につき１万円を支給する「臨時特別給付金」、18歳未満の児童を養育する低所得世帯およびひとり親世帯に対して児童１人当たり５万円を支給する「子育て世帯生活支援特別給付金」、住民税非課税世帯に対して１世帯当たり10万円を支給する「臨時特別給付金」、65歳以上の老齢基礎年金受給者で市町村民税非課税世帯に対して、月額5020円を基準とする加算が行われる「年金生活者支援給付金」など次々と補足的現金給付が実施されてきた。低所得者、非正規雇用労働者、ひとり親世帯等に対する経済的支援の必要性は今に始まったことではない。その支援の必要性が新型コロナウイルス感染症拡大で一層明らかになり、結果的に、救済の緊急度が高まったことで、あわてて矢継ぎ早に応急対策がとられたというのが実態であろう。

9　出産育児一時金の増額、新たな育児手当の創設構想

　新型コロナウイルス感染症拡大の影響で出生数が想定以上に低迷し、2019（令和元）年に約86万人だった出生数は、2021（令和３）年に約81万人まで落ち込んだ。2022（令和４）年は初めて80万人を下回る可能性があるといわれている。このため、後述する出産育児一時金の大幅増額（42万円から50万円の引き上げが構想されている）や出産準備金の支給などのほかに、出生率アップや育児支援のためのさらなる新制度が構想されている。すなわち、政府は、自営業やフリーランス、非正規雇用で働く人向けに、子どもが生まれた後の一定期間、月額２万円から３万円の現金を受け取ることのできる制度の創設に向けて検討に入ったことが報じられた（熊本日日新聞2022年11月20日）。

　正規労働者には育児休業期間中に雇用保険から賃金の最大67％の育児休業給付金が出るのに対し、フリーランスや自営業者らは支援がないことを問題

視して、2023（令和５）年から政府内で議論を本格的に進めることにしている。給付の期間は、子どもが１〜２歳になるまで一律に定額（２万〜３万円を想定）を支給する方向で、全世代型社会保障構築本部において今年の年末までに改革工程表が策定される見通しである。ただし、現行の雇用保険法上の育児休業給付は労働者と事業主の保険料（労使折半）と国庫負担（８分の１）で賄われているのに、それを被保険者ではないフリーランスや週20時間未満の労働時間の非正規雇用労働者にも類似の育児休業給付を支給することについては、再び社会保険の本質論や保険料を払っている者とそうでない者との間の不公平感の問題が浮上することになろう。しかも、現行の育児休業給付は働き始めると停止されるのに、この新育休給付は働きながらでも受け取ることができるとなれば、さらに議論が沸騰するかもしれない。そうなると、雇用保険の被保険者ではない者に対する新育児休業給付は、雇用の維持を目的とした本来の育児休業給付ではなく、むしろ低所得世帯向けの育児手当と同様の性格のものとみるべきであろう。財源の確保をどうするかの議論も残されることになる。

Ⅶ　新型コロナ感染症拡大によって明確になった社会保障法上の課題

　コロナ感染症拡大は、長期にわたって国民生活に多大な悪影響を与えたが、しかしその一方で、国民に改めて社会保障制度再編への関心を高めるという側面も持っていた。例えば、コロナ禍の影響の一つとして、これまで長い間日本の社会保障制度の課題とされてきたのに、一向に改善が進展しなかった事項（例えば、低所得者、ひとり親世帯、非正規労働者等に対する生活保障）がコロナ禍によって一層明確になって放置できなくなり、その解決に向けての政策行動がより積極的になったということである。もう一つは、所得保障給付および医療・介護・福祉などの生活障害給付の両面にわたって、社会保険の役割、社会保険料と税との関係のあり方、サービス供給体制のあり方等についての見直しの必要性に気づかせてくれたことである。コロナ禍を契機に新たな生活保障制度に向けての検討が急がれるところである。以下、荒木理論と関係する部分も含めて、見直しに向けての課題についていくつか列挙してみることにしよう。

1　被用者保険から適用除外されている被用者に対する対応

　荒木理論は、当時（1960・70年代）の社会情勢を踏まえて、社会保障制度の恩恵が、職業の違いや住んでいる地域の違いによって差異が出ることなく、すべての国民に平等に保障されるべきだということが強く意識されていた理論である。健康保険と国民健康保険、国民年金と厚生年金の給付格差とその早急の是正、生活保護法上の医療扶助の国保への包摂については、荒木氏がたびたび指摘していた事柄である。これまで、国保法では傷病手当金の規定はあるものの（国保58条２項）、任意給付であったので、市町村国保の場合、これを実施している自治体は存在していなかった。

　ところがコロナ禍のなか、国は特例として国保加入の被用者（４人以下の事業所に勤務する労働者や一定の要件を満たさない非正規雇用労働者）に限っての措置ではあるが、市町村条例等により傷病手当金を支給するよう求め、国がその全額を財政支援することになった。その特例措置は何度も延長され、現在もそれが実施されている[41]。またフリーランスのなかで、自転車による運送事業者やIT事業者も新たに労災保険の特別加入の対象にするなど（2021〔令和３〕年９月１日から）、次第にその適用拡大が進んでいる。2022（令和４）年９月には、業務や報酬の明示義務、一方的な報酬の減額などを禁止するフリーランス保護法案の制定の動きが報じられた。

　また、「全世代型社会保障構築会議」（2021〔令和３〕年11月開始）では、現行の国民年金・国保加入者をできる限り厚生年金・健康保険に加入させるべく企業規模等の要件を緩和していき、将来は企業規模要件を撤廃する方向（勤労者皆保険）で議論がなされている[42]。これらのコロナ特例措置は、同一企業に勤務する被用者でありながら、企業規模の違いや週の労働時間が短いという理由で被用者保険の適用を受けることができなかった者を被用者保険制度のなかに取り込もうとする試みであり、本来であれば、コロナ禍以前に解決されるべき課題であった。

2　医療機関の地域偏在、人材確保

　「生活障害給付」は、労働能力回復のためのサービス給付であるから、所得保障給付と違ってそれを提供できる施設（医療機関）と人材（医療関係者）の存在が不可欠である。しかし、わが国では、医療機関の地域偏在と慢性的な人材不足という問題がいまだに解決されていない。その結果、コロナ禍によってその弊害が目に見える形で顕在化し、あちこちで「医療崩壊」が

叫ばれる事態が生じることとなった[43]。例えば、医療機関が少ないのに、それにもかかわらずコロナ患者が多数発生した沖縄では、一時自衛隊の医師・看護師などの派遣が行われ、なんとか急場をしのいだ感がある。そうした現象は各地で起こっている。

　2021（令和３）年12月には、厚労省は、医療が逼迫した都道府県に対し、各地の医療機関の協力を得て、医師や看護師約６千人を派遣する計画を公表した。その他、医療機関相互で医師や看護師を応援のために派遣する場合の費用負担（新型コロナウイルス感染症緊急包括支援交付金）なども行われた。コロナ対策に携わる医療機関には診療報酬の加算や医療従事者には慰労金の支払も行われたが、人材不足に対する根本的な解決には至っていない。

３　医療と福祉の連携

　「生活障害給付」は医療サービスと介護・福祉サービスとを比較して、その歴史的展開やサービスの内容、保障されるべき水準こそ違っているが、労働能力の維持・回復を目的とする給付として、むしろ両者の同質性に着目して立てられた概念である。社会福祉サービスに属すると考えられていた「リハビリテーション」が医療サービスたる「治療」と結びつく理由もその同質性に求められる。医療と福祉との連携は早くからその必要性が認識されてきており、最近では各種の医療・介護・福祉立法の条文の中に両者の「連携」や「一体的運用」という用語が盛り込まれることが多くなってきている[44]。これに関しては、医療と介護の明確な分離という従前からの課題があり、介護保険法制定の理由の一つには、医療から介護の分野を分離してその境界線をはっきりさせて医療費の抑制につなげるという意図があった。

　しかし、実際には両者の完全な分離には成功しておらず、むしろ両者が混在したまま運営されている現実がある。高齢者や障害者が抱えている「生活障害」の様子をみるかぎり、両者の分離よりもその「協働」の方が利用者のニーズに適合している。学説にも、両者を一体化して、保健・医療・看護・介護そして家事援助まで含む広い概念をもった「総合的ケア保障法」を構想すべきだという説もある[45]。

　今回のコロナ感染症問題では、高齢者施設でのクラスター（集団発生）が頻発したが、重度化しやすい高齢者なのに医療機関の側で入院病棟の逼迫のために入院を断わらざるを得ない事態が生じることとなった。東京都高齢者福祉施設協議会の「第７波」（2022〔令和４〕年夏）に関する調査（2022

〔令和４〕年７月～８月）によれば、回答した159施設の感染した入所者1795人のうち、保健所に入院調整を問い合わせた結果、実際に入院できたのは299人（34％）であり、残りの570人（66％）は受け入れ先が見つからなかったと回答している。仕方がないので、施設としては、さらなる感染拡大にならないような工夫をしながらそのまま高齢患者が施設内で療養を続けさせられる事態があちこちで発生している。その結果、施設内で36人（２％）が死亡したと報告されている[46]。医師や看護師の訪問による診療も施設からの強い要請により行われたことであろうが、それとて人材の確保には相当苦労したに違いない。外部医師の往診を実際に利用した施設は22施設（14％）にとどまっている[47]。

　これまで医療と介護・福祉の連携は、例えば地域包括ケアシステムの構築等にとっては要の施策であるなどとあちこちで言われてきたが、いまだその連携は十分には構築されているとはいえない。しかし、連携がなければ救えた命が救えなくなるという現実を今回のコロナ禍の経験が物語っている。もともと特別養護老人ホームも法律上は医師の配置が規定されているのであるが、非常勤でもよいとされているため、老人福祉施設における医療の配慮は手薄であったと言わなくてはならない。コロナ対応策として、医療と介護・福祉の連携が言葉だけでなく、いよいよ切羽詰った現実問題として浮かび上がることになったといえる。

4　新興感染症に対する事前の備えの必要性

　「生活障害給付」は、予防と治療が不可欠の関係にあることを説いていた。コロナ感染症拡大は予防が万全でなければ、あるいは感染拡大防止策が十分でなければ、患者が医療機関に殺到し、医療機関の逼迫や医療費の高騰に直結することを明らかにした。それは「医療崩壊」とか「国民皆保険崩壊」という衝撃的な見出しで、連日報道されることになった。今回の新型コロナウイルス感染症対策のうち、緊急事態宣言、まん延防止等重点措置に関しては、「新型インフルエンザ等対策特別措置法」（2012〔平成24〕年）の改正（2020〔令和２〕年３月）によって新型コロナウイルスを急遽、時限的に「新型インフルエンザ等」に加えることで法的根拠が与えられ、2021（令和３）年改正でそれが恒久化されることになった。

　特措法の特徴は、その目的に従来からの「感染症の発生及びまん延を防止」（感染症法１条）に加えて、「国民生活及び国民経済に及ぼす影響が最小

となるようにすること」（特措法1条）という文言が加わったことである。いずれにせよ、新型コロナウイルスという新しい感染症の発生に対して、あわてて特別法たる特措法を制定して適用対象に加えるという方法で施策が実施されてきたので、どうしても後追い対策の印象を免れない。これからは新興感染症の発生を見越して、今後同様の事態が起きたときには、直ちに対応できるように、感染症法、予防接種法、検疫法等に包括的・弾力的な条項を盛り込むことで、新たな感染症にも迅速に対応ができるように法制度を整備しておくべきであろう。

5　失業以外の理由による「所得喪失」

　「失業」が労働関係に特有の生活危険であるという認識は、荒木氏に限らずほぼ共通の認識であったといってよい。したがって、荒木理論では労災と失業は、労働関係に特有の生活危険として、社会保障法体系の所得保障分野の中でも特別の取り扱いを受けていた。その結果、失業給付の構造に労働関係的要素が濃厚に反映されるのは当然であり、そのことが失業者の生活保障に対する資本の社会的責任を根拠づけ、その具体化として使用者の保険料拠出責任が発生することの理由となっていた。したがって、保険料は労使折半ではなく使用者の負担が多くあるべきだというのが荒木氏の主張でもある[48]。

　しかし、コロナ禍の経験からは、労働関係にはない農林漁業者、自営業者であっても、需要の激減、顧客の減少などによって、所得を大幅に喪失する現象が広範囲に起きており、「所得の喪失」という生活危険は労働者と同じように自営業者にも同時的に存在することが明確になった。被用者あるいはそれに類似する働き方をする労働者であって雇用保険の被保険者ではない労働者に対しても、特例という措置によって雇用保険法上の給付が拡大適用されているのもそのためであろう。要保障性（ニーズ）の内容と性質を基礎とする給付別体系論の考え方からいけば、雇用関係にない者の所得喪失も雇用関係にある者と同様に考えられるはずである。

　これまでは、農林漁業者や自営業者の場合、所得の把握が困難であるという技術的な理由で、例えば傷病手当金などの支給が見送られてきた。しかし、今回のコロナ禍対策では、正確な把握とまでは言えないとしても、一定の枠内での喪失利益というものが算定されている。雇用関係の解消という意味での「失業」にはあたらないが、所得の喪失をもたらした点では農林漁業者や自営業者も同じであろう。両者を含めた所得激減・喪失に対する一元的な所

得保障制度が求められる。ただしそうなると、資本あるいは使用者の責任をどう考えるかという根本的な問題が残されることになる。

　また、コロナ禍による休校が原因で仕事を休んで児童の世話を余儀なくされたためのごく短期間の「失業（休業）」状態は、これまでの失業の原因と考えられてきた「景気の変動、産業構造の変化その他の経済上の理由」とはかなり違う性質のものである。コロナ禍休校による子どもの世話のための休業というのが「要保障事由」とするのであれば、それは被用者であろうが自営業者であろうが変わりないのではないかとも思われる。

6　被保険者以外の者に対する社会保険給付

　コロナ禍というまったく想定外の緊急事態とはいえ、今回は雇用保険の被保険者ではない者に対して緊急雇用安定助成金や休業給付金の給付が与えられたことをどう評価するかということである。緊急事態に対する臨時的対応であるから仕方がないということだけでは済まされないように思われるからである。これについては、現行雇用保険法が適用対象者を限定していることの方が問題なのであって、今回の拡張適用は雇用保険法本来の役割を果たしているものと評価するのか、あるいは雇用保険制度の構造そのものが時代の要請に応じて変容しているものと評価するのかといった見方の違いがあることが指摘されている[49]。だが、これを雇用保険の「変容」と簡単に評価してよいものか。この場合、医療保険が生活習慣病の予防のための健康診断や保健指導を制度内に取り込んでくるという意味での「変容」とは、「変容」の内容と質がまったく異なっているからである。雇用保険法にせよ他の社会保障法制度にせよ、他の法分野との相互の関連性や連携の必要性は当然にあるだろうが、しかし、それぞれの法制度には明確な目的があり、それに沿った射程範囲というものがあるはずである。

　荒木氏はこれを労働法と社会保障法との関係を扱った論文のなかで「法的独自性と機能的協働関係」という用語で説明をしている。つまり、社会保障法と労働法は別の法体系と役割をもっているという意味で「法的独自性」を持ちながら、例えば失業給付によって失業中の生活保障を社会保障法が受け持つと同時に、失業防止・雇用の確保、労働市場への再復帰という役割を労働法が受け持つという点で、両者の密接な連携関係が必要だと述べている（機能的協働関係）部分である。さらに続けて、法的独自性と機能的協働関係を明確に区別せずに、両者を混同するならば、「労働関係における両者の

具体的な存在構造も不明瞭となろう」[50] と述べている。当然のごとく、「労働法と社会保障法との間には、失業をめぐって一種の役割分担がある」[51] として、失業後の生活保障を社会保障法が、失業防止と労働関係への早期復帰は労働立法としての雇用対策諸法が担当するというように役割を明確に区別している。だからこそ、失業保障から雇用促進対策へと重点を移した雇用保険法の制定に対して、「失業保険法が雇用対策に従属した姿を見出す」[52] と猛烈に批判したのである。

　現在の社会・経済・雇用状況からして、労働法と社会保障法との明確な役割分担の境界線が引けるのかどうか、また、そうした明確な区分をすることが必要かどうか難しいところもあろうが、しかし、それぞれの法制度には、目的・要保障事由・適用対象者といった基本的事項が存在している。それがいつの間にか曖昧になって、予想外の人たちやまったく違う性質の給付内容をその範囲内に取り込んでくるとなると、各法制度の「法的独自性」は失われてしまうし、社会保障法体系における各種法制度との「整合性」にも疑問が生じることになる。

　今回のコロナ禍による緊急措置は、緊急事態という点を割り引いて考えても、社会保険の「変容」という言葉だけでは済まされないものをもっていると言わざるを得ない。やはり、本来持っている社会保険の役割と適用範囲を正常な状態に戻したうえで、それではコロナ禍のような緊急事態に対してどのような整合性をもった制度を準備していくのか（補足的 BI もその方法の一つであろう）、社会保険料と公費との納得いく役割分担と財政分担をどう構築していくのか、それをコロナ禍から受ける教訓としてこれから考えていかなくてはならない。

7　事業主の保険料負担責任

　荒木社会保障法体系論は、対象とする人間像を生活手段の差異を捨象した「生活人（生活主体）」としてとらえることにより、被用者と非被用者を同一の「社会保障法」という体系のなかに取り込んできた。そのために、初期の段階では、階級的視点が欠如しているという批判を受けることになった[53]。しかしながら、荒木理論の生活人（生活主体）を、「階級的人間像」に類するものと呼ぶかどうかは別にして、労働関係におかれた労働者の立場とそれに対する使用者の責任、あるいは労働者の生活保障に対する資本の責任というものを強く意識した理論であることはほぼ間違いのないところであろう[54]。

　健康保険法における使用者の保険料拠出の根拠として、私傷病も労働者の職場における労働条件とは無関係ではないとか、労働者保険が一般国民を包含する社会保険へと発展する過程を「資本の支配が労働関係だけでなく流通過程にも及ぶようになる」という説明でもって答えているからである[55]。そのために、年金、医療における改革議論でも、被用者保険と国民保険の統合による給付の均一化ではなく、基本的には両保険制度を並立させたまま給付格差の是正を行うという立場をとることになる。

　荒木理論が登場してから60年が経とうとしている。社会・経済・雇用・家族の形態がさまざまに変化してきた現在において、社会保障法における労働関係の特質とそれと直結する使用者責任という「労働関係の特質」をなおそのまま厳格に維持していくことが妥当なのかどうかが問われているような気がする。むしろ、コロナ禍で悟ったように、これからは雇用労働者・非雇用労働者の区別なく、原因のいかんを問わず所得の喪失については社会保険プラス公費の組み合わせによる総合的生活保障給付を考えるべきではないか。その際には、使用者の拠出は、労働関係において危険を生ぜしめたことに対する使用者責任ではなく、国民一般に対する使用者利益税のような性格のものになるのではないかと思われるが[56]、荒木理論には反することになろうか。

8　災害と社会保障法

　コロナ感染症拡大を受けての社会保障法と「災害」との関係である。現在の災害は、ごく一部の人が稀に受ける「不運の事態」といった過去の状況とはまったく違っている。現にコロナ感染症は、その程度の違いこそあれ、国民全員が何らかの被害を受けているし、しかもその被害の期間が長期間にわたっている。荒木理論では、災害救助は「突発的異変についての一時的・応急的救済」であるとして社会保障法の枠外に置かれたが[57]、しかし、今回のコロナ禍は「一時的・応急的救済」では済まされなくなっていることを自明のものとした。最近では、災害による所得の喪失を要保障事故としてとらえ、社会保障法の枠内に取り組んでくることも考えられてよいのではないかという主張も出てきている[58]。

9　「生活保障」と「自立支援」・「自律支援」

　最近の社会保障法基礎理論の分野でのキーワードは、「自立支援」あるいは「自律支援」であろう。社会保障法でいう「自立」とは、経済的自立・身

体的自立・精神的自立の三つが想定されているが、いずれも一定の決められた状態を指すものではなく、ある方向に向かうベクトルとしてとらえられる動的概念と考えられている[59]。この考え方からいけば、各個人はその人の置かれた環境の違いや能力の差異によって、向かおうとする「自立」の段階や方向、到達点が違うのであるから、「自立支援」は、その人の意思を尊重しながら（自律）、その人なりの「自立」の実現に向けて社会的に支援するという「自律支援」の考え方と親和性を持つことになる。個人の望む生き方を支援するという意味での「自律支援」によれば、従来の金銭的社会保障給付よりも教育、職業訓練、就労支援といった社会サービスをより重視することになろうが、実際には個人の望む生き方の実現は、個人の能力や本人の努力、適性といった個人的要素が密接にからんでおり、社会サービスを充実させたとしても、本人の希望する生き方と持っている能力とのギャップという壁にいつも突き当たることになる。

　この点、「生活保障」論は、失業、老齢、障害、疾病等といったさまざまな原因で要保障状態にある者に対して、金銭的給付または非金銭的給付によってその生活困窮状態を脱すること、あるいは生活障害状態にある者の労働能力の回復を図ることを目的としたいわば静的給付の法体系である。国民はその給付を憲法上の権利として受けることができるという意味での明確な「主体性」を持っている。

　コロナ禍によるこの3年間の国民生活の窮状を見る限り、「自立の支援」でも「自律の支援」でもなく、その実態は「生活保障」そのものの対応に迫られていたといってよい。人の流れの遮断、顧客の喪失、サービスの停止等によってまさに今日・明日の生活あるいは生命維持に不安を抱える人たちが大量に出現したからである。まずは、日々の生活を維持できるだけの生活基盤を確保することが第一であって、その生活基盤のうえに、その人の希望する生き方をできる限り尊重する形でのさまざまな支援（自律支援）が行われるべきであるという理論構成のもとに、それにふさわしい仕組みが考えられることの方が望ましいのではないかと思われる。

10　社会保険による負担と公費（租税）負担

　コロナ禍によって、社会保険における拠出（保険料）の意味、社会保険料と租税との区分、あるいは社会保険の優位性、給付と保障方法との関係といった従来からあった基本的な認識が次第に曖昧になっていく傾向が示され

ているように感じられる。社会保険給付の受給には保険料拠出が前提である
とか、所得保障の方が社会保険方式になじむとか、まずは社会保険による給
付を優先し、足りない部分を公費で補うといった既存の考え方があったが、
これに対して、今回のコロナ禍対策はこうした考え方へのかなりの修正を迫
ることになっている。それは、例えば以下のような措置である。

　①雇用保険の対象ではない労働者（１週間の労働時間が20時間未満のパー
トタイム労働者、学生アルバイトなど）を対象者に特別に加えた緊急安定雇
用助成金の特例措置、②持続化給付金は、コロナ禍により売り上げが50％以
上減少している中小企業、フリーランス、農林漁業従事者など幅広く対象に
している、③学校が休校になったので子どもの世話のため休業せざるを得な
かった保護者に対する休業補償（保育園、幼稚園、小学校、特別支援学校）、
④特別定額給付金（すべての国民に10万円）、臨時特別給付金（子育て世帯
子ども１人１万円、低所得ひとり親世帯１世帯５万円）、子育て世帯生活支
援特別給付金（低所得世帯、児童１人当たり５万円）、生活福祉資金の特例
措置、住居確保給付金の支給対象を離職だけでなくコロナ禍により収入が減
少した者に拡大、出産準備金（妊産婦に10万円、2022〔令和４〕年10月28日
「総合経済対策」）の支給、⑤低年金受給者に対して年金生活者支援給付金
（月額5020円が基準額）の支給などである。

　このうち、純粋な公費財源による給付はコロナ禍という緊急事態ゆえにや
むを得ないという理解もできようが、①のように雇用保険法の規定する給付
である雇用調整助成金を雇用保険の被保険者以外の者にも支給することにつ
いては疑問をさしはさむ者も出てこよう。現在の雇用調整助成金は、本来の
事業主負担の財源だけでは足りなくて、労使拠出による積立金からの繰り入
れと公費導入によって賄われているからである。特に労働者の保険料負担部
分についてはどう説明するのか指摘を受けるかもしれない。しかし、ひるが
えって考えてみると、導入されている公費部分には自営業者やフリーランス
の人たちが納める租税が使われているのであるから、その人たちの納めた金
額が、雇用保険の被保険者のためになぜ使われるのかという反論もありうる
かもしれない[60]。こうなると議論はますますややこしくなっていく。社会保
険費用による事業と公費による事業との棲み分けや整理が必要であろう。

　また、これまでも高齢者医療制度への他の医療保険からの支援金・納付金
の性格が問題とされてきたし、まして年々その負担が加重されてきており
（2021〔令和３〕年度は健保組合の53.3％超赤字の状態）、その仕組みのあり

方が問題となってきた[61]。加えて、ごく最近では出産育児一時金（原則42万円）が実態に合わないとして来年度（2023〔令和５〕年度）から大幅に引き上げる（50万円）ことが決まり、その増額費用の７％を後期高齢者医療制度から繰り入れる案が、2022（令和４）年11月11日の社会保障審議会の医療保険部会に提出されている。後期高齢者医療制度と出産育児一時金との関係は理解に苦しむところであろう。

　最近の社会保障政策を見る限り、これまでの保険集団内部でのリスク回避・相互扶助という社会保険の伝統的な役割が明らかに変容を遂げようとしていることがわかる。社会保険と租税の違いは、どちらが抵抗なく徴収できるかとか、財政に余裕があるところから資金を調達すればよいというふうに、単なる財源調達方式の違いに過ぎなくなろうとしているようにさえみえる。荒木氏が、社会保障の法体系化に及んで、「生活保障給付の手段として、保険の技術を採用するかどうかは立法政策の選択の問題」にすぎないと言った意味は、将来はその区別があいまいになり、社会保険の役割が相対的に低下していくだろうから、租税との区別にあまりこだわる必要はないという内容の主張であったとするならば、今の政策の動向を見る限りそうであるのかもしれない[62]。

　しかし、保険料の拠出や使用者の保険料拠出の法的根拠などの論述をみれば、社会保障の法体系を立てるうえでは、社会保険・公的扶助といった保障方法による区別は意味をなさず、給付の性格の方が重要だと言っているだけであって、社会保険と公的扶助それぞれの意義と役割の違いは荒木理論のなかでも歴然として残っているとみなくてはならない。時代の要請に合わせて社会保険制度の役割の変容ということはありうるかもしれないが、無秩序な適用対象者の拡大（特に被保険者でない者への適用）や新たな要保障性の追加（例えば、コロナ休校時の児童の世話のための保護者の休業など）は、社会保険の意義や性格を見失わせることになりかねないし、社会保障制度全体にとっても整合性や公平性の点で混乱を来すことになる。やはり、社会保険の役割とその限界を今一度明確にして、そのうえで公費との有機的な組み合わせを考えていくべきであろう。

11　ベーシック・インカム的給付の導入と医療

　20世紀型の社会保障制度が時代に合わなくなってきている部分があることは紛れもない事実である。その当時に前提とされた家族・雇用・社会・経済

関係が大きく変わってきているからである。21世紀型の社会保障制度とはどのようなものであるべきか、コロナ禍はその再編成作業を各国に急がせる結果となったといってよい。所得保障の分野では、要保障性という従来の要件にこだわることなく、無条件ですべての国民に一定の金額を定期的に支給するベーシック・インカム（BI）構想が注目を浴びることになった。現行の社会保険と公的扶助による所得保障では、職業の違いや雇用形態による給付格差がなかなか解消されないし、現行の社会保険制度では、どうしても低年金・無年金者が出ることになり、その人たちが結局は生活保護制度に頼るような事態がずっと続いてきているからである。

　要保障性の要件をすべて撤廃したようなBIを導入して、現在の所得保障給付の全体と入れ替えるというような完全型BI導入には賛成できないが、低所得者に対する社会保険給付を補う形での補完型BI（これをBIと呼べるかどうかは別にして）の導入は考えられても良いのではないか。そこにはこれまでの社会保障による救済の基本的な要素とされてきた「貧困」という「要保障性」が認められるからである。「要保障性」は社会保障法では欠かすことのできない基本概念である。少なくとも、所得保障分野においては、生活危険や生活不能といった生活事故を抱えていること（要保障性）は、給付の必要性を決定する要件として残されるべきであって、その意味でその要件を完全に撤廃する完全型のBIには賛成できない。

　また、こうしたBIの発想は、長い歴史をもつ社会保険医療の分野にも影響を与えつつある。すべての国民に平等に一定の所得を保障するというBIの構想は、医療や介護サービスが無料またはごく低額で与えられるというベーシック・サービス（BS）を前提にしなければ成り立たないことがわかってきた[63]。そのため、ここに至って再び医療を社会サービス方式に転換することへの期待がいくつかの文献にもみられるようになってきている[64]。コロナ禍以前からの出来事であるが、イタリアやカナダのように、イギリスの国民保健サービス（NHS）方式に移行するといった「社会保険離れ」ともいえる現象が各国で起きており[65]、フランスでも医療保険財源の「租税化」が進められているという[66]。こうした事態は少子超高齢化時代を迎えれば当然に予想されたことであるが、新型コロナ禍はそうした動きに一層拍車をかけることになるかもしれない。だが、今の段階で社会保険医療を全部租税による社会サービス方式に切り替えることについては多くの賛同は得られないであろう。

　しかし、高齢者医療における医療費の増大と現役世代にかかる過重な負担の解消、健康保険と国保との給付格差の是正、健康診断や出産費用の保険適用化、感染症に対するワクチン等予防接種の自己負担の問題等、今後公費によるかなりの部分の予算の導入は避けられないところである。どこを社会保険料で賄い、どこを公費で賄うか、社会保険の果たすべき役割の確認とその適切な枠組みを堅持しながら、その限界や弊害を公費で補いつつ、社会保険と公費が一体となった形での医療保障のあり方を模索していくことがもっとも現実的な解決策になろう。もちろん、予防接種や健康診断、医療費は公費によるすべて無料の給付にすべきだと言っているのではない（荒木説はこれに近いか）。感染力の弱い感染症には、予防接種等一定の低額の自己負担を求めるとか、健康診断も一定回数は無料だがそれ以上は自己負担とするとか、医療費に充てられる保険料と自己負担は、受診控えを起こさないような金額にするとか、あるいは、低所得者に過重な負担とならないよう配慮するといった細部にわたる検討を加えながら実施していくという意味である。

12　わが国のコロナ対応策の課題

　今回のような新型コロナウイルスの世界的感染拡大（パンデミック）は二度と起こらないことを願うが、最近の地球環境の悪化現象を目の当たりにするとき、また同じような事態が起こるのではないか、それならば、むしろそれが将来起こることを想定して、それに対応できる新たな生活保障制度を構築していくべきではないかという声の方が強い。つまり、今回のように現行制度の枠のなかで臨時的な給付の拡充と期限延長を何回も繰り返すというような断片的対応では限界があり[67]、また次々と打ち出される新たな給付政策によって膨大な金額の財源が放出されていることに対して不安を覚えている国民は数多くいる[68]。

　ただ今回のコロナ禍は、戦後間もない頃と同じとまでは言わないが、現代社会において、国民の大多数の人たちが今日・明日の生活をどうするかという危機的状況に追い込まれることになった初めての経験といってよい。まずは衣食住の最低限度の生活基盤を確保するという荒木理論の「生活保障」の考え方を実感として受け取った人たちがかなりの数いたであろうと思われる。

　ではどうするのか。現在の日本が選択しようとしている対策の一つとしては、被用者保険と国民保険との給付格差を、被用者保険の適用拡大によってカバーしようとする動きがあげられる。厚生年金の適用事業所を従業員501

人から101人以上、51人以上と緩和を続け、将来は企業規模要件の撤廃とい
う方向に持っていく政策がその例である。医療保険についてもその方向を目
指すという方針は打ち出しされているが、医療についてはまだ具体的な改革
案までは出されていない。おそらく、健康保険の適用事業所（法定された16
業種に該当し、常時5人以上の従業員を使用する事業所）要件[69]と非正規雇
用労働者の適用要件（正規労働者の労働時間の4分の3以上）を緩和するこ
とで実施されることになろうが、その際には中小零細企業の使用者の保険料
負担能力をどう考慮するのかは問題となってくるであろう。この点について
は、使用者の保険料負担の意味を変えることによって解決する以外にはない
のではないかと思われる。

　さらに困難なのは、被用者でもない独立自営業者でもない農林漁業その他
の一般国民保険（国民年金・国民健康保険）との格差是正をどうするかとい
うことである。ただし、両者の一元化・完全統一は荒木氏の考えるところで
はなかったように思われる。荒木理論では、その基礎に労働者保険における
使用者責任（社会保障法が課した使用者の保険料負担責任）の存在があるか
らである。したがって、基本的考え方は、被用者保険と国民保険との別立て
を認めたうえで、国民保険の給付の低位性を国費・公費によってカバーして
被用者保険と同等水準にもっていくことであったろう。そのために国保の給
付水準向上のためには公費の導入が避けられないと述べている。今回のコロ
ナ特例によって被用者でありながら国保の被保険者である労働者に対して、
国費によって新たに傷病手当金が支給されることになったのはその一例であ
ろう。

　ただ、年金保険と医療保険とでは使用者の関わり方が違っている[70]。長年
の勤務と賃金との結びつきが濃厚な年金制度と、医療保険に関わる使用者の
責任とは、やはり異なるところがあると言わざるを得ない。労働者の純粋な
私的行動による傷病について使用者の責任を説明することは容易ではないし[71]、
ましてや、労働関係にはない被扶養者の家族療養費について使用者拠出を理
由付けるのはますます困難である。医療保険に限っていえば、現行の健康保
険と国民健康保険の一本化はありうるのではないか。その場合には、使用者
の保険料負担は、自己の労働者に対する使用者責任という形ではなく、消費
者一般の購買から受ける利益税という形で徴収することになろうか。ただ、
その場合にも、高齢者・障害者・低所得者が加入する国民健康保険部分につ
いては相当の国庫負担が生じることになる。

　後期高齢者医療制度については、その実態からみて、現役世代の社会保険からの支援金の部分（４割）は公費負担にして、各医療保険の役割を明確にする必要があろう。荒木理論は、労働者の生活に対する資本・使用者の責任を、一般国民にも敷衍して「巨大資本による生活条件の支配」という概念で説明しようと試みていたが、もはやそうした視点からの理論構成はかなり難しい時代状況になってきている。それよりも、商品を購買する消費者とそれによって利益を受ける使用者という関係での企業の社会的責任と一定の保険料負担を根拠づけることの方が説得力を持つ時代になったのかもしれない。

　ILO『社会保障への途』（1942年）において、社会扶助と社会保険はお互いに接近して、長い進化の極点では交わって一つのものになるであろうと述べていたように、今後とも、社会保険給付のなかに公費による負担が増大し、財源からみればどちらが主流なのかわからない事態が増えてくるであろうと予想される。一部の費用だけが社会保険料で賄われていても、それでもそれを「社会保険制度」というのかどうかは別にして、超高齢社会・格差社会にあっては少なくとも社会保険の役割の相対的低下が起こり、それを補う形での公費の役割が重要視されてきている。ただし、理屈の通らない無秩序な社会保険と公費との混在は許されないであろう。

　社会保険と租税とは、その時代の経済・財政状況や国民感情に合わせてどちらでも自由に選択できるような単なる財源調達方法の違いにすぎないのではない。同質的な集団がリスクを回避するために相互扶助の精神で、各人が保険料を負担し、危険分散の仕組みとしてつくられた社会保険の意義と役割、その適用範囲を今一度再確認して、それが時代の変化に対してどう対応してきたのか、現代における期待される役割とその限界は何なのかなどの点を再度明確にして、その限界に対して公費でどのような形で補うのが良いのか、その望ましい組み合わせの仕組みを考えていかなければならないであろう。

　今回の新型コロナウイルス感染症拡大では、国民は、医療保険の枠内での予防措置というものがコロナ禍には通用しないことや、コロナ感染によって増え続ける医療費を前に医療保険の制度のあり方の再検討というものを感じられたに違いない。65年続いてきた国民皆保険の歴史、伝統と実績、定着度を考えるときに、これを一気に覆して、医療を公費で賄う社会サービス方式に切り替えるという政策の提案は、現実的ではなく、また国民のコンセンサスも得られないであろう。現行医療保険制度を維持したうえで、その給付格差を是正するかもしくは制度を思い切って一本化し、新たに再注目を浴びる

ようになった感染症予防対策を一定の範囲で公費・国費の導入によって体系的整備を図り[72]、それを治療と有機的に結び付けていくことが現実的対応として求められている。

　所得保障については、適用範囲、給付水準、給付格差ともに不完全な現行制度を一定の補完的所得保障給付の創設によって恒常的に補っていく必要があろう。今やそういった新たな社会保障制度の構築が求められているのではないか。超高齢社会、とどまるところを知らない少子化、こういった現代社会の状況に伝統的な「社会保険」制度ではもはや対応できないことは誰の目にも明らかである。荒木氏の言葉を借りれば、いまや「相互扶助と社会的扶養の原理によって立つ合理的な（社会保障）制度」[73] が求められているのである。今回の新型コロナ感染症パンデミックは、多くの国民生活の犠牲と引き換えに21世紀型の新たな社会保障制度構築への必要性をわれわれに強く訴えかけているように思われる。

Ⅷ　おわりに

　新型コロナウイルス感染症がいっこうに終息の気配を見せない。これほどまでに長引くとは誰も予想してはいなかったことであろう。わが国では、感染拡大後の2020（令和2）年春から、ただちに収入の低下や所得喪失に対する補償給付（雇用調整助成金や持続化給付金など）、低所得者やひとり親世帯に対する給付金、貸付給付（生活福祉資金など）、住居確保給付金、医療機関や福祉施設に勤務する職員に対する慰労金など次々と対策が打ち出され、それらがさみだれ式に実施されていった。当初は、新型コロナ感染拡大という異常事態に対する緊急避難的措置だから断片的な対応も現状では仕方がないと納得していた国民も、1年、2年と経過するうちに、つぎはぎ的な対応策を何度も繰り返していくようなやり方には限界があることを知るようになる。また、種々の現金給付が幅広い対象者に次々と支給されるのを目にして財源の方は大丈夫なのだろうかとの不安も増していった。

　今回の新型コロナウイルス禍によって、以前から日本の社会保障制度の課題とされてきた事項が一向に解決されないまま長い間放置されてきた、そのつけが回ってきたのだという点では大方の見解の一致するところであろう。もともと経済的に弱い立場に置かれている低年金高齢者、ひとり親世帯や非正規雇用労働者あるいはフリーランス等の自営業者の人たちが今回のコロナ

禍の影響をもろに受けることになったからである。

　その要因のひとつには、同じ社会保険でありながら被用者保険と国民保険との給付格差があったことがあげられる。国民年金は2022（令和4）年現在で満額給付であっても月6万4816円であり、この金額は厚生年金の平均額の半分以下である。また、同じ企業に勤める被用者でありながら企業規模や所定労働時間によって被用者保険の対象から外されている労働者がいる。また、健康保険にはある傷病手当金が、国民健康保険法には事実上ないという格差も存在する。雇用保険も短時間労働者等が適用除外となっているし、農林漁業者や自営業者にはもともと雇用保険という概念がない。

　コロナ禍が直撃したこうした経済的弱者に対して、今回は特例措置によって、被保険者ではない者にも被用者保険の恩恵を受けられるよう被用者保険への包摂が行われた。自営業者にも持続化給付金が支給された。しかしこれはあくまでも臨時的措置でしかない。コロナ禍を教訓として、今後は、職業にかかわらず一定の水準の所得が保障される補足的給付の創設など新たな生活保障制度の創設が望まれる。

　医療については、従来の生活習慣病対策とともに、感染症対策の充実が望まれる。予防・治療・リハビリテーションの一貫した医療保障体制の必要性とその整備は早くから主張され続けてきた。だが、予防と医療の関係について、その費用負担のあり方も含めて今一度整理しておく必要があろう。また、健康保険と国民健康保険の給付格差についても、早急の対策が必要である。コロナ対策特例として国保適用下の被用者にも今回に限って傷病手当金が支給されることになったが、これは特例としてではなく、もともとそうすべきであった問題である。この際に、健康保険と国保との一元化も含めた再編成構想が考えられてよいのではないか。もちろんその際には、使用者の保険料負担をどう考えるかの議論は欠かせない。

　最後に、財源をどこに求めるかの話である。超高齢化・少子化時代を迎えて、高齢者の医療費用については、従来の現役世代が加入する医療保険からの支援金・納付金で支える仕組みはもはや限界にきているといわざるを得ない。さらなる公費導入が避けられないとすれば、この機会に、高齢者医療制度のあり方そのものを見直す必要がありはしないか。同様に、雇用保険についても社会保険負担と公費負担の棲み分けが必要ではないかと思われる。今回は特例措置として失業等給付の積立金が雇用調整助成金に流用されることになったが、その根拠としてたまたま積立金に余裕があったからという理由

では済まされないような気がする。社会保険は被保険者の保険料拠出による相互扶助の仕組みであるから、財源に余裕があれば保険料の引き下げによる対応が筋道であろう。

　現在進行中であるが出産育児一時金の増額（42万円から50万円）のための費用の一部を後期高齢者医療制度からの繰入金で賄うという案についても同じことが言える。少子化対策として育児の費用を全世代型で負担するという趣旨は理解できるとしても、社会保険からの支援で成り立っている後期高齢者医療制度からの繰り入れには抵抗を感じざるを得ない。全世代型の費用負担ということであれば、そのための目的税（実現できるかどうかは別として）で賄うことの方がすんなりと受け入れられる。コロナ禍で一層混とんとしてきた社会保険の役割と保険料財源の意味を、この際、今一度確認して、公費負担との役割分担を明確にしておく必要がありはしないか。

　まったく予想外の事態といえば、まずは自然災害が思い浮かぶが、今回のコロナ禍も同様の印象が強い。予想外の事態であるがゆえに、困惑と対応の混乱ぶりはある程度仕方がないとしても、今度の経験からはっきり言えることは、平常時の生活保障制度がしっかりと整備されているかどうかが混乱を最小限に抑えられるカギになるということである。コロナ禍を機に、これまでのわが国の社会保障制度の矛盾や不備な点を洗い出し、それをひとつひとつ改善しながら、新しい21世紀型の生活保障の仕組みを考えていくことになれば、3年間にも及ぶ国民の苦労は少なからず報われることになろう。

【注】

1）医療保障法は「健康の維持・増進、傷病の予防、治療、リハビリテーション等の包括的な医療サービスを、国民の権利として保障する法の体系ということになり、…」（井上英夫「医療保障法・介護保障法の形成と展開」社会保障法学会編『講座・社会保障法 第4巻 医療保障法・介護保障法』（法律文化社、2001〔平成13〕年、12頁）。ちなみに、荒木氏が反対の立場をとっている「医療保障論」とは、荒木理論が登場した「熊本法学」（1965〔昭和40〕年）の時期から考えて、1960年代の佐口卓（『医療保障の基本問題』勁草書房、1964〔昭和39〕年）と、近藤文二（「社会保障と医療」日本労働協会雑誌69号、1964〔昭和39〕年）の両者の論争のことを指している。

2）荒木誠之『社会保障の法的構造』有斐閣、1983（昭和58）年、187頁。

3）荒木誠之『社会保障法（三訂版）』ミネルヴァ書房、1977（昭和52）年、59-60頁。

4）同上書、63頁。

5）老人保健法の意義につき、①健保と国保の区別をなくし、同一の保健制度のもとにおいたこと、②被用者保険と国民保険からの拠出金が大部分を占めるから、構造上は従来の社会保険制度からはみ出していること、③サービス給付として医療やリハビリテーションを受けることになり、新たに社会サービス方式の医療が開拓されたこと、④予防・治療・リハビリテーションの包括的医療制度を創設したこと等の理由により、これまで成し得てこなかった医療の抜本的改革が老人医療の分野に限ってではあるが実現したと評価している。荒木誠之『社会保障法読本（第3版）』有斐閣、2002（平成14）年、42-43頁。

6）荒木誠之「医療の視点―社会保障法学の立場から」健康保険24巻4号、1970（昭和45）年。西村淳「公衆衛生・医療と社会保障法―新型コロナウイルス対応を踏まえた医療提供体制のあり方」社会保障法研究15号、2022（令和4）年、80頁。

7）荒木誠之「老人保健制度の意義と課題」ジュリスト766号、1982（昭和57）年。荒木誠之「介護の社会保険化―その社会保障法学からの考察」『生活保障法理の展開』法律文化社、1999（平成11）年、159頁。

8）荒木・前掲書注3）、62頁。1966年の国際人権規約「経済的、社会的及び文化的権利に関する国際規約」（A規約）12条1項「この規約の締約国は、すべての者が到達可能な最高水準の身体及び精神の健康を享受する権利を有することを認める」とあり、2項でそのための措置として「伝染病、風土病、職業病その他疾病の予防、治療及び制圧」とある。

9）「医療機関による施設的給付が社会保障としての医療の本質である。一切の医療給付を一元化して、包括的医療法を設け、あわせて疾病の予防を目的とする給付（伝染病予防のための予防接種や一般的定期健康診断等）をもこれに包摂することが望ましい」（荒木誠之『社会保障の法的構造』有斐閣、1983〔昭和58〕年、38頁）。

10）「傷病とその治癒後残存する心身の機能障害については要保障状態の存在が明確であるから権利発生要件があらかじめ法定され得るが、予防的医療については問題がある。たとえば健康診査（母子保健12条、老人保健16条）などの予防的医療は傷病や障害の予防や早期発見にその目的があり、要保障状態の発生を前提とするものではない。…

したがって、予防的医療を要する状態を医療受給権の発生要件とするとき、医療受給権の目的原理の転換すなわち単に心身の機能障害の回復のみならずより積極的な健康の保持・増進という目的をも包含した健康権概念の理論構成を必要としているといえるだろう」。良永彌太郎「社会保障法における医療受給権の特質」社会保障法７号、1992（平成４）年、170-171頁。

11）「急性脳心臓疾患の予防を目的とする第二次健康診断等給付も、労災保険の基本構造を揺るがしかねない側面を含み、慎重な検討を要する」（岩村正彦「労災保険政策の課題」日本労働法学会編『講座・21世紀の労働法〈７〉健康・安全と家庭生活』有斐閣、2000〔平成12〕年、40-41頁）。「従来の労災保険給付が業務災害発生後の給付であったことからすると、疾病予防給付（二次健康診断等給付）は業務上疾病発症前の状態を給付事由としている点、特に要予防状態につき業務起因性の有無を問わない点で、業務災害に関する補償保険としての枠からは明らかに逸脱した給付である」（良永彌太郎「労災保険給付」河野正輝・良永彌太郎・阿部和光・石橋敏郎編『社会保険改革の法理と将来像』法律文化社、2010〔平成22〕年、123頁）。

12）石田道彦「社会保険法における保険事故概念の変容と課題」社会保障法21号、2006（平成18）年、132頁。

13）菊池馨実氏は、後期高齢者支援金による保険者への財政的インセンティブの付与が、間接的に被保険者等の行動を規制し、国家による個人生活への介入という緊張関係をもたらすことを指摘する。菊池馨実『社会保障法（第２版）』有斐閣、2018（平成30）年、412頁。

14）全国老人福祉施設協議会「いわゆる『自立支援介護』について（意見）」2016（平成28）年12月５日。

15）もっとも、第１次予防の重要性から、特定健診・特定保健指導を「努力義務」とすべきであるという意見もある。「特定健診・保健指導は保険者の義務とされるものの、加入者との関係では勧奨にとどまっている。労働安全衛生法のような法的義務とすることは難しいとしても、努力義務とすることは検討の余地がある」（伊奈川秀和「デジタル化と社会保障法──データの医療費適正化への利活用を巡る論点」山田晋・西田和弘・石田道彦・平部康子・丸谷浩介編『新たな時代の社会保障法』法律文化社、2022〔令和４〕年、196頁）。

16）石田道彦「医療保険・介護保険と予防」社会保障法研究10号、信山社、2019（令和元）年、213-214頁。伊奈川秀和・前掲書注15）、191頁。「予防はもちろん、特に要介護度の軽減にインセンティブが働くようなシステムへの転換が緊急の課題である」（井上英夫「医療保障法・介護保障法の形成と展開」社会保障法学会編『講座・社会保障法第４巻　医療保障法・介護保障法』（法律文化社、2001〔平成13〕年、21頁）。

17）例えば、静岡県藤枝市では、商品購入の割引サービス、飲食店で１品サービス、スポーツクラブの無料体験、観光スポットの入館料割引、健康ドック予約で骨密度前腕検査サービスなどを行っている。

18）無事故払戻しについても、それが平均的な自己負担額を上限とした利得の付与であれば、政策的な裁量の範囲内として許容されるという考えについては、石田・前掲書注

16）、215頁を参照。

19）「社会保障の目的は国民の生活保障にある。…収入の途を失うとか、負傷や病気にかかり、あるいは障害状態になるなど、さまざまな困難が発生する。そのような困難が現実に発生したとき、人間としての尊厳を失わないで生活ができるような手だてを社会的に講じておくのが、社会保障である」（荒木誠之『社会保障法読本（第3版）』有斐閣、2002〔平成14〕年、8頁）。

20）菊池馨実「自立支援と社会保障」菊池馨実編著『自立支援と社会保障—主体性を尊重する福祉、医療、所得保障を求めて』日本加除出版、2008（平成20）年、355頁。

21）石橋敏郎「アフターコロナのベーシック・インカム論」山田晋・西田和弘・石田道彦・平部康子・丸谷浩介編『新たな時代の社会保障法』法律文化社、2022（令和4）年、121頁。

22）原田啓一郎「健康づくり・介護予防と社会保障—予防重視型システムのあり方を考える」増田幸弘・三輪まどか根岸忠編著『変わる社会福祉の論点（第3版）』信山社、2021（令和3）年、220頁。

23）この場合、被保険者が治癒を遅らせることで、他の被保険者に対して不当な負担をかけることになるため、これを防止する目的であるとされている。石田・前掲書注12）、133頁。

健康保険法116条「保険者又は被保険者であった者が、自己の故意の犯罪行為により、または故意に給付事由を生じさせたときは、当該給付事由に係る保険給付は、行わない」。

健康保険法117条「被保険者が闘争、泥酔又は著しい不行跡によって給付事由を生じさせたときは、当該給付事由に係る保険給付は、その全部又は一部を行わないことができる」。

健康保険法119条「保険者は、被保険者又は被保険者であった者が、正当な理由なしに療養に関する指示に従わないときは、保険給付の一部を行わないことができる」（この規定は、被保険者が給付費を増大させる点を重視するのではなく、療養上の指示の実効性を確保するための規定であるとみるべきである）。

介護保険法64条「市町村は、自己の故意の犯罪行為若しくは重大な過失により、又は正当な理由なしに…要介護状態等若しくはその原因となった事故を生じさせ、又は要介護状態等の程度を増進させた被保険者の当該要介護状態等については、これを支給事由とする介護給付等は、その全部又は一部を行わないことができる」。

24）具体的には各健保組合の基準規定で決められているが、三菱マテリアル健康保険組合「健康保険法による給付制限のお知らせ」では、「適用の可否等に苦慮している状況にあります」と記述されている。同健保組合の基準は以下のとおりである。

〔116条関係〕交通事故の場合　酒酔い運転、酒気帯び運転による事故の場合、保険給付を100％制限します。無免許運転による事故の場合、保険給付を100％制限します。自殺（自殺未遂）の場合　故意に基づく事故であり、その行為による傷病の治療や傷病手当金の支給はしません。ただし、その自殺が精神の障害によりその行為の結果に対する認識能力のない精神的病気の患者の場合、例外として保険給付を行います。

〔117条関係〕喧嘩・闘争による場合　喧嘩・闘争行為の場合、保険給付を100％制限します。偶発的な事故だが双方の暴力行為による場合、保険給付を50％制限します。泥酔又は著しい不行跡による場合　泥酔による場合、泥酔の程度の激しいもので、それが事故発生の原因である場合には、保険給付を20％制限します。著しい不行跡の場合は、一般的な社会通念に従ってその都度決定しますが、基本的には上記の給付制限とします。※給付制限を20％としているのは、自己負担割合が30％であり、合計総医療費の半分は自己負担していただきます（本人失態への懲罰的意味もあります）。

〔平成18年３月31日までの旧基準〕

酔っ払い、無免許運転（同乗の場合を含む）、保険給付の30％を制限します。

スピード運転または居眠り運転、保険給付の10％を制限します。

25) 2022（令和４）年11月には、重症化率・致死率の低下と相まって、厚生労働省は、新型コロナウイルス感染症をインフルエンザと同じ第５類に引き下げる議論を始めたことが報じられた（熊本日日新聞2022年11月26日）。その後、2022（令和４）年12月には、「第５類」引き下げの議論が本格化し、2023（令和５）年の３～４月をめどに引き下げを行う予定で検討に入った。ただし、５類になると医療費自己負担が生じるが、新型コロナに限って医療費や入院費の公費負担は経過措置として継続する方向である（熊本日日新聞2022年12月28日）。

26) 政府はこれまで国民にマスク着用やワクチン接種、行動自粛を促す政策を「お願いベース」で進めてきた。国民の高い責任感によって成果を上げた反面、同調圧力を生んだとの視点も欠かせない（熊本日日新聞2022年５月16日）。

27) 飲食店におけるアクリル板の設置又は対人距離の確保、マスク着用、手指消毒、換気の徹底は、緊急事態宣言・まん延防止等重点措置ともに要請できる。

28) 2020（令和２）年５月１日～2021（令和３）年２月15日までの申請期間内に、売上が前年度比50％以上減少している事業主に対して「持続化給付金」が支給されている。中小企業・小規模事業者に対しては上限200万円、フリーランスを含む個人事業者には上限100万円である。第２弾として、2022（令和４）年には、中小法人、個人事業者を対象として、新型コロナの影響を受け、2021（令和３）年11月～2022（令和４）年３月のいずれかの月（対象月）の売上高が、2018（平成30）年11月～2021（令和３）年３月の間の任意の同じ月（基準月）の売上高と比較して50％以上又は30％以上50％未満減少した事業者に対して中小法人等には最大250万円、個人事業者等には最大50万円が支給されることになった（事業復活支援金）。

29) 日本医学会連合、日本公衆衛生学会、日本疫学会は、過去のハンセン病、AIDS 患者等に対する差別の歴史を顧みて、患者の差別につながりかねないと反対の意見を表明している。

30) これまで「かかりつけ医」については法律上の定義がなかったが、社会保障審議会に提出された資料では、かかりつけ医は「身近な地域における日常的な医療の提供や健康管理に関する相談などを行う」と定義されている。具体的には、慢性疾患の患者が希望する場合には、医師との書面で「かかりつけ医」であることを確認する仕組みや、①休日や夜間の相談・往診、②在宅医療、③介護サービスとの連携など対応できる項

目につき都道府県に報告し、それをホームページなどで公表することが考えられている（熊本日日新聞2022年11月29日）。

31）磯部哲「新型コロナウイルス感染症対策と法─医事行政法の観点から」学術の動向2022年３月号35頁。

32）伊藤周平「コロナ禍で明らかになった社会保障の脆弱さと今後の課題─コロナ後の社会保障の再構築に向けて」月刊全労研2021年２月号、４頁。

33）「それらはむしろ職業安定法や職業訓練法と同じ性格のものであって、文字どおり雇用立法そのものである。失業保険法が名実ともに雇用立法と一体化させられる政策のもとではじめて、このような雇用三事業（現在は二事業）を失業者の社会保険立法に組み込むことが可能になったのである」（荒木誠之・前掲書注２）200頁）。

34）このあたりの事情については、丸谷浩介「雇用保険の国庫負担」季労278号、2022年秋季号、８頁以下に詳しい。

35）もっとも雇用保険の適用拡大はコロナ禍だけではない。2011（平成23）年の「求職者支援法」の定める「職業訓練受講給付金」（月額10万円、３ヵ月〜６ヵ月）の受給対象者は、雇用保険の被保険者ではない者が対象となっている。具体的には、支給期間終了者、雇用保険適用外の非正規雇用労働者、雇用保険の加入期間が所定の期間に達していない者、自営業を廃業した者、学卒未就職者等である。雇用保険法の規定する「雇用安定事業等」のなかに、雇用安定事業（62条）、能力開発事業（63条）と並んで規定されて（雇用保険二事業）、附帯事業として実施され（64条）、その費用は、国庫が２分の１、残りを労使で４分の１ずつ負担することになっている。雇用保険法の被保険者ではない者に対して、労使の保険料、まして労働者の保険料が使われることについては疑問であり、公費で賄うべきだとする意見が強い。菊池馨実『社会保障法（第２版）』有斐閣、2018（平成30）年、285頁。石橋敏郎「最低所得保障給付と雇用促進政策」良永彌太郎・柳澤旭編『荒木誠之先生米寿祝賀論文集・労働関係と社会保障法』法律文化社、2013（平成25）年、169-172頁。

36）荒木誠之『社会保障の法的構造』有斐閣、1983（昭和58）年、200頁。

37）野川忍「雇用保険と求職者支援制度の課題と展望」季労232号、2011（平成23）年、６頁。

38）厚生労働省「新型コロナウイルス感染症による小学校休業等対応助成金の創設について」（令和２年３月９日）。令和２年２月27日から３月31日において有給休暇を取得した労働者に支払った賃金相当額×10分の10、１日当たり8330円を上限。個人で業務委託契約等で仕事をしている者に対する「新型コロナウイルス感染症による小学校休業等支援金」を加えて、令和２年３月18日から６月30日までに申請の受け付け始まる。いずれも、2023（令和５）年３月まで延長の予定である。

39）厚生労働省社会・援護局保護課「新型コロナウイルス感染防止のための生活保護業務等における対応について」（令和２年４月７日事務連絡）。

40）厚生労働省社会・援護局保護課「扶養義務履行が期待できない者の判断基準の留意点等について」（令和３年２月26日事務連絡）。なお、親族照会は、当人の合意が得られない場合は行わないとするべきだという意見もある。木下秀雄「日本社会保障の転機

に」木下秀雄・武井寛編著『雇用・生活の劣化と労働法・社会保障法—コロナ禍を生き方・働き方の転機に』日本評論社、2021（令和３）年、189頁。

41）「新型コロナウイルス感染症に感染した被用者に対する傷病手当金の支給について」（令和２年３月10日厚労省事務連絡）において、「国民健康保険及び後期高齢者医療において、新型コロナウイルス感染症に感染するなどした被用者に傷病手当金を支給する市町村等に対し、支給額全額について国が特例的な財政支援を行う」こととなった。適用は、2020（令和２）年１月１日〜９月30日の間であったが、2021（令和３）年６月30日まで延長され、さらに2022（令和４）年12月31日まで再延長されている。

42）全世代型社会保障構築会議「議論の中間整理」（2022〔令和４〕年５月17日）では、「勤労者皆保険の実現に向けて、…まずは、企業規模要件の段階的引き下げなどを内容とする令和２年年金改正法に基づき、被用者保険（厚生年金・健康保険）の適用拡大を着実に実施する。さらに、企業規模要件の撤廃も含めた見直しや非適用業種の見直し等を検討すべきである」とある。既に、これまで厚生年金は従業員数501人以上の事業所が対象であったが、2022（令和４）年10月からは従業員数101人以上、2024（令和６）年には51人以上の企業が対象となることが決まっている。

43）厚生労働省・医療従事者の需給に関する検討会「医師不足や地域間偏在の根本的な解消に向けた実効性のある施策の実施を求める提言書」（令和２年11月18日）。医療関係者の不足解消については各都道府県知事からの要望書が多数出されている。保健師助産師看護師法では看護師の診療補助行為については医療機関への労働者派遣が原則禁止されていたが、労働者派遣法改正（2021〔令和３〕年）により、ワクチン接種業務への労働者派遣が可能になった。

44）最近では、2019年５月に成立した「医療保険制度の適正かつ効率的な運営を図るための健康保険法等の一部を改正する法律」では、後期高齢者医療制度における高齢者保健事業、国民健康保険保健事業、介護保険における地域支援事業を一体的に実施する旨の規定が置かれ（高齢医療125条３項）、市町村は一体的な実施のあり方に関する基本的な方針を定めるものとされた（同125条の２第１項）。

45）井上・前掲書注16）、６頁。

46）東京都高齢者福祉施設協議会調査では、入院調整を依頼した保健所の対応として、「軽症者は入院対象ではないと説明された」（43％）、「中等症以上でも入院は難しいと言われた」（28％）とあり、そのほかに、施設職員が感染したケースも多く、85％の施設が「職員の確保（人手不足）」に困ったと回答している（熊本日日新聞2022年12月５日）。

47）厚生労働省は、2022（令和４）年４月、全国の高齢者施設のうち65％の施設で入所者がコロナに感染した場合に医師の往診を受けられる態勢が整ったと発表したが、少なくとも約1300施設は往診をしてもらう医療機関を用意できていなかったことがわかった（熊本日日新聞2022年４月29日）。

48）荒木・前掲書注３）168頁。

49）水島郁子「ミニシンポジウム・労働保険における事業主と労働者—雇用政策と社会保障政策のあいだ・趣旨説明」社会保障法38号、2022（令和４）年、126頁。

50）荒木・前掲書注２）86頁。

51）荒木・同上書98頁。

52）荒木・同上書201頁。

53）片岡昇「労働基本権と社会保障の権利」日本法社会学会編『社会保障の権利』法社会学19号、有斐閣、1967（昭和42）年、18頁。

54）石橋敏郎「社会保障の変容と荒木理論の現代的意義」アドミニストレーション25巻2号、2019（平成31）年、35頁、注４）を参照。

55）荒木氏の説明では、「業務外の傷病も、その発生原因を見るとき、職場の作業環境、労働の内容、賃金水準等の労働条件と、けっして無関係ではありえない」と説明される。荒木・前掲書注２）、71頁。当時の健康保険法立案者は、「労働条件、工場設備等の事由が被保険者の健康を損い、疾病にかかりやすい素地をつくる一因をなすものであり、また被保険者の健康保持、速やかな病状の回復は、労働能率の増進をもたらすことにより産業上に好影響を及ぼし、事業主も共通の利益を有するものであることによる」と説明している。河野正輝『社会福祉法の新展開』有斐閣、2006（平成18）年、13頁。

56）荒木理論では、企業が消費者から受ける利益が使用者負担の根拠ではない。消費者として「独占的価格の支配」を受けることが使用者負担の根拠となっている。これは、事業主の拠出義務は、企業の社会的責任を拠出という形で履行させる国家による社会保障法上の社会的義務と構成する荒木理論の独特の使用者責任論の一般住民版への説明の仕方といえよう。被用者ではない地域住民に対する企業の拠出責任を根拠づけようとした試みは当初から感じられていた。自営業者等地域住民も「今や巨大資本によって生活条件を規制される点では、労働者と本質的には変わらなくなった。社会構成員の大多数の者が、消費者として独占的価格の支配を受けざるを得なくなったのである」（荒木・前掲書注３）７頁）。「もし資本の（一般国民への）拠出義務を、これら生活危険給付についても要求するとなれば、それは生活危険の創出についての責任というより、他の観点からその根拠を求めなければならないであろう」（同46-47頁）とし、その注釈で、「生活危険は、疾病、負傷、廃疾等として具体的に把握されるものであるから、流通過程を通しての巨大資本の国民生活に対する実質的支配を、これら擬態的生活危険の形成と結びつけるには何らかの媒介が必要であろう」「高度に独占化した資本主義段階における社会構造と国家権力との分析が、その焦点となるであろう。それを法的に理論構成する作業は、いまだ十分ではないとみられる」（荒木・前掲書注２）51頁）。また、荒木・前掲書注３）、8頁では、「特に自営農漁民や零細自営業者にとっては、…他方では、巨大資本により生活条件を支配され、労働者と同様に種々の生活危険にさらされているとすれば、要保障性の点では労働者とえらぶところはない」とも述べている。

57）「火災・風水害などに際して、応急的に生活必需品を給付する災害救助も、その目的が生活危険に対する保障というより、突発的異変についての一時的・応急的救済になるから、給付行政の一部であっても、社会保障法とは一応区別しなければならない」（荒木誠之『社会保障の法的構造』有斐閣、1983（昭和58）年、32-33頁）。

58) 災害を社会保障制度の要保障事故としている立法例として台湾法があげられる。「（台湾の）社会救助法（1980年）は、低所得世帯…又は被災している者の自立を助長することを目的とする（1条）。同法に定める給付は、生活扶助、医療補助、急難救助（世帯主が失業や失踪）及び災害救助、風水害等により被災した者への扶助もある点に特徴が認められる」（根岸忠「台湾における公的扶助法制と私的扶養―社会救助法と民法の扶養義務との関係に焦点をあてて」社会保障法36号、2021（令和3）年、139頁）。学説でも、「なお、自然災害が多発している昨今の状況からして、台湾法を参考に、公的扶助の給付として、被災者に対する災害救助を新設することも検討に値すると思われる。その際には、現在の災害救助法の給付との調整が必要となる」（本澤巳代子「日本法の状況―韓国法及び台湾法の報告を受けて」社会保障法36号、2021〔令和3〕年、160頁）。「このように国によっては災害を社会保障法に溶け込ませる形で法制化している国（台湾）もあることからすれば、社会保障法制から災害リスクを分離するか否かは、立法者の政策選定によるところもあり、必ずしも社会保障の原理上当然に災害リスクが社会保障法制の対象外とされるわけではないことになろう」（倉田賀世「災害と社会保障」社会保障法研究15号、2022〔令和4〕年の注2）を参照）。

59) 品田充儀「社会保障法における『自立』の意義」菊池馨実『自立支援と社会保障―主体性を尊重する福祉、医療、所得保障を求めて』日本加除出版、2008（平成20）年、33頁。

60) 丸谷・前掲書注34）12-13頁。

61) 健保組合の2021（令和3）年度決算で全国1388組合の53.3％にあたる740組合が赤字となり、前年の33.0％から大幅に増加したことが報道されている（熊本日日新聞2022年10月7日）。

62) もっとも、荒木説では、社会保険方式をとるか公費方式をとるかは立法選択の問題であって、どちらをとっても給付の性格は変わらないと言っているが、これは両者は単に財源調達方式の一つに過ぎないと言っているわけではない。また、将来の両者の混合形態を予測していたというより、まず社会保険に適した給付形態（所得保障）があり、それを基本にして給付を行い、その適用が難しい場合を公費で賄うという当時の基本的な考え方に依っていると思われる。

63) 「ベーシックサービスとは、生活保護や年金のような現金ではなく、医療、介護、障害者福祉、教育、子育てなど、万人が必要とするサービスのことであり、これをすべての人たちに（無料で）給付することをめざすもの」（井出栄策「第4章　財政とベーシックインカム」佐々木隆治・志賀信夫編著『ベーシックインカムを問い直す―その実現と可能性』法律文化社、2019〔令和元年〕年、65頁）。

64) 「（日本では）社会保険の中には、医療や介護などのサービスが含まれている。あらゆる人間は年を取り、病気になり、介護を必要とする可能性を抱えている。そのような可能性は所得とは無関係に社会全体で対処するのが合理的である。したがって、医療や介護といった現物サービス部分は、段階的に租税を財源とする普遍主義的給付に切り替えるべきである」（井出英策「第7章　福祉国家財政の基本理念と構想」齋藤純一・宮本太郎・近藤康史編『社会保障と福祉国家のゆくえ』ナカニシヤ出版、2011

〔平成23〕年、156頁）。「社会保障のうち、社会保険の中の現金給付部分は、社会手当、公的扶助などがベーシックインカムに代替されるが、社会保険の中の医療保険と介護保険および社会福祉は存続する。医療や介護に関しては、保険料負担や自己負担をなくすために、そもそも社会保険方式ではなく税方式で運営するようになる可能性もありえるだろう」（森周子「第９章　ベーシックインカムと制度・政策」佐々木隆治・志賀信夫編著『ベーシックインカムを問い直す―その実現と可能性』法律文化社、2019〔令和元〕年、149頁）。

65）西田和弘「趣旨説明」「健康保険法制定100周年記念企画：医療保険制度の過去を顧みて、現在を問い、未来を望む」社会保障法38号、2022（令和４）年、6‐7頁。

66）国京則幸「医療保険の『適用者』」社会保障法38号、2022（令和４）年、20頁によれば、フランスでは、「ビスマルク・モデルからベヴァリッジ・モデルへ」とでもいうべき動きの中で、1991年に「一般化社会拠出金（CSG）」が創設され、これが医療保険にも充当されるようになり、医療保険における租税の割合が高くなってきているという。

67）生活福祉資金（緊急小口資金・総合支援資金）は貸付制度であるが、貸付件数の35％（2021〔令和３〕年度）が免除申請を行っている。返済できない生活困窮者が多数いることがわかる。

68）国の借金「長期債務残高」が2021（令和３）年度末で1017兆円１千億円になり、初めて1000兆円の大台を超えたことがわかった。社会保障費の増加や新型コロナウイルス対策の巨額の出費が原因。国と地方の借金を合わせると1210兆円になり、2022（令和４）年４月の総人口で割ると国民１人当たり約966万円の借金を抱えていることになる（熊本日日新聞2022年５月11日）。「社会保障費総額2020（令和２）年度132兆2211億円、過去最高、コロナ対策で大幅増。前年より6.7％増。高齢化に加え、雇用支援や病床確保など新型コロナ対策が加わったことが影響した」とある（同2022年８月31日）。医療費については、厚労省は、2021（令和３）年度概算で医療費が最高44兆円を超えて、過去最高の44兆２千億円になったと発表した。2020（令和２）年度に比べて２兆円増加、コロナ関連が影響とある（同2022年９月17日）。

69）法定された16業種以外の非適用業種には、第１次産業、法務業などの専門サービス業、宿泊・飲食サービス業、生活関連サービス・娯楽業等の個人事業所は、任意包括適用事業所でない限り、健康保険に加入することができない。

70）笠木映里「労働法と社会保障法」論究ジュリスト28号、2019（令和元）年、24頁。

71）前掲書・注55）、56）の文献参照。

72）財政制度審議会（財務相の諮問機関）は、2022（令和４）年11月７日の分科会で、新型コロナウイルスワクチンの接種を特例として全額国庫で負担している現状を廃止し、インフルエンザワクチンと同様に一部自己負担とすべきだとの見解を打ち出している。新型コロナワクチン接種費用に、2021（令和３）年度だけで２兆３千億円（１人平均9600円）、病床確保等医療提供体制への国庫負担が累積して17兆円にも達しているからである（熊本日日新聞2022年11月８日）。

73）荒木誠之「社会保険法の形成と展開―戦後50年の軌跡」『生活保障法理の展開』熊本学園大学附属社会福祉研究所、1999（平成11）年、68頁。

経歴・研究業績・社会活動

〔学歴〕

1951（昭和26）年2月11日	熊本県阿蘇郡南小国町満願寺にて生まれる。
1963（昭和38）年3月	南小国村立波居原小学校卒業
1966（昭和41）年3月	熊本市立帯山中学校卒業
1969（昭和44）年4月	熊本県立熊本高等学校普通科卒業
1973（昭和48）年3月	西南学院大学法学部法律学科卒業
1973（昭和48）年4月	西南学院大学法学研究科修士課程入学
1975（昭和50）年3月	同上修了（法学修士）
1975（昭和50）年4月	九州大学法学研究科社会法学専攻博士課程入学
1980（昭和55）年3月	同上単位修得満期退学

〔職歴〕

1980（昭和55）年4月	九州大学助手（法学部）
1982（昭和57）年4月	熊本県立熊本女子大学生活科学部専任講師
1983（昭和58）年4月	同助教授
1988（昭和63）年10月 ～1989（平成元）年10月	アメリカ合衆国ノースカロライナ州デューク大学ロースクール客員研究員
1994（平成6）年4月	熊本県立大学総合管理学部教授
1998（平成10）年4月	熊本県立大学アドミニストレーション研究科博士前期課程（修士）教授
2000（平成12）年4月	同博士後期課程（博士）教授
2008（平成20）年4月	熊本県立大学アドミニストレーション研究科長
2016（平成28）年4月	熊本大学教育学部シニア教授
2016（平成28）年8月	熊本県立大学名誉教授
2020（令和2）年3月	熊本大学教育学部シニア教授退職

〔著書〕

1　『アメリカ連邦労災関係立法の研究─適用範囲の拡大をもたらした生活保障の視点』嵯峨野書院、1999（平成11）年5月、全238頁
2　『社会保障法における自立支援と地方分権─生活保護と介護保険における制度変容の検証』法律文化社、2016（平成28）年1月、全260頁
3　『光る人材はどこにいても光る』熊日出版、2020（令和2）年6月、全296頁
4　『社会保障の新たな展開と社会保障法』熊日出版、2023（令和5）年9月、全284頁

〔編著書〕

1　阿部和光・石橋敏郎編著『市民社会と社会保障法』嵯峨野書院、2002（平成14）年4月、第1部第1章「社会保障法とはなにか」3-14頁、第2章「社会保障法の歴史」15-24頁、第4

章「社会保障の行財政」35-46頁、第2部第3章「児童・障害者と社会保障」133-174頁、第7章「社会保障法の展望」291-302頁。第2版、2007（平成19）年7月

2　石橋敏郎・山田晋編著『やさしい社会福祉法制』嵯峨野書院、2005（平成17）年4月、第1部第5章3「サービスの質の保障」50-57頁、4「権利擁護」58-68頁。第2版、2008（平成20）年6月

3　石橋敏郎編『わかりやすい社会保障論』法律文化社、2010（平成22）年5月、第1章「社会保障とはなにか」1-18頁、第7章「雇用保険、労災保険」113-129頁、第11章「社会保障の将来」188-196頁

4　河野正輝・良永彌太郎・阿部和光・石橋敏郎編『社会保険改革の法理と将来像』法律文化社、2010（平成22）年5月、第6章「保険給付の範囲と水準」第2節「介護保険給付」90-98頁、第9章「社会保険と社会扶助」173-193頁、第10章「社会保険の将来像」第2節「所得保障における社会保険の将来像」206-213頁

〔学術論文〕

1　「アメリカにおける渉外的労働災害と国際私法―労災補償に関する法選択規則はいかにあるべきか」九大法学第32号、1976（昭和51）年10月、35-83頁

2　「アメリカにおける港湾労働者災害補償をめぐる法適用問題の史的展開―港湾労働者災害補償法と州労災法の衝突法的側面（上）（下）」九大法学第37号、1979（昭和54）年3月、55-70頁、第42号、1981（昭和56）年8月、1-22頁

3　「アメリカにおける社会保障訴訟の問題点―連邦裁判所の司法審査を可能にする管轄権の根拠」社会保障研究第16巻第2号、社会保障研究所、1980（昭和55）年9月、28-40頁

4　「鉄道労働者の労働災害に対する米国連邦使用者責任法の適用について―適用範囲の拡大とその合憲性の根拠」熊本女子大学生活文化研究所「研究所報」第1巻第1号、1982（昭和57）年6月、213-254頁

5　「男女平等問題専門家会議報告書」日本労働法学会誌第60号、日本労働法学会、1982（昭和57）年10月、91-97頁

6　「コミュニティ再形成の行政的考察」熊本女子大学生活文化研究所「研究所報」第2巻第1号、1983（昭和58）年6月、183-194頁

7　「船員の労働災害をめぐるジョーンズ法の適用範囲の拡大とその史的展開過程（上）（下）」熊本女子大学学術紀要第35巻、1983（昭和58）年3月、18-33頁、第36巻、1984（昭和59）年3月、1-16頁

8　「米国における港湾労働者の労働災害に対する労災補償法の適用について―適用範囲の拡大をもたらした生存権管轄の存在（上）（下）」熊本女子大学生活文化研究所「研究所報」第3巻第1号、1984（昭和59）年10月、107-147頁、熊本女子大学学術紀要第37巻1985（昭和60）年3月、70-83頁

9　「アメリカにおける連邦社会保障関係立法の成立とその合憲性の根拠―連邦の生存権管轄の存在」荒木誠之先生還暦祝賀論文集『現代の生存権―法理と制度』法律文化社、1986（昭和61）年5月、155-173頁

10 「アメリカにおける年齢差別禁止法」日本労働法学会誌第70号、日本労働法学会、1987（昭和62）年10月、128-140頁

11 「熊本県情報公開条例について」自治研くまもと No.1、熊本県地方自治研究センター、1988（昭和63）年、4-14頁

12 「アメリカ年齢差別禁止法」福岡県 ILO 協会「高齢化社会における雇用構造についての比較研究および九州地方実態調査」、1988（昭和63）年3月、23-38頁

13 「アメリカ合衆国連邦社会保障法の司法審査手続きについて―連邦社会保障法 §405（ｇ）と §405（ｈ）との関係（Ⅰ）」熊本女子大学学術紀要第40巻、1988（昭和63）年12月、22-40頁

14 「最近の社会保障制度の改革と地方自治」週刊社会保障 Vol.42、No.1492、社会保険法規研究会、1988（昭和63）年7月、14-17頁

15 「最近の社会保障制度の改革と地方自治―補助金削減一括法と事務整理合理化法をめぐる問題点」社会保障法第4号、日本社会保障法学会、1989（平成元）年5月、25-37頁

16 「アメリカにおける公的扶助受給者に対する就労奨励政策の最近の動向について」週刊社会保障 Vol.44、No.1616、社会保険法規研究会、1990（平成2）年12月、22-25頁

17 「新しい時代、新しい自治、新しい福祉」自治研くまもと No.6、熊本県地方自治研究センター、1991（平成3）年3月、11-35頁

18 「アメリカにおける公的扶助制度の最近の動向について」社会保障法第6号、日本社会保障法学会、1991（平成3）年5月、131-146頁

19 「最近の福祉行政の改革と地方公共団体の役割」ながさき自治研 No.27、長崎県地方自治研究センター、1991（平成3）年8月、22-35頁

20 「最近の福祉行政の改革と地方公共団体の役割」熊本女子大学生活科学研究会編『現代生活の諸問題』明文書房、1991（平成3）年9月、186-218頁

21 「老人保健福祉計画と市町村の役割」熊本開発、財団法人熊本開発センター、1992（平成4）年10月、12-20頁

22 「新しい行政課題と地方自治」熊本県議会史第7巻、1994（平成6）年3月、1-92頁

23 「地方自治体における老人保健福祉計画の実態と福祉サービス基準保障のあり方」九州法学会会報1994年版、九州法学会、1994（平成6）年8月、36-38頁

24 「熊本県における老人保健福祉計画の実証的研究」アドミニストレーション第1巻第1号2号合併号、熊本県立大学総合管理学会、1994（平成6）年12月、81-127頁

25 「社会的ケアの展開と介護給付サービスの課題」季刊労働法第181号、総合労働研究所、1997（平成9）年3月、62-77頁

26 「介護保険法におけるサービス給付決定過程と利用者の権利」アドミニストレーション第3巻第4号、熊本県立大学総合管理学会、1997（平成9）年3月、19-56頁

27 「保健・医療・福祉の連携と地方自治」河野正輝・菊池高志編『高齢者の法』有斐閣、1997（平成9）年12月、240-257頁

28 「21世紀に向けての社会福祉の新しい潮流―社会福祉サービスにおける公私の『競争』と『協働』の関係について」生活創造レポート・熊本県における協働の実態とその可能性、財団法人熊本開発研究センター、1999（平成11）年3月、1-6頁

29 「在宅サービスの体系と基準」河野正輝・大熊由紀子・北野誠一編『講座・障害をもつ人の人権 第3巻 福祉サービスと自立支援』有斐閣、2000（平成12）年5月、70-82頁

30 「資産・能力活用と生活保護」日本社会保障法学会編『講座・社会保障法 第5巻 住居保障法・公的扶助法』法律文化社、2001（平成13）年11月、187-210頁

31 「改正介護保険法の新『予防給付』、地域支援事業」石橋敏郎・河谷はるみ・長千春「介護保険法改正に伴う諸問題について—新『予防給付』、地域支援事業、サービスの質の評価、情報の公開、介護手当を中心として」アドミニストレーション第12巻第1号2号合併号、熊本県立大学総合管理学会、2005（平成17）年12月、第Ⅱ章、5-20頁

32 「生活保護法と自立—就労自立支援プログラムを中心として」社会保障法第22号、日本社会保障法学会、2007（平成19）年5月、41-53頁

33 「法的整備の課題」熊本県立大学編『「こうのとりのゆりかご」を見つめて』熊日出版、2009（平成21）年8月、173-194頁

34 「老齢加算・母子加算の廃止について」石橋敏郎・長千春・坂口昌宏「生活保護給付水準に関する最近の動向について—老齢加算・母子加算廃止、生活扶助基準の引き下げ、自立支援プログラムにおける稼働能力活用要件」アドミニストレーション第16巻第2号、熊本県立大学総合管理学会、2009（平成21）年10月、第Ⅱ章、24-43頁

35 「社会保障と介護保険制度」地方議会人第40巻第6号、全国市議会議長会・全国町村議会議長会、2009（平成21）年11月、12-16頁

36 「介護保険法改正の評価と今後の課題」ジュリスト No.1433、有斐閣、2011（平成23）年11月、8-14頁

37 「社会保障給付と雇用政策との融合」石橋敏郎・河谷はるみ・木場千春・坂口昌宏「生活保護制度における就労自立支援の問題点」アドミニストレーション第18巻第3号4号合併号、熊本県立大学総合管理学会、2012（平成24）年3月、第Ⅴ章、67-90頁

38 「地方分権と所得保障—生活保護制度を中心として」社会保障法第27号、日本社会保障法学会、2012（平成24）年5月、65-78頁

39 「所得保障法制とナショナルミニマム」日本社会保障法学会編『新・講座・社会保障法 第3巻 ナショナルミニマムの再構築』法律文化社、2012（平成24）年7月、69-86頁

40 「最低所得保障と雇用促進政策—荒木理論を手がかりとして」荒木誠之先生米寿祝賀論文集『労働関係と社会保障法』、法律文化社、2013（平成25）年1月、148-193頁

41 「介護保険法2011年改正と報酬体系の改定」石橋敏郎・今任啓治「介護保険制度の12年・その主要な改革と変容（上）（下）」アドミニストレーション第19巻第1号、2012（平成24）年11月、第19巻第2号、2013（平成25）年2月、熊本県立大学総合管理学会、第Ⅲ章、22-40頁

42 「こうのとりのゆりかごと子どもの『出自を知る権利』」医療法人聖粒会慈恵病院編著『こうのとりのゆりかごは問いかける』熊日出版、2013（平成25）年11月、58-113頁

43 「権利擁護サービスと社会保障法」森山彰・小池信行編著『市民後見の実現』日本加除出版、2014（平成26）年6月、231-299頁

44 「児童扶養手当と遺族厚生年金との併給調整条項の違憲性—金小紅併給調整訴訟・金沢地方裁判所判決（平成23年4月22日）」熊本県立大学総合管理学部創立20周年記念論文

集『総合知の地平』九州大学出版会、2014（平成26）年12月、307-330頁

45 「介護保険制度改革における2014年改正の意味」石橋敏郎他著「介護保険制度の新た
な展開—2014年改正を中心として（上）（下）」アドミニストレーション第21巻第1号、
2014（平成26）年11月、第2号、2015（平成27）年3月、熊本県立大学総合管理学会、第
Ⅸ章、42-52頁

46 「保健・医療・福祉制度の変容」石橋敏郎他著「保健・医療・福祉における社会保障
制度の変容（上）（下）」アドミニストレーション第22巻第1号、2015（平成27）年11月、
第2号、2016（平成28）年3月、熊本県立大学総合管理学会、第Ⅹ章、50-63頁

47 「介護保険制度改革の最近の動向」石橋敏郎他著「高齢者をめぐる医療・介護・福祉
政策の最近の動向について」アドミニストレーション第25巻1号、2018（平成30）年11月、
熊本県立大学総合管理学会、第Ⅱ章、3-14頁

48 「社会保障法学における荒木理論の現代的意義」熊本大学教育学部紀要67号、2018（平
成30）年12月、199-205頁

49 「社会保障の変容と荒木理論の現代的意義」アドミニストレーション第25巻第2号、
2019（平成31）年3月、熊本県立大学総合管理学会、14-41頁

50 「介護サービスの質向上のための方策—第三者評価事業の意義と課題」介護経営白書、
2019（令和元）年9月、日本医療企画、35-42頁

51 「社会福祉法人制度改革」石橋敏郎他著「高齢者・障害者・生活困窮者を地域で支え
る仕組みの進展」アドミニストレーション第26巻第1号、2019（令和元）年11月、熊本
県立大学総合管理学会、第Ⅱ章、3-9頁

52 「地域包括ケアシステム、『我が事・丸ごと』地域共生社会、社会保障法学の学問的範
囲」熊本大学教育学部紀要68号、2019（令和元）年12月、163-171頁

53 「『我が事・丸ごと』地域共生社会と社会保障法」石橋敏郎・木場千春「『我が事・丸
ごと』地域共生社会の構想とその問題点」アドミニストレーション第26巻第2号、2020
（令和2）年3月、熊本県立大学総合管理学会、第Ⅲ章、20-29頁

54 「コロナ被害の長期化と新たな所得保障政策」石橋敏郎・紫牟田佳子・角森輝美「新
型コロナウイルス感染拡大下における所得保障と対人サービス」アドミニストレーショ
ン第27巻第1号、2020（令和2）年11月、熊本県立大学総合管理学会、第Ⅰ章、第Ⅱ章、
1-16頁

55 「福祉事務所の民間委託・非正規職員化」石橋敏郎・木場千春・紫牟田佳子「医療・
介護・福祉分野における人材の不足とその解消のための対応策」アドミニストレーショ
ン第27巻第2号、2021（令和3）年3月、熊本県立大学総合管理学会、第Ⅰ章、第Ⅳ章、
32-42頁

56 「高齢者・障害者の所得保障」石橋敏郎・角森輝美・紫牟田佳子「高齢者・障害者の
地域生活・労働・所得保障を考える」アドミニストレーション第28巻第2号、2022（令
和4）年3月、熊本県立大学総合管理学会、第Ⅳ章、45-59頁

57 「アフターコロナのベーシック・インカム論」山田晋・丸谷浩介他編・河野正輝先生
傘寿記念論文集『新たな時代の社会保障法—社会変貌への対応と基本理念に立脚して』
法律文化社、2022（令和4）年7月、115-131頁

58 「コロナ感染症拡大を受けての特例措置と社会保障法」石橋敏郎・角森輝美・紫牟田佳子「新型コロナウイルス感染症対策と保健所・医療機関・社会保障制度」アドミニストレーション第29巻第2号、2023（令和5）年3月、熊本県立大学総合管理学会、第IV章、27-61頁

〔教科書〕
1 「雇用保険法」林迪廣・古賀昭典編『社会保障法講義〔改訂版〕』法律文化社、1982（昭和57）年5月、170-193頁
2 「社会保障受給権の保護」荒木誠之編『新版・社会保障法』青林書院新社、1983（昭和58）年4月、376-398頁
3 「社会保障の意義」、「社会保障と国民生活」加勢川堯他共著『生活経営—社会科学的接近』明文書房、1984（昭和59）年3月、131-169頁
4 「労働法に関する基礎知識」広岡隆・土居晴美編『法と現代社会』嵯峨野書院、1984（昭和59）年4月、167-178頁
5 「公的扶助」林迪廣他著『社会保障法』法律文化社、1987（昭和62）年4月、207-236頁
6 「主要諸国の公的扶助制度・アメリカ合衆国」古賀昭典編『現代公的扶助法論』法律文化社、1990（平成2）年7月、105-111頁、新版、1997（平成9）年6月
7 「労働関係法」石橋主税編著『男女雇用平等の新時代』法律文化社、1989（昭和64）年5月、59-71頁
8 「生活保障の行政と財政」荒木誠之編『テキストブック生活保障論』法律文化社、1996（平成8）年4月、175-187頁
9 「社会保障行政と争訟手続」42-45頁、「社会福祉サービス」203-234頁、「社会保障と行政—責任主体と実施主体」278-281頁、清正寛・良永彌太郎編著『論点・社会保障法』中央経済社、1996（平成8）年5月
10 「介護保険法における不服申立、権利保障」佐藤進・河野正輝編『介護保険法—法案に対する新たな提案』法律文化社、1997（平成9）年9月、127-137頁、再版、1998（平成10）年6月
11 「障害者福祉の法」竹原健二編著『現代の障害者福祉学』小林出版、2000（平成12）年4月、38-44頁
12 「補章・介護給付の種類」310-311頁、「補章・権利救済」320-321頁、「補章・介護給付の課題」322-323頁、清正寛・良永彌太郎編著『論点・社会保障法〔第2版〕』中央経済社、2000（平成12）年9月、第3版、2003（平成15）年5月
13 「苦情解決・行政不服申し立てと訴訟」河野正輝・増田雅暢・倉田聡編著『社会福祉法入門』有斐閣、2004（平成16）年9月、257-269頁
14 「生活保護」堀勝洋・岩志和一郎編『高齢者の法律相談』有斐閣、2005（平成17）年1月、103-122頁
15 「熊本の福祉」『熊本学のススメ—地域学入門』熊本県立大学、2008（平成21）年4月、184-192頁

16 「障害者福祉の法」、「苦情解決・行政不服申し立てと訴訟」河野正輝・増田雅暢・倉田聡編著『社会福祉法入門〔第2版〕』有斐閣、2008（平成21）年6月、171-200頁、287-300頁
17 「障害者福祉の法」、「苦情解決・行政不服申し立てと訴訟」河野正輝・増田雅暢・倉田聡編著『社会福祉法入門〔第3版〕』有斐閣、2015（平成27）年5月、175-210頁、305-319頁

〔判例研究〕
1 「解雇撤回と失業保険金返還義務」佐藤進・西原道雄・西村健一郎編『別冊ジュリスト・社会保障判例百選（第2版）』有斐閣、1991（平成3）年10月、170-171頁
2 「障害補償給付」『労働判例体系8労働災害・職業病（1）認定と補償』労働旬報社、1992（平成4）年7月、288-305頁
3 「雇用保険の基本手当受給資格と被保険者期間の算定―出雲職安所長事件」佐藤進・西原道雄・西村健一郎・岩村正彦編『別冊ジュリスト・社会保障判例百選（第3版）』有斐閣、2000（平成12）年3月、162-163頁
4 「雇用保険の基本手当受給資格と被保険者期間の算定―出雲職安所長事件」西村健一郎・岩村正彦編『別冊ジュリスト・社会保障判例百選（第4版）』有斐閣、2008（平成20）年5月、164-165頁
5 「解雇撤回と失業保険金返還義務」岩村正彦編『別冊ジュリスト228号・社会保障判例百選（第5版）』有斐閣、2016（平成28）年1月、156-157頁

〔学会回顧〕
1 「社会保険・社会手当」良永彌太郎・阿部和光・石橋敏郎「1996年学会回顧・社会保障法」、法律時報68巻13号、日本評論社、1996（平成8）年12月、141-143頁
2 「社会保険・社会手当」良永彌太郎・阿部和光・石橋敏郎「1997年学会回顧・社会保障法」、法律時報69巻13号、1997（平成9）年12月、145-147頁
3 「社会保険・その他、外国法研究」良永彌太郎・阿部和光・石橋敏郎「1998年学会回顧・社会保障法」、法律時報70巻13号、日本評論社、1998（平成10）年12月、141-143頁

〔学会発表〕
1 「アメリカにおける労働者災害補償と国際私法」九州国際法学会（九州大学）、1975（昭和50）年9月
2 「アメリカにおける社会保障訴訟の問題点―『財産』『自由』二分説への反省としての社会保障訴訟」日本社会保障法学会第6回大会（大阪弁護士会館）、1980（昭和55）年5月
3 「アメリカにおける連邦労災関係立法の適用範囲の拡大とその史的展開過程」九州法学会（鹿児島大学）、1980（昭和55）年6月
4 「最近の社会保障制度の改革と地方自治―補助金削減一括法と事務整理合理化法をめぐる問題点」日本社会保障法学会第13回大会（熊本大学）、1988（昭和63）年5月

5 「アメリカ公的扶助制度の最近の動向―就労奨励政策の展開」日本社会保障法学会第18回大会（東京大学）、1990（平成2）年10月

6 「地方自治体における老人保健福祉計画の実態と福祉サービス基準保障の在り方」九州法学会（鹿児島大学）、1994（平成6）年11月

7 「生活保護法と自立―就労自立支援プログラムを中心として」日本社会保障法学会第49回大会（岩手大学）、2006（平成18）年6月

8 「地方分権と所得保障―生活保護制度を中心として」日本社会保障法学会第59回大会（沖縄大学）、2011（平成23）年5月

〔報告書〕

「宇土市障害者福祉計画策定のためのアンケート調査分析結果報告書―宇土市障害者福祉計画の策定に向けて」、2001（平成13）年3月

〔解説等〕

「これからの老齢年金制度」熊本開発 No.14、財団法人熊本開発研究センター、1984（昭和59）年5月

「男女雇用機会均等法に何を期待するか」くまもと・わたしたちの福祉第5・6号（熊本短期大学付属社会福祉研究所）1985（昭和60）年3月1日

「最近の社会保障問題」くまもと・わたしたちの福祉第8号（熊本短期大学付属社会福祉研究所）1986（昭和61）年3月1日

「1989年、アメリカ社会福祉の新時代」ジュリスト No.928、1989（昭和64）年3月1日

「アメリカ福祉元年―生活保護制度の大改革」熊本日日新聞1989（昭和64）年6月30日

「『福祉』から『人間サービス』へ」熊本県消費生活センター情報誌「フォア」1992（平成4）年秋号

「クローズアップ熊本の新しい福祉の動きパート1：熊本県『やさしいまちづくり』条例」にこ・にこ1994（平成6）年5月号、（財）総合健康推進財団九州事務局、1994（平成6）年5月

「クローズアップ熊本の新しい福祉の動きパート2：福祉施設のサービス評価」にこ・にこ1994（平成6）年7月号、（財）総合健康推進財団九州事務局、1994（平成6）年7月

「熊本県やさしいまちづくり条例」熊本保険医新聞、1995（平成7）年3月5日

「公的介護保険は救世主になれるか」熊本保険医新聞、1996（平成8）年3月5日

「介護保険法における不服申立て制度」熊本保険医新聞、1996（平成8）年3月5日

「より身近な地域をテーマに取り上げる傾向」ホームエコノミカ、アコム経済研究所、1996（平成8）年10月

「熊本県保険医協会『望ましい在宅介護への提言』の意義」熊本保険医新聞、1998（平成10）年8月5日

「介護保険制度実現への不安」熊本日日新聞1998（平成10）年12月21日

「情報提供と選択の時代」熊本県統計調査課「統計くまもと」No.430、1999（平成11）年2月15日

「青少年を取り巻く環境の変化と今後の青少年育成の基本的な方向」熊本県青少年白書・
　くまもとの青少年、熊本県環境生活部、1999（平成11）年3月
「介護保険の保険料」熊本保険医新聞、1999年（平成11）6月5日
「介護保険を正しく理解するために」リール Vol.19、熊本県福祉人材センター、1999（平
　成11）年6月
「社会福祉法人の不祥事」熊本保険医新聞、2000（平成12）年4月5日
「熊本県策定『高齢者かがやきプラン』」熊本日日新聞2000（平成12）年4月19日
「国民年金の意義と役割・連帯意識や信頼感に課題」熊本日日新聞2000（平成12）年11月6
　日
「中高一貫教育」熊本保険医新聞、2001（平成13）年2月5日
「熊本らしい福祉を求めて」熊本日日新聞2001（平成13）年3月7日
「福祉は支えあいの制度」広報うと、2001（平成13）年4月
「共に生きる社会の実現」広報うと、2001（平成13）年6月
「まず、大人が何をなすべきかを考えよう」広報うと、2001（平成13）年8月
「人生にとって一番大切なこと」広報うと、2001（平成13）年10月
「敵は本能寺にあり―医療改革」熊本保険医新聞、2001（平成13）年11月5日
「ドメスティック・バイオレンス法」広報うと、2001（平成13）年12月
「所得がゼロでも介護保険を払わなければならないの」熊本保険医新聞、2002（平成14）
　年9月5日
「創意工夫で安定的な制度へ―21世紀の社会保障・試練と挑戦の時代」熊本日日新聞2002
　（平成14）年9月22日
「混沌とした21世紀、混迷する社会保障法学」熊本保険医新聞、2003（平成15）年1月5日
「地域福祉計画と福祉コミュニティ特区」熊本保険医新聞、2003（平成15）年7月5日
「生活保護制度の見直し」熊本保険医新聞、2004（平成16）年1月5日
「ホームレスと生活保護」熊本保険医新聞、2004（平成16）年4月5日
「生活保護も契約なのか」熊本保険医新聞、2005（平成17）年3月5日
「新予防給付、地域支援事業とは何か」熊本保険医新聞、2005（平成17）年12月5日
「負担の法律論はないのか」熊本保険医新聞、2006（平成18）年1月5日
「義務の強調、権利の後退」熊本保険医新聞、2006（平成18）年8月5日
「第三者評価制度の意義と今後の展望」ゆーとぴー Vol.18、熊本県社会福祉協議会、2007
　（平成19）年3月
「福祉サービスにおける利用者満足度調査」熊本保険医新聞、2007（平成19）年6月5日
「『法律による行政』の大原則を守れ」熊本保険医新聞、2008（平成20）年1月15日
「医療制度に対する理論的解明の必要性」熊本保険医新聞、2008（平成20）年4月5日
「労働法と社会保障法」労働判例 No.955、2008（平成20）年6月1日
「医療崩壊」熊本保険医新聞、2008（平成20）年12月5日
「匿名性と子どもの『出自を知る権利』」熊本保険医新聞、2009（平成21）年7月5日
「政権交代は良いけれど」熊本保険医新聞、2010（平成22）年1月5日
「ベーシック・インカムとは何か」熊本保険医新聞、2010（平成22）年5月5日

「地域主権改革と社会保障」熊本保険医新聞、2011（平成23）年1月5日

「『協会けんぽ』はこのままでよいのか」熊本保険医新聞、2011（平成23）年2月5日

「東日本大震災と社会保障法」熊本保険医新聞、2012（平成24）年1月5日

「地域包括ケアシステムは本当に実現するのか」熊本保険医新聞、2012（平成24）年3月5日

「医療保険における使用者の保険料負担」熊本保険医新聞、2013（平成25）年3月5日

「医師にこれ以上負担をかけるな」熊本保険医新聞、2014（平成26）年3月5日

「権利擁護サービスと市民後見人」安心の広場くまもと、NPO法人成年後見安心サポートネット熊本、第4号、2015（平成27）年4月

「要支援者の地域支援事業への移行」熊本保険医新聞、2015（平成27）年2月5日

「ベーシック・インカム（BI）よりもベーシック・サービス（BS）を」熊本保険医新聞、2022（令和4）年1月5日

「コロナ禍が明らかにした給付格差」熊本保険医新聞、2023（令和5）年1月5日

〔インタビュー・対談記事等〕

「介護保険・慎重要する家族への現金給付」熊本日日新聞1996（平成8）年1月7日

「地域活動は、1と1／2のおせっかいから」季刊さわやかVol.7、財団法人熊本さわやか長寿財団、1997（平成9）年8月

「熊本の教育を考える」熊本県保険医新聞、1999（平成11）年1月5日

「老若談義―世代間交流から生まれるこれからの高齢社会」熊本日日新聞2000（平成12）年3月27日

「男女共同参画社会の実現に向けて」大分合同新聞2000（平成12）年7月6日

「21世紀の郵便局と地域社会を考える」大分合同新聞2002（平成14）年1月6日

「着実な制度改革で医療崩壊阻止を」熊本日日新聞2008（平成20）年10月24日

「どうする、基礎年金の財源」熊本日日新聞2008（平成20）年11月29日

「生活保護ケースワーカー不足」読売新聞熊本版2013（平成25）年3月18日

「医師確保へ公的調整必要」熊本日日新聞2014（平成26）年12月9日

〔随筆・コラム等〕

「女子大学存続のために」熊本女子大学学生新聞、1983（昭和58）年12月1日

「田舎の小学校と『男と女』」熊本女子大学図書館だより、1985（昭和60）年2月26日

「熊本女子大懇・共学審議を先に」熊本日日新聞1985（昭和60）年4月6日

「女子大生の就職」熊本日日新聞1985（昭和60）年5月4日

「結婚退職と女性意識」熊本日日新聞1985（昭和60）年5月25日

「女子の高等教育」熊本日日新聞1985（昭和60）年6月22日

「男女の違いとは何か」熊本日日新聞1985（昭和60）年7月20日

「共学は能力の低下か」熊本日日新聞1985（昭和60）年8月3日

「男女平等と女らしさ」熊本日日新聞1985（昭和60）年8月31日

「しつけと大学教育」熊本日日新聞1985（昭和60）年9月7日

「女子大懇・共学の結論」熊本日日新聞1985（昭和60）年9月21日

「大学側の見解に期待する」熊本日日新聞1985（昭和60）年10月19日

「女子大生と喫煙」熊本日日新聞1985（昭和60）年11月9日

「大学の地域化、国際化」熊本日日新聞1985（昭和60）年11月30日

「役割の違い科学分析—男と女はどうつくられる」熊本日日新聞1985（昭和60）年12月9日

「大学の発想忘れないで」熊本日日新聞1986（昭和61）年1月11日

「女子学生への就職指導」熊本日日新聞1986（昭和61）年2月1日

「卒業論文を見てほしい」熊本日日新聞1986（昭和61）年3月1日

「問われる女子大の自治」熊本日日新聞1986（昭和61）年3月29日

「女子大学希望の理由」熊本日日新聞1986（昭和61）年4月26日

「女子大学長選の意味」熊本日日新聞1986（昭和61）年5月24日

「家庭科教育と女子大」熊本日日新聞1986（昭和61）年7月19日

「女子大の求人票を見て」熊本日日新聞1986（昭和61）年8月23日

「公立大学は地域の声に耳傾けて」熊本日日新聞1986（昭和61）年9月20日

「改革における大学の責任」熊本日日新聞1986（昭和61）年10月25日

「女子大生『お嬢さま』論」熊本日日新聞1986（昭和61）年11月1日

「現代女子大生気質」熊本日日新聞1986（昭和61）年11月29日

「女子大生と幼児性」熊本日日新聞1986（昭和61）年12月6日

「女子大生『宇宙人』論」熊本日日新聞1986（昭和61）年12月13日

「情報公開と県立大学」熊本日日新聞1987（昭和62）年1月17日

「公立大学と入試制度」熊本日日新聞1987（昭和62）年1月31日

「家庭科の悩みと家政学」熊本日日新聞1987（昭和62）年2月28日

「女子大はなぜ眠ったか」熊本日日新聞1987（昭和62）年4月25日

「島国根性を生む体質」熊本日日新聞1987（昭和62）年6月13日

「田舎の小学校と『男と女』」熊本日日新聞1987（昭和62）年6月27日

「社会人入試制度」熊本日日新聞1987（昭和62）年8月15日

「教師と学生の知的共感」熊本日日新聞1987（昭和62）年10月3日

「生涯教育と大学の役割」熊本日日新聞1987（昭和62）年10月31日

「女子大はよみがえるか」熊本日日新聞1987（昭和62）年12月19日

「女子大生は留年できない」熊本日日新聞1988（昭和63）年2月20日

「真の国際化とは」熊本日日新聞1988（昭和63）年4月9日

「研究水準と知名度」熊本日日新聞1988（昭和63）年6月4日

「女子大新学長に期待する」熊本日日新聞1988（昭和63）年8月13日

「田舎の教育・町の教育」熊本日日新聞1990（平成2）年6月29日

「学生が教員を採点する」熊本日日新聞1990（平成2）年7月4日

「大学の自己点検」熊本日日新聞1990（平成2）年8月9日

「熊本型福祉とはなにか」熊本日日新聞1990（平成2）年9月12日

「大学はだれのものか」熊本日日新聞1990（平成2）年10月17日

「女子大生は変わったか」熊本女子大学学生新聞、1990（平成2）年10月25日

「中国、未公開の村」熊本日日新聞1990（平成2）年11月21日

「学会活動の転換期」熊本保険医新聞、1991（平成3）年8月10日

「天草町との出会い」広報あまくさ、1991（平成3）年4月

「天草町の福祉を支える人達」広報あまくさ、1991（平成3）年5月

「天草町を福祉教育の拠点に」広報あまくさ、1991（平成3）年6月

「老人を知らない子供達」広報あまくさ、1991（平成3）年7月

「福祉サービスを受けるのは不名誉なことか」広報あまくさ、1991（平成3）年8月

「老人福祉サービスの責任者は誰か」広報あまくさ、1991（平成3）年9月

「たくましい天草町をつくろう」広報あまくさ、1991（平成3）年10月

「同居がすべてか」広報あまくさ、1991（平成3）年11月

「幸福な同居とはなにか」広報あまくさ、1991（平成3）年12月

「人生、一生勉強だ」広報あまくさ、1992（平成4）年1月

「天草の女性の皆さん、がんばって」広報あまくさ、1992（平成4）年2月

「広報あまくさの連載を終えて・今、福祉が大きく変わろうとしています」広報あまくさ、
　1992（平成4）年3月

「『お父さん』の死を悼む」身障くまもと、1993（平成5）年1月1日

「女性問題学習（研修）を始める前に」熊本県『女性問題学習プログラム・ガイドブック』
　1993（平成5）年3月

「おわりに―熊本型男女共同参画型社会の実現に向けて」熊本県県民生活総室女性行政室
　『女性問題啓発ハンドブック with ウイズ』1993（平成5）年6月

「高齢化社会と女性」広報うと、1994（平成6）年8月

「男と女のむしゃのよか生き方」広報うと、1994（平成6）年9月

「女らしさ、男らしさ」広報うと、1995（平成7）年8月

「中核市移行と熊本市職員の役割」研修くまもと耀 No.90、熊本市職員研修センター、1996
　（平成8）年1月

「ケア・マネージャー試験にもの申す」熊本保険医新聞、1996（平成8）年1月15日

「これからの介護と女性・どうなってるの介護保険」広報うと、1996（平成8）年11月

「生活経営学科卒業論文要旨最終号を発行するに当たって」熊本女子大学生活経営学科卒
　業論文要旨集第14号、1997（平成9）年3月

「市町村福祉の時代と玉東町地域福祉計画の意義」玉東町地域福祉活動計画書、玉東町社
　会福祉協議会、1997（平成9）年4月

「生活経営学科の歴史を閉じるに当たって」熊本県立大学生活科学部紀要第3巻、1997（平
　成9）年4月

「新人生諸君の入学を辛口で歓迎する―最近の大学生にみられる症候群」熊本県立大学学
　生新聞、1997（平成9）年5月1日

「学生に一番近い教員をめざして」西南学院大学法学部創設30周年記念誌、1997（平成9）
　年11月8日

「理論と実務の接近を」熊本保険医新聞、1998（平成10）年1月5日

「家族再考―21世紀の家庭づくり」住まいの倶楽部会報2号、熊日ハウジングパーク、1999

（平成11）年8月

「すべては『利用者本位のサービス』実現に」熊本日日新聞1999（平成11）年9月29日

「働く青少年の皆さんへエールを送る」ろうせいくまもと No.102、熊本県商工観光労働部
　　労政課、1999（平成11）年11月

「熊本県社協総合計画『21世紀ビジョン』に期待する」福祉くまもと第351号、2000（平成
　　12）年3月

「まず、おとなが何をなすべきか」くまもと保協だより、2000（平成12）年3月20日

「人吉市老人保健福祉計画及び介護保険事業計画について」人吉市、2000（平成12）年3月

「中高一貫教育スタート」広報おぐに、2000（平成12）年8月

「農業と私―男女共同参画農業の実現に向けて」月刊農業くまもと AGRI、2000（平成12）
　　年11月

「男女共同参画農業実現の牽引車に」全農営農総合対策部営農ミニレター、2001（平成13）
　　年1月15日

「50年の節目」熊本保険医新聞、2002（平成14）年1月5日

「保健学院の思い出」熊本県立保健学院創立30周年記念誌、2002（平成14）年3月

「総合的な学習の時間と国際理解」KIEP 熊本国際理解教育を進める会、2002（平成14）年
　　5月10日

「教育・研究最前線」紫苑第47号、熊本県立大学紫苑会、2002（平成14）年7月

「21世紀のキーワードは『自己決定権の尊重』」ゆーとぴー Vol.5、熊本県社会福祉協議会、
　　2002（平成14）年12月

「JA 職員よ。自分の意見を言おう」JA 全農ウイークリー204号、2003（平成15）年3月24
　　日

「地域福祉の救世主・牛深市地域福祉活動計画の策定に寄せて」牛深市地域福祉活動計画、
　　牛深市社会福祉協議会、2003（平成15）年5月

「多角的に考察したジェンダー」熊本日日新聞、2003（平成15）年6月18日

「これからの介護社会―そのこころがまえ」熊本日日新聞2003（平成15）年10月31日

「40年ぶりの夏」熊本保険医新聞、2005（平成17）年7月5日

「子育てを終えて心が空っぽにならないために」クリム2006（平成18）年8月号、生協組合
　　連合会コープ九州事業連合

「看護管理コース大学院の創設」熊本保険医新聞、2007（平成19）年1月5日

「廃校になった小学校の卒業生として思うこと」熊本県立保健学院閉校記念誌『ふきのと
　　う』、2007（平成19）年3月

「社会保障制度のめまぐるしい動きと社会保障法学会」社会保障法第23号、法律文化社、
　　2008（平成20）年3月

「とてつもなく重い遺産・熊本女子大学の思い出」紫苑ふくおか第18号、2009（平成21）
　　年10月12日

「市民後見人に期待する」安心の広場12号、NPO 法人高齢者・障害者安心サポートネット、
　　2010（平成22）年6月

「九州大学大学院の思い出」九州大学法学部熊本支部同窓会だより、Vol.14、2011（平成

23）年2月

「政権交代と社会保障法学会」社会保障法第26号、法律文化社、2011（平成23）年3月

「重責を終えて」熊本保険医新聞、2013（平成25）年1月15日

「結婚式のスピーチに困る今どきの学生」紫苑ふくおか、2013（平成25）年10月10日

「三度目のアメリカ」熊本保険医新聞、2014（平成26）年1月5日

「まちづくりは人づくりから」かたろう小国郷第2号、2015（平成27）年12月20日

「健康会議に感謝」熊本保険医新聞、2016（平成28）年1月5日

「熊本地震と第二の人生」熊本保険医新聞、2017（平成29）年1月5日

「子飼商店街と『よってこかい』」季刊ようこそじーばーず café へ Vol.26、2017（平成29）
　　年10月

「地域福祉の実践」熊本保険医新聞、2018（平成30）年1月5日

「育ての親・原山静子先生」、「わが人生の礎・波居原小学校」在熊小国郷人会編『戦後小
　　国郷の社会情勢と教育』2018（平成30）年11月3日

「石橋教授の『人生一生、勉強だ』Vol.1もとをとる」社会保険くまもと1-2、vol.777、2019
　　（平成31）年1月

「自分でものを考える」熊本保険医新聞、2019（平成31）年1月5日

「石橋教授の『人生一生、勉強だ』Vol.2肥後のひきたおし」社会保険くまもと3-4、vol.778、
　　2019（平成31）年3月

「石橋教授の『人生一生、勉強だ』Vol.3『どんこんならん』と『やおいかん』」社会保険
　　くまもと5-6、vol.779、2019（令和元）年5月

「石橋教授の『人生一生、勉強だ』Vol.4わさもん」社会保険くまもと7-8、vol.780、2019
　　（令和元）年7月

「石橋教授の『人生一生、勉強だ』Vol.5むしゃんよか」社会保険くまもと9-10、vol.781、
　　2019（令和元）年9月

「石橋教授の『人生一生、勉強だ』Vol.6とつけむにゃ」社会保険くまもと11-12、vol.782、
　　2019（令和元）年11月

「古希の祝いと地域医療」熊本保険医新聞、2020（令和2）年1月5日

「石橋教授の『人生一生、勉強だ』Vol.7どぎゃんかならんどか」社会保険くまもと1-2、
　　vol.783、2020（令和2）年1月

「石橋教授の『人生一生、勉強だ』Vol.8でくるしこでよか」社会保険くまもと3-4、vol.784、
　　2020（令和2）年3月

「石橋教授の『人生一生、勉強だ』Vol.9そりゃよかばい」社会保険くまもと5-6、vol.785、
　　2020（令和2）年5月

「小国郷人会の思い出」『紡ぐ小国郷』、2020（令和2）年8月

「コロナ下で『書く』」熊本保険医新聞、2021（令和3）年1月5日

「『玉東町社会福祉協議会発展強化計画』に寄せて」2021（令和3）年3月

「社会的包摂と『絆』」やちわ福祉だより38号、八代八千把校区福祉推進協議会、2021（令
　　和3）年3月25日

「基金の積極的活用を」安心の広場34号、NPO法人高齢者・障害者安心サポートネット、

2021（令和3）年6月

「元気のひけつは、健康、お金、行動、生きがい、勉強、老人クラブ」くまもと県老連だより第141号、2022（令和4）年1月1日

「充実したシニアライフを送るために」熊本さわやか長寿財団広報誌「さわやか」、95号、2022（令和4）年2月15日

「コロナに負けない仲間づくり」やちわ福祉だより39号、八代八千把校区福祉推進協議会、2022（令和4）年4月1日

「老人クラブ、『少し愛して、長く愛して』」八代市老人クラブだより、2022（令和4）年9月

「いきいきふれあいサロンへのご招待」やちわ福祉だより40号、2023（令和5）年4月

〔講演集〕

「21世紀に向けた過疎地における教育のあり方①」広報あまくさ、1994（平成6）年10月

「21世紀に向けた過疎地における教育のあり方②」広報あまくさ、1994（平成6）年11月

「21世紀に向けた過疎地における教育のあり方③」広報あまくさ、1994（平成6）年12月

「21世紀に向けた過疎地における教育のあり方④」広報あまくさ、1995（平成7）年1月

「21世紀に向けた過疎地における教育のあり方⑤」広報あまくさ、1995（平成7）年2月

「21世紀は生涯学習とボランティアの時代」熊本県庁友会報第44号、1997（平成9）年1月

「勉強が家庭づくりのスタート」住まいの倶楽部会報2号、1999（平成11）年6月

「介護保険を正しく理解するために」リール19号、熊本県福祉人材センター、1999（平成11）年6月

「大人が忘れている教育のたった一つの出発点」みやざき中央新聞、2000（平成12）年1月24日

「現状打破へ意識改革を」佐賀新聞、2000（平成12）年2月13日

「女性の自立、男性の自立」長崎の果樹2000（平成12）年8月号、長崎県経済農業協同組合連合会・長崎県果樹研究会、2000（平成12）年8月

「人を育てる─熊本県における教育の課題」熊本県小中学校校長会会報、2003（平成15）年7月

「女性を大事にせんと、よか老後はおくれんばい」光と風の輪第19号別冊、財団法人長崎県老人クラブ連合会、2004（平成16）年1月

「かけがえのない自分だと分かるまで、いじめはなくならない」みやざき中央新聞、2004（平成16）年3月29日

「社会保障の理念とその現代的変容─個人責任から社会的責任へ、そして再び個人責任へ」西九州大学特別学術講演会活動報告書、2009（平成21）年3月

「人を育てる」鹿児島県PTA研究大会姶良・伊佐大会会報誌、2011（平成23）年12月

「人を育てる」第13回鹿児島県公立高等学校教頭協会総会・研究協議大会報告書、2012（平成24）年10月

〔学会活動〕
1997年5月　九州法学会会員
1997年5月　日本労働法学会会員
1998年10月　日本社会保障法学会会員
1995年5月　日米法学会会員
2000年10月　日本社会保障法学会企画委員
2004年10月　日本社会保障法学会理事
2010年10月　日本社会保障法学会代表理事（2012年12月まで）
2014年10月　日本学術会議第23期連携委員（第1部法学委員会）

〔社会的活動〕
社会福祉士試験委員・精神保健福祉士試験委員（2010年4月〜2016年3月）
社会保障審議会福祉部会「生活保護制度の在り方に関する専門委員会」委員（2003年8月
　〜2005年8月）
日本学術振興会科学研究費委員会専門委員（2012年4月〜2015年3月）
日本学術振興会特別研究員審査会専門委員（2016年8月〜2018年7月）
国土交通省九州地区バリアフリー会議委員
熊本県人材確保優良社会福祉施設審査会会長
熊本県地域年金事業運営調整会議会長
熊本県保護司選考委員会委員
熊本県社会福祉協議会理事
熊本県社会福祉審議会会長
熊本県社会福祉協議会総合計画検討委員会委員長
熊本県やさしいまちづくり推進協議会会長
熊本県福祉有償運送協議会会長
熊本県障害者施策推進審議会会長
熊本県福祉サービス第三者評価推進委員会会長
熊本県ナースセンター運営委員会委員
熊本県健康福祉部所管施設整備等審査会委員
幸せ実感くまもと4カ年戦略委員会副委員長
熊本県熊本復旧・復興4カ年戦略委員会委員
熊本県施設整備審査会委員
熊本県高齢化社会対策研究会議委員
熊本県老人保健福祉計画推進協議会会長
熊本県老人保健福祉計画推進委員会連携専門委員会会長
熊本県老人保健福祉計画策定委員会委員
熊本県新障害者福祉長期計画策定委員
熊本県障害者ケアマネジメント体制整備検討委員会会長
熊本県地方社会福祉審議会老人福祉分科会会長

熊本県地方社会福祉審議会委員
熊本県地方社会福祉審議会身体障害者分科会会長
熊本県障害者施策推進協議会会長
熊本県社会福祉施設サービス評価委員会委員
熊本県総合計画委員会企画部会委員
熊本県総合計画委員会ひと・生活分科会会長
熊本県やさしいまちづくり推進協議会顧問
熊本県男女でつくる地域社会推進懇話会委員
熊本県男女でつくるいきいき社会推進懇話会委員
男女共同参画社会推進懇話会副会長
熊本県公文書開示審査委員会委員長職務代理
熊本県社会福祉協議会あり方検討部会会長
熊本県市町村合併委員会委員
熊本県アートポリスアドバイザー委員会委員
熊本県中高一貫教育研究会議議長
熊本県保育問題懇談会委員
熊本県情報公開条例検討委員会副会長
熊本県公文書開示審査会会長職務代理
熊本県議会史第7巻編集委員
熊本県農業・農村パートナーシップ推進事業委員会委員
熊本県保母試験委員会委員
熊本県看護職員の需給に関する検討委員会委員
熊本県環境創造みなまた委員会委員
熊本県立肥後学園のあり方検討委員会会長
熊本県保育問題懇談会委員
熊本県高齢者実態調査実施協議会委員
熊本県総合福祉センター設立準備委員会委員
熊本県障害者自立支援協議会会長
熊本市都市圏福祉有償運送協議会会長
熊本市都市計画審議会委員
熊本市社会福祉審議会委員
熊本市地方社会福祉審議会身体障害者分科会会長
熊本市介護保険事業計画推進委員会委員長
熊本市地域密着型サービス運営委員会委員
熊本市保健衛生審議会委員
熊本市地域保健医療推進協議会委員
熊本市都市圏総合都市交通計画協議会委員
熊本市健康づくり等保健事業推進協議会委員
熊本市地域包括支援センター運営協議会会長

熊本市地域包括ケアシステム推進会議会長
熊本市生活保護業務における不適正事案に関する検証委員会会長
菊池市部落差別等人権審議会会長
菊池市有償福祉運送協議会会長
菊池市老人保健福祉計画策定委員会委員
菊池市児童育成計画策定委員会総合アドバイザー
八代市介護保険事業計画等策定・評価審議会委員
人吉市介護保険事業計画等策定委員会委員
矢部町保健福祉総合計画策定委員会顧問
矢部町老人保健福祉推進計画策定研究会委員
七城町老人保健福祉計画策定委員会委員
玉東町地域福祉活動計画策定委員会委員
植木町老人保健福祉計画策定委員会顧問
植木町健康日本21うえき計画策定委員会顧問
植木町介護保険事業計画策定委員会顧問
植木町国民健康保険植木病院改築基本構想策定委員会会長
植木町地域密着型サービス運営委員会委員
植木町情報公開審査会委員
植木町個人情報保護審査会委員
小国町学校規模適正化委員会アドバイザー
天草市学校規模適正化審議会会長
天草町老人保健福祉推進計画策定研究協議会委員
天草町小型教育構想策定プロジェクトコーディネーター
苓北町中学校統合審議会会長
天草市教育委員会点検評価委員
大牟田市男女共同参画社会推進協議会委員長
北九州市生活保護行政検証委員会アドバイザー
菊池市学校規模適正化審議会会長
美里町中学校統合審議会会長
大津町地域福祉計画策定委員会委員
天草市社会福祉協議会発展強化計画検討委員会会長
山鹿市民医療センター経営改善評価委員会委員
熊本市北区まちづくり懇話会会長
玉東町社会福祉協議会発展・強化計画策定員会委員
苓北町学校教育審議会会長
くまもと21ファンド運営委員会委員
独立行政法人福祉医療機構推薦審査委員会委員
協会けんぽ熊本県支部評議会議長
熊本県身体障害者福祉団体連合会理事

社会福祉法人熊本県共同募金会共同募金配分委員会委員
熊本赤十字病院地域医療支援病院運営委員会委員
日本年金機構地域年金運営協議会委員長
福岡県NPO法人高齢者・障害者安心サポートネット基金規程運営審議会議長

著者略歴

◇**石橋敏郎（いしばし　としろう）**
1951（昭和26）年　熊本県阿蘇郡南小国町満願寺に生まれる。
1963（昭和38）年　南小国村立波居原（はいわら）小学校卒業
1983（昭和58）年　熊本女子大学生活科学部助教授
1994（平成 6 ）年　熊本県立大学総合管理学部教授
2016（平成28）年　熊本大学教育学部シニア教授
2020（令和 2 ）年　同上退職

◇**著書**
『アメリカ連邦労災関係立法の研究―適用範囲の拡大をもたらした生活保障の視点』（峨野書院、1999〔平成11〕年）
『社会保障法における自立支援と地方分権―生活保護と介護保険における制度変容の検証』（法律文化社、2016〔平成28〕年）
『光る人材はどこにいても光る』（熊日出版、2020〔令和2〕年）

論文集　社会保障の新たな展開と社会保障法

2023（令和5）年 9 月15日　発行

著　者　　石橋　敏郎

制作・発売　熊日出版（熊日サービス開発株式会社）
　　　　　　〒860-0827　熊本市中央区世安 1 丁目 5 - 1
　　　　　　TEL　096（361）3274

装　丁　　内田直家（ウチダデザインオフィス）

印　刷　　シモダ印刷株式会社

ISBN978-4-911007-02-0　C0036